英语高手

**8 essential courses
to be an
English master**

8堂必修课

颜小鹅 著

机械工业出版社
CHINA MACHINE PRESS

本书以高效习得英语的方法为核心，从语言学习的底层逻辑讲起，旨在揭开英语学习者心中的迷惑；同时按照语言学习的逻辑，即"听—说—读—写"的顺序，为读者列举了对英语学习的错误认识并介绍了正确的方法，最后再结合应试的特点给出高效得分的详细方法。另外，全书在多处都介绍了适合不同水平和年龄段的学习资料，具有很强的实操性。

作者根据丰富的教学经验和大量的"临床"实践，在过去十多年中，对这套高效习得英语的方法进行了多次迭代和优化，最终凝结成这本操作性强的高效英语学习书，只要照做就能出成果。本书适用于所有基础薄弱的英语学习者，其方法尤其适合3~16岁的孩子，建议家长仔细研读，然后付诸实践。

当你通过本书看清语言学习的本质，你会发现英语并不难学，而逆袭成为英语学霸，你也可以。

图书在版编目（CIP）数据

英语高手8堂必修课/颜小鹅著. —北京：机械工业出版社，2023.12

ISBN 978-7-111-74968-4

Ⅰ．①英… Ⅱ．①颜… Ⅲ．①英语课-中小学-教学参考资料 Ⅳ．①G634.413

中国国家版本馆 CIP 数据核字（2024）第 046145 号

机械工业出版社（北京市百万庄大街22号 邮政编码100037）
策划编辑：孙铁军　　　　责任编辑：孙铁军 张晓娟
责任校对：张若男　　　　责任印制：单爱军
保定市中画美凯印刷有限公司印刷
2024年5月第1版第1次印刷
169mm×239mm・19.5印张・1插页・269千字
标准书号：ISBN 978-7-111-74968-4
定价：66.00元

电话服务　　　　　　　　网络服务
客服电话：010-88361066　机 工 官 网：www.cmpbook.com
　　　　　010-88379833　机 工 官 博：weibo.com/cmp1952
　　　　　010-68326294　金 书 网：www.golden-book.com
封底无防伪标均为盗版　机工教育服务网：www.cmpedu.com

本书使用指南

简单来讲，你可以将本书视为"避坑指南＋高效路径地图＋实践秘籍"三合一的实用英语学习手册。

那么基于这三大功能，我建议读者按以下步骤使用本书。

第一步，先通读全书。

要特别仔细地阅读前三章，因为它们是整个系统的框架和核心重点。

由于本书的理论具有非常强的系统性，所以先通读全书，哪怕是有些讲解具体方法的小节你以扫读的方式跳过，也能使你迅速地对整个系统有更直观、更全面的认识，有助于你接下来深入理解最想解决的个性化学习问题。

第二步，就你目前英语学习中的个性化问题，找到其对应的章节进行仔细阅读。

比如你希望口语流利，沟通无障碍，那就在通读本书的基础上，再仔细阅读专门讲解口语习得的第四章。

第三步，根据本书的讲解，拟定出自己的学习规划表。

这一步是非常重要的，它是读完本书的最后一步，也是将方法实操到学习过程中的第一步。

你可以参考本书最后一章和其他相关章节中介绍的具体方法步骤，进行适合自己的学习规划。最好是将规划写下来，再逐一根据本书的提示对照检查，看是否安排得合理妥当。

如果在进行这一步时觉得艰难或者拿不准主意，可以关注作者微信号并直接咨询，获取进一步帮助和更多资讯。

第四步，根据学习规划表进行学习，并回归本书，确保每一项功课都使用正确的方法执行。

这样使用本书，它就不仅仅是提供英语学习方法的"理论书"，而更是一本实用的学习实操指导手册。直接利用书中给出的秘籍和学习步骤，照做执行就能收获实在的、肉眼可见的进步。

如果你的时间紧张或者有非常困扰你的学习问题想要先解决为快，那么你还可以通过下面这种快捷版的方式使用本书。

根据文后"常见问答索引"，你可以在书中快速找到问题所对应的答案。但章节目录本身也有问答目录的功能——很多章节的题目本身就是问题，这些问题也可以是你的指路标，帮助你快速检索得到更多问题的答案。

但是，我强烈建议你在阅读答案之后，一定要详细并深入地阅读问题所在的章节。切忌只看答案，只拿所谓的"结果"。因为这样做，你就会错失许多重点，而这些重点很可能就是你产生学习问题的根本原因！

在得到答案并深入了解产生问题的原因之后，一定要对照书中的方法，与自己目前正在使用的方法进行对比和思考。

只有主动思考问题，才能从根本上改变对它的错误认知。而只有改变错误的认知，才能将低效学习转为高效学习，从而获得真实的进步。

以上为两种使用本书的主要方法。

当然，在阅读本书之后，你还可以将本书作为手边工具书式的手册使用。

因为本书给出了许多有关听说读写的详细学习步骤、细节和秘籍。在通读理论之后，不要束之高阁，而是把它放在手边，随时参考书中给出的秘籍和学习步骤，对你的学习进行改良和实操。这个过程包括但不限于选择正确的材料、安排合理比例的功课、用具体步骤实施听说读写的实际功课等。

总之，如果你利用得当，本书绝不仅仅是一本讲英语方法的理论之书。我相信，聪明如你，一定会充分利用它的手册性质，对自己的英语学习进行实践指导，进而收获意想不到的进步！

前　言

我是一名英语老师。在人们的印象中，我的英语总是"特别好"。

所以总有人会问我："你是怎么背下那么多单词的？""你一定很努力吧？""你一定很自律吧？""你一定很有语言天赋吧？"

事实是：我并没有太多天赋。而且，"努力、自律和苦背单词"也从来没有让我在英语学习上受益。恰恰相反，曾经的我，和众多不开窍的英语学习者一样，在英语学习的路上付出了许多心血，吃下许多苦头，却还是一个十足的"英语渣"。

读小学的时候，我连一篇仅有60词的英语文章都要背一个月。也曾死磕各种教材，人教版英语教材、《新概念英语》都挨个啃过，却统统收效甚微。那个年代还不流行"补习班"，但我父母却早早送我去了少年宫，以"兴趣班"的名义开始了英语学习，而我却因为背不出课文，跟不上进度，沦为老师的"反面教材"，成了同学们的笑柄。那可真是童年阴影。

可我又天生好强，受不了嘲笑，下决心要靠努力实现英语逆袭。于是我主动开始了独自背单词、背课文、做语法题的苦旅。

现在想来，这可是当下多少家长希望孩子所拥有的"自驱力"啊！

那时候的我，也和大多数英语学习者一样，认为学英语就是要背单词，背课文，认真听课，学教材，学语法，多做题。也认为，最好的学习材料就是上课用的教材，最好的学习方式就是先解决"词汇基础"，再解决"语法基础"。如果这样都还不行，那就把课文背到滚瓜烂熟，英语也就彻底解决了。

如果你也是这么认为的，那么你或者你的孩子，一定和我一样，免不了要在英语路上吃尽苦头了。

那时候，我吃尽苦头，靠着300%的努力，终于在少年宫的课堂上实现了

V

"逆袭"：我终于可以一口气背完整篇课文，课后习题全部做对，单词测试拿到满分。也终于从被"老师揶揄的对象"，变成了她口中"勤能补拙"的好榜样。

这又是多少家长希望看到的所谓"努力带来立竿见影"的效果啊！

可当时的我，却丝毫感觉不到英语的进步。

一切"向好"仿佛都是假象，是一个自欺欺人的谎言。

我面对来访的外国人，他们说了什么基本还是听不懂，更不要说开口用英语对话。阅读方面，除了学过的课文以外的任何英语书都看不懂，用英语写作？那更是痴人说梦！

听说读写的实际能力几乎都等于零。

少年宫班上那个真正的英语小牛娃私底下对我说："就你也能把英语学好，我就把拖布（注：北方叫墩布）吃了！学英语，那可是要靠天赋的！"

付出了不亚于任何人的努力的我，尽管又急又气，却还没法反驳。

我甚至比之前更迷茫：学英语，真是要靠天赋吗？就算靠着勤奋，也弥补不了吗？

还记得那时的我，已经对英语产生了抵触情绪，每当想起英语，就会觉得无力、自卑，甚至有些恐惧。在很长一段时间内，一听说上英语课我就生理性地反胃，一看到任何跟英语相关的东西，我都下意识地抗拒。

这使很多家长百思不得其解：为什么孩子那么努力地去学了，看上去也进步了，却又为什么突然厌学？

当时在少年宫学习，都是父亲骑自行车几乎横穿整座城市送我去的，风雨无阻，雷打不动，从不缺课和迟到。而我突如其来的抵触却彻底打倒了他。

"你大概是没什么天赋，我也辅导不了你，不想学就算了吧。"

记得父亲这样说，满脸的失望深深刺痛了我……

多少年后，我自己做了老师，在接触了无数"不明就里"的家长之后，我才非常理解父亲的无助：明明教材用最好的，老师也是最好的，孩子也努力了，自己也尽力了，最后却落得个没有结果的结果。

幸好当年的我，心中还有一个念头支撑着我继续寻找出路，那就是：

"只要我中文好，英语就一定可以好。"

我当时的"儿童逻辑"很简单：那些和我年龄一样大的英国小孩，他们也不背单词，不背课文，可英语比谁都好。

虽然在现在看来，这个逻辑并不通顺，还缺少了必要的条件，但我的直觉是对的。

直到后来，在建立了成熟的系统方法论之后，我才发现"只要中文好，英语就一定可以好"这句话其实非常精妙，几乎所有的外语学习方法，其核心和秘籍都包含在这句话里面了。

我们一起来看看这句话包含的两层内涵：

第一，不需要所谓"天赋"，普通人也能学好英语。

第二，应当要像学习汉语（母语）那样学习英语。

如果这两句话还没有点醒你，不要紧，本书中的系统学习法会一直围绕这两个核心展开解释。

再继续说回我的故事。

那时候（上世纪 90 年代）市面上有关英语学习的资料，大多是教材加磁带、语法详解，或者词根词缀背词法的书，再者就是考试用书。当时的我已经知道：教材、语法、单词和围绕考试展开的学习，并不是英语学习的出路（如今，绝大多数的英语学习者依然走在这条路上）。

那出路究竟在哪儿呢？

那种深深的迷惑感和有劲使不上力的感觉，真是糟透了。

再后来，可能是老天垂怜，当我不再"以勤补拙"，不再背词典，也不再背课文，不再啃语法书和练习题，甚至不再想学英语的时候，却突然在无意中做对了一件事，让我的英语状况发生了可以说是天翻地覆的变化。

至于这件事具体是什么，我现在还不能阐述。因为你很可能会知其然而不知其所以然，或者会误解。那么就请允许我在此卖个关子，我会在本书的最后揭晓答案。到那个时候，已经通读全书的你，一定不会误解其中最关键的核心。

概括而粗略地来说，就是我在无意中找对了语言学习的底层逻辑，也就是"听说读写"按顺序来的学习方式。无意间开启了：我后来称之为第一阶段，也就是"积累耳词，打通耳口通路"阶段的学习内容，并且很快就激活了学习英语的任督二脉。

后来再干什么都跟开挂了似的：

（1）不用刻意背单词，单词也都轻松记住了，还知道该怎么应用。

（2）老外说的话能听懂得越来越多，自己也逐渐能开口对话了，虽然还有很多表达上的差错。但我发现说错的地方后，自己就能反馈消化，然后再变成正确的表达重新输出。

（3）逐渐开始享受用英语探索书本的乐趣，从童话故事到小说，享受直接理解原文的成就感。

（4）写作也开始慢慢上道：爱上了用英语写日记，这样爸妈也看不懂日记里的秘密。

此时的我已经上了初一。摇身一变，在新学校新班级里成了"英语学霸"，考试次次满分，还从不备考（都是裸考），可谁也不知道我过去的英语有多"渣"。只可惜少年宫那个说要"吃拖布"的孩子没机会看到初一之后的我，她已经消失在了我的人生岁月里。

自从我英语成绩变好，就开始有人问我有关如何学英语的问题。

但那时的我懵懵懂懂，认为自己也只是误打误撞，并不觉得自己有什么具体的方法，只是"语感好"而已。至于那虚无缥缈的"语感"是怎么来的，我也着实说不上来。

直到后来，我考上了 985 大学的英语专业，又在第二外语——法语的学习上兜兜转转，走了一些弯路，那种拼命努力也难以奏效的熟悉感又回来了。这时候我才猛然意识到，学外语必然是有底层逻辑和技巧方法的！之前英语突然变好，正是因为踩中了底层逻辑，用对了方法！

　　从那之后，我就开始有意识地整理过去的方法和经验，并应用在英语进阶和法语基础的学习上，都很高效地取得了想要的成果。

　　并且，那时候我开始逐渐接手一些大学生和社会成人的英语教学活动，当我发现，学生们面对的学英语的艰难、迷惑和痛苦，简直和我当初走弯路时的情况一模一样！都是在单词、语法、课文、阅读、习题中转不过弯儿，吃了不少苦还是无法取得理想的成效。

　　于是我就会在课堂指定教授的内容之外，和他们讲起英语学习的底层逻辑和具体实施的方法。大多数同学听听也就算了，而有小部分同学听后深感认同，并认真地付诸实践，结果一学期还没结束，就拉开了与大多数同学之间的距离，英语水平得到了意想不到的提升。

　　当他们向我表示感激时，我仿佛已被点燃：太好了！或许我可以用这份经验帮助到更多人！

　　这就是今天"高效系统英语学习法"的最初萌芽。

　　再后来，我毕业后去了新东方当英语老师，主要学员就从大学生和成人变为了孩子。可国人学英语的痛苦，却并没有因为人群的年龄变化而有什么改变，甚至还更加严重！

　　本属于孩子们愉快的童年，却被各种背单词、背课文、抠语法的英语难关压得郁郁寡欢，使我在新东方任职的每一天，都会想起自己小时候同样吃过的种种苦头。

　　帮助这些孩子已然成了我当时最主要的梦想。

　　但是我发现，被限定的课堂模式和使用的指定教材，以及和家长的有限交流，让我的方法难以施展。尤其是当我苦口婆心地跟家长说，课后一定要多听多积累，不要指望靠课堂上学的内容能让英语开挂的时候，我总是被误解为是在推脱课堂学习效果的责任。好在孩子们非常喜欢我，每次课程结束评教的时候，他们都给我打很高的分数，满分5分，我总是能拿到4.9的平均分。而我依然对他们有愧疚的感觉：因为我深知，我在课堂上讲的语法再有趣，阅读扩展得再好玩，他们就算是当场吸收了100%，也并不能真的把英语搞定。也只是一周一次来和我愉快互动，享受一下有趣的课堂而已。

当然，我也常利用有新东方特色的"段子时间"给孩子们讲真正学好英语的方法，也就是我要在本书中讲的内容。但是和成人学员一样，也只有少部分孩子听了，并确实照做了。我能感觉到这部分孩子的英语水平突飞猛进，效果好过他们上一箩筐的课。

但这只是非常小部分的孩子，而绝大部分孩子，首先家长那关就过不去。当孩子跟父母转述学习方法的时候，他们无法理解，或者理解错误。

家长的认知决定了孩子的整个学习路径和结果。

后来我离开新东方，创立了"颜小鹅英语"，正是为了不受某种特定框架的限制，能以我的方法帮助到更多英语"困难户"。

至此，到写本书的今天，我已经积累了丰富的一手实践经验，有针对成人的，有针对孩子的；既有一对一私教经验，也有训练营式的针对大量学员的"临床"经验。帮助了许多英语"困难户"，也修复了不少亲子关系（你没看错，因为英语方法不对而影响亲子关系的案例还真不少），让更多人实现了从"英语渣"到"英语牛"的逆袭。

在这个经验持续积累的过程中，我对高效系统英语学习法进行了多次迭代，使它更贴近大众需求，从而解决大多数人学英语的困扰，也解决很多"疑难杂症"。

本书的方法系统，经过我多年的教学实践和反复提炼，已经越来越丰富，越来越成熟。随着时间的推移，它帮助到的人越多，也就越发有了它自己的能量和生命力！

所以，在这个方法系统瓜熟蒂落的阶段，我把它详细编写成你手里的这本书，相信它能比我走得更远、影响更深，帮助到更多的有缘人。

虽然在这本书里，我说了很多有悖当今"惯有的"学习方式，但我并无意贬低任何一种学习方式。每一种学习方式都有适合它的人群，以及适合它的时代。

　　时代在进步，探索新的、更高效的方法是人的天性，也是当代人在时代下的责任。咱们当下的时代，已经和过去不同，无数的电子资料、有声资料、影像资料唾手可得，学习的方法手段也应该更加适应时代的变迁，而我只是想尝试做一个开拓者，为更多人在学外语这件事上提高效率，把时间节约下来，哪怕去多闻一朵花香，多看一次日出，也值得我为之奋斗。

颜小鹅

目 录

本书使用指南

前言

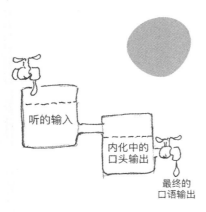

听的输入

内化中的
口头输出

最终的
口语输出

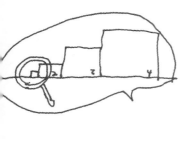

第 3 章
"多听"不是
你想的那样

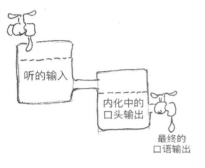

听的输入

内化中的
口头输出

最终的
口语输出

第 5 章
搞定阅读和完形填空

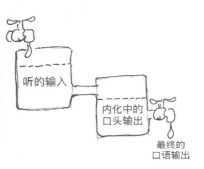

听的输入

内化中的口头输出

最终的口语输出

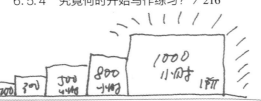

n s

t

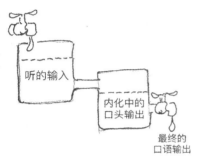

第 8 章
学霸之路从一张规划表开始

第1章
英语学霸不愿说的秘密

根本没有难学的英语，
你只是用错了方法

英语要学好，天赋不能少?

1.1 根本没有难学的英语，你只是用错了方法

如果你觉得学英语不是一件容易事，甚至觉得学习过程还很辛苦，那么你的学习方法一定有问题，至少是不够高效。

我观察并接触，也培养了许多所谓的英语"学霸"，发现他们在英语方面的成功有着非常明显的共通之处。而那些还在英语苦海里挣扎的"困难户"，他们的迷惑和问题却是千奇百怪、五花八门。

正所谓："学霸"的幸福千篇一律，"学渣"的不幸各有千秋。

"学霸"不仅学得高效，还学得乐在其中。"学渣"不仅学得低效，还学得苦不堪言。

很多人反感"学霸""学渣"的说法，认为那仿佛是有意区分两种能力迥异的人，并进行嘲讽和人身攻击。但其实这二者所谓的区别，只不过是前者用对了方法（有意识用对或者无意识撞对），后者暂时还没有。

没有谁一"渣"定终身，一旦有了正确的方法、得益的资源和清醒的认知，谁都可以由"渣"转"霸"。也许在其他的学习项目上我没有发言权，但是在学习英语上，我几乎可以肯定地告诉你：

人人都能学好英语，都能成为英语"学霸"。只要你中文没障碍，你的英语就可以学得很好。

1.1.1 学英语，那些百思不得其解的困惑

有障碍就一定有困惑，咱们先来看看究竟是哪些困惑正在障碍你。

以下这些五花八门的困惑是最为常见，也是最为普遍的。

这些问题的背后，其实都暗藏着一个不到位的核心认知问题，在我揭晓这个核心认知问题之前，你可以先审视一下这些问题，看看这其中会不会也有你的（和对孩子英语学习的）困惑。

（1）为什么总是记不住单词？或者记住了很快就忘，或者记住了还不会用，在考试中出现的时候还是半天想不起意思？

（2）语法学了不少，感觉都懂了，为什么做题时还是会错？自己输出（也就是口语和写作）的时候有很多语法错误？

（3）为什么学了音标，英语还是没见好？

（4）为什么学了自然拼读，阅读还是读不懂？拼写还是会出错？

（5）英语学了好长一段时间了，为什么口语不见提升？

（6）学校作业做得很好，上课很认真，教材也吃透了，为什么还是追不上班里的"学霸"？或者一到考试就不行？

（7）为什么孩子在小学低年级时英语不错，考试都是 95～100 分，到了高年级或者初中，成绩就下滑得厉害呢？

（8）为什么孩子以前英语一直"还可以"，后面就越来越"后劲不足"呢？

（9）听力还可以，口语怎么就是不行呢？

（10）英语零基础上课好几年，为什么还是近乎零基础呢？

（11）为什么英语学习总是难以坚持下去？

（12）为什么上了纠音课，还是发音不纯正呢？

（13）尝试了市面上各种流行的学习方法、教材，人也肯努力，但英语为什么不见提升呢？

还有很多关于学习细节的问题：

（1）为什么总是拼写错误呢？

（2）没有环境怎么练口语？

（3）听说音标是鸡肋，为什么呢？那到底还学不学啊？

（4）单词要怎么背？到底有没有秘籍？

（5）单词在阅读中认识，在听力中就听不出来怎么办？

（6）语法学不懂怎么办？

（7）阅读遇到长句子，单词都认识，串起来就读不懂，该怎么办？

（8）要不要学连读和连诵？

（9）外教课到底有没有必要？外教口语 APP 好不好？

（10）到底是原版教材（比如 *Wonders*）好，还是经典教材（比如《新概念英语》）好呢？

（11）都说三岁是孩子英语启蒙的黄金期，为什么我家孩子刚三岁就不肯学英语了呢？

（12）到底要不要和孩子进行亲子口语呢？多长时间合适呢？

（13）英语抵触娃怎么救？中文强势娃怎么学英语？

（14）为什么孩子喜欢看中文书，听中文故事，说起学英语就苦大仇深呢？

（15）考试分数低，基础差，跟不上上课进度怎么办？

（16）现在都流行"刷分级"，为什么我们刷了不但没效果，还抵触了呢？

（17）为什么同样的学校、同样的老师、同样的进度、同样的教材，甚至课外班都报的一样，牛娃那么牛，我家孩子就是不行呢？

（18）听说读写都挺好，一到考试就不行，怎么回事？

（19）考试还可以，一到实际应用就都不会了，怎么办？

……

其实这些问题背后都藏着一个最核心的认知问题：没有弄清语言学习的底层逻辑。

一切方法、细节、技巧和规划，都应该从正确的底层逻辑出发并延伸。

那么这个底层逻辑是什么呢？最简洁、快速地讲就是：

听说读写，要按顺序来。

很多大道理人们以为自己"都懂了"，但究其原因却并不明白。看似"都懂"的道理背后，有五花八门的认知和理解的偏差。这个偏差是否存在，你只需要数数自己的困惑就知道了。如果真的理解了语言学习的深刻内涵，那么你对英语，甚至任何一类语言的学习都不会有困惑，都是应该能轻松学好的。

以上列举出来的问题，以及许许多多这里没有提及但也困惑你的问题，**几乎都能在本书中找到答案。因为本书不仅就深层逻辑和具体方法秘籍进行探讨，还会直接给予点对点式的问题答疑。让你知其然，还知其所以然。**

一旦真正弄懂语言的底层逻辑和其背后根本的道理，哪怕今后还会有各种困惑，你也能靠自己已经内化的对英语学习正确路径的理解，给出答案。

所以，本书一边为你"烤鱼"（授人以鱼），一边教你"钓鱼"（授人以渔）。

英语现状不理想不要紧，关键是你得知道为什么不理想。

许多自以为是的答案都是错的。我可以很负责地告诉你，英语现状不好并不是因为：没有天赋、老师不给力，或者记性不好记不住单词、毅力不行坚持不了，甚至都不是因为没有语言环境。

而只是单纯地因为，你并没有认真思考过，或者并没有真正地理解语言学习的底层逻辑。

1.1.2 吾生也有涯，英语苦无边？

正是因为"不思考"或"不理解"，让多少人花了无数时间在英语学习上：十几年、几十年的学习却还学不出满意的结果。

有人从小学就开始学英语，有人则从初一开始一路学到大学毕业。少则十年（初一开始），多则十六年（小学开始），却依然"英语不好"。

更有许多人，大学毕业以后，因为工作需要，依然还在找路子学英语：报口语班、托福雅思班、托业班、职称英语突袭班……把战线从十几年拉长到几十年。要是这么努力，最终能学会了也还好，但事实是，大部分人努力了还是学不好。说起英语就像被人揭开了伤疤。

有趣的是，人们有大量的时间往培训班、教材上投入，却不肯花一点儿时间静下来认真思考：自己过去英语没学好，究竟是为什么？而要学好英语，究竟什么才是高效的方法？

　　相反只是一味地盲从市面上流行的教材和各种培训班。一说起英语，还是认为：背单词、学语法、找人教口语、上教材精讲课是王道。不是不能学教材，也不是不能报培训班，但是你全身心地把所有业余时间都投入到教材、培训班、作业，认为上课、背单词、背课文、学语法就是英语学习的全部了。

　　更耐人寻味的是，他们自己都没有靠这条路径学好英语，却天真地以为他们的孩子就可以！

　　我常常遇到一类家长，一门心思要给孩子报各种补习班，要抓孩子的语法、单词，甚至认为孩子应该把教材全文背诵下来。每每此时，我就会反问他们：

　　"你以前不就是这样学的，你自己学好了吗？"

　　家长往往会一愣，然后马上为自己过去的表现找出各种理由：那时候条件不好；那时候老师不好；那时候人不懂事；那时候我没努力……

　　于是就让孩子"继承"自己十几年甚至几十年的低效路线，却又梦想着孩子能比自己更加"是那块材料"。结果往往是，各种中教或者外教课、本土或者原版教材，孩子都上过了。背单词、背课文、学语法、做习题，一样没少，孩子的英语却和家长一样糟糕。

　　家长却还是鲜少思考其根本原因，只是哀叹一声：哎，这孩子天赋不行。或者：哎，这孩子不肯用心。

　　吾生也有涯，苦海却无边。

　　低效的学习方法真的会让你和你的孩子在英语无边的"苦海"中兜兜转转几十年，浪费时间。

　　磨刀不误砍柴工，哪怕你因为通读本书、深入思考会花掉你半个月的业余时间，也胜过不经思考地盲从和没有方向地猛冲。

　　我有这个底气和自信，是因为我看过太多的学员案例。他们之前也和大家一样，在兜兜转转的低效学习中浪费时间，直到认知改变并落实到行动上，用对的实操方法和理论，一段时间后几乎都获得了明显的提高和转变。

当然你也不要盲信我说的，而是要自主思考本书中提出的逻辑，特别是底层逻辑。一个逻辑之所以正确，是因为这个逻辑真的有道理，是你的内心认可了它，深知它的正确性。并不是谁口若悬河就能说服你，说服你的，永远都只是你自己。

那么，把你或你的孩子从英语低效的"苦海"中解救出来的底层逻辑，前文就已经说过，但这句话再怎么多说也不为过，那就是：

听说读写，要按顺序来！

1.1.3　英语学习的底层逻辑：听说读写按顺序

其实不仅仅是英语，只要涉及任何一种现代语言的学习，其底层逻辑都一样，极简概括那就是：

听说读写，要按顺序来。

这里的听说读写按顺序，不是指每天的学习功课的顺序。

至于每天的功课有没有顺序，我认为是没有。最好的顺序是每个学习者根据自己不同的学习阶段、侧重不同的任务而产生的学习内容。那么在每一天当中，最适合自己、最能灵活利用时间的顺序，就是最好的顺序。

我在**这里讲的"听—说—读—写"按顺序，是指学习语言整个过程应有的顺序。**

即：先学会听，大量地听。只有听过别人怎么说了，自己才有可能模仿着开口说。而有了听说基础以后再开始认字、阅读，会比纯零基础直接就先认字先阅读要高效得多。而能写，则应当是会听、肯说、能读以后要实现的结果。

如果你要究其原理，你会发现原理其实并不复杂，只是简单地因为：现代语言的第一特性是有声。语言首先是实际生活中灵活生动的交际语言，其次才是落于文字形式，供记录和阅读使用的书面语言。

我们现在学习的英语，还有一些第二外语，比如日语、法语、德语、俄语等，都是现代有声交际语言。而不是考古学中发现的甲骨文，或者古籍中的文言文，只有当我们研究这类古代文字的时候才去学习和使用，我们不需要用它们去做实际的社交应用。那既然如此，你为何在学习它的时候要用学习文字的方式去学它呢？先拼读识字，然后研究句子结构、分析语法成分？

我知道，有很多二语习得理论会鼓励你先研究语法、音标、基础词汇，通过智性认知先理解一门语言的结构，再返回去应用。而我们眼下大多数人的外语学习也都的确是这么进行的：大多数人学英语一开始就直接是认词、阅读，同时还开启了音标、语法、词汇的学习。

没错，这种学习方法一定会适合某些人群，但事实却是，这种方法会让**绝大部分人（尤其是孩子）**学得枯燥痛苦的同时，还费时低效。

首先，语法系统、语法术语本身就不简单，会让很多人觉得烧脑（语法的本质请参考第 2 章的 2.2 节内容）。

再次，词汇的本质，其实是一连串符号的无逻辑组合，是一种约定俗成的东西（详情请参见第 2 章的 2.1 小节）。如果你死记硬背，那简直就是欺负大脑。

更别说句子结构分析、音标术语等内容了，这些对于普通成年人来说，很考验"智力"水平——要是学习者稍微"笨"那么一点儿，英语学习就变得更难。对孩子来说更是很不友好。

在我看来，这种学习方法就好比你想学游泳，却从不肯直接下水，不肯跟着会游泳的人模仿学习，不肯从浅水到深水进阶。而是天天在岸上学习打水理论、浮力函数、水的化学成分和比例，以及各种动作原理理论。

不管语言学家的二语习得理论再怎么能经得起学术推敲，可事实就是：大部分人靠这种方式学不好！

但如果你按天然的方式来，也就是听说读写按顺序学，那么不管你再"笨"，再怎么不是"学霸"体质，也能学好任何一门你想学好的语言。

因为自然习得语言，和会使用工具一样，是人类最基本也最自然的技能。

而"听说读写"中的"听"，才是这个基本中的基础。并不是音标、语法、词汇。

比如你是北京人，你被送去上海生活，要求你一年之内学会上海话。那么你会赶紧买一本上海话教材，用拼音来研究上海话呢？还是找个朋友陪你深入市井，去菜市，去公园，结合场景大量地听，不懂就问（做好理解性输入），再模仿着说呢？

一定是后者，对吧？

如果你还不服气，认为买一本上海话教材更好，那么我们再从人类语言发展史和个体语言发展史来看清"听说读写按顺序"的这个逻辑。

1.1.4 "听说"历史是"读写"历史的至少 30 倍以上

如果我们纵观人类发展史，其有关语言的发展也都无不是先"听说"后"读写"的。

我们先来看看人类语言发展史。人类的口头语言历史是很长的，有约 30 万年的历史。而人类最早的文字，是公元前 3500 年出现在美索不达米亚乌鲁克的楔形文字。

也就是说，人类文字的历史不到人类整个语言史的三十分之一。公元前 3500 年之前，那将近 30 万年都是漫长的口头语言历史，即"听"和"说"的历史。

也依然是符合"先听说""后读写"的语言底层逻辑的发展史。"听说"的历史长于"读写"30 倍以上。

那么再回过头来看看我们现代的英语学习。恐怕大多数英语学习者花在"文字"上的工夫都是"听说"的 30 倍以上，恰恰和"听"和"说"的历史颠倒了过来。

很多人，尤其是孩子，学英语一开始就先认字：用 ABC 启蒙仿佛都成了"铁律"，紧接着就开始所谓的自然拼读下的阅读。自然拼读也是一套并不简单的系统，当你的孩子付出努力，终于学会自然拼读，开始认拼单词了，可拼出来是什么意思呢？不知道！不知道怎么办？那就背单词吧。背了半天记不住，使劲加压，反复拉扯，总算是记住了，可这些单词要怎么用？还是不知道！有时候一句话在没有一个生词的情况下还是读不懂，那怎么办？学句子和语法吧！而语法像是一片海，可以深到你怀疑自己的智商，最后只能望洋兴叹：哎，这英语不好学啊。

这就是为什么从拼读、精读、单词、语法这个路数入手的英语学习者学得累、学得苦、一上点儿难度就出现瓶颈，或者小学成绩很好，一上中学成绩就"突然下滑""后劲不足"了。

其实哪有什么"突然下滑"和"后劲不足"，也没什么"老师不给力"或"孩子不努力"。其根本原因是缺乏底层基础——特别是听的大量输入。仅此而已。

人类用口头语言交流了 20 多万年（先听说），才开始有了楔形文字（后读写）；而有了文字之后，才出现了对语法的总结。

人类学习的本能是古老的，符合自然规律。人类的大脑和身体的运作方式也如此。

你如果非要违背自然的、古老的语言学习方式，而先拼读、背单词、学语法，这就怪不得英语会让你吃苦头了。

1.1.5　从个人成长史来看语言学习的底层逻辑

说完宏观的人类语言发展史，我们再来看微观的个人成长史。从个体层面的角度来观察语言习得的自然过程。

每一个孩子从出生到习得语言，都经历了以下几个时期（至少是前两个时期）：

第一个时期：**大量单向聆听的时期**。也就是从出生到开始牙牙学语的这个时期。所谓"单向"就是基本上只听，只输入，还没有开始说，没有自然输出。这个时期一般持续 1～2 年，而过了这一时期，听的输入也还是会一直持续。

第二个时期：**听说双向反馈期**。也就是在听的同时，孩子开始模仿大人说话的时期。一边继续大量地聆听输入，一边开始尝试模仿输出。这个时期最大的特点就是犯错：张冠李戴、发音不准，这都是正常的语言习得的自然过程。

这前两个时期可以合并称为**"听说期"**。

第三个时期：**有声语言转文字期**。也就是把有声语言和其对应的文字联系起来，说白了就是识字认字的时期。就英语而言是拼读，对汉语而言是认字。这个时期也包括学习书写的过程（请注意是书写，而不是写作）。

第四个时期：**自主阅读 + 自由写作期**。也就是有了听说基础之后，会认字就直接可以阅读了，会写字也就可以逐渐写作了。这个时期也是阅读和写作技巧日趋成熟的时期。

这后两个时期可以合并称为**"读写期"**。

当你先通过"听说阶段"积累了很多词汇、句子和表达之后，再开始识字，只要能拼出来，就能立刻知道文字所对应的意思。很快，从拼词到阅读短句子，从短句到阅读长句子，几乎不用费太多工夫，就能顺利地进行下去。而这样的"阅读积累""书面语积累"进行一段以后，再开始尝试拼写单词。也是同样地由短句子到长句子，再到段落，最后到文章，写作也就水到渠成，而并不是一件难事了。

这就是一个完整的由听到说，再到读，最后到写的过程。

那么无论是从人类的语言发展史，还是从个人成长的语言发展史来看，都是**按听说读写进行的。这是我们母语学习的顺序，是自然且毫不造作的，也是高效而轻松的语言学习顺序。**

任何事情，若顺着自然逻辑去做，就会顺畅。若逆着自然逻辑来，就必定会吃苦。

当你在英语学习这场划船比赛中玩儿命划桨的时候，你只看见"学霸"轻松且高效超前的表象，你就免不了会认为：他们要么是划船有天赋，要么是耐力超群。

但其实他们只是选择了顺流而下。

1.2 英语要学好，天赋不能少？

在做英语老师的这些年里，我经常听到有人谈论"语言天赋"。认为英语能轻松学得好的人，那是有天赋；刻苦学习还学得不好的人，则是没有天赋。

究其本质，这是一种对英语学习的无力感：自己做不好的事情，恐怕是靠天赋来定的。

诚然，天赋这东西多少是存在的，其多寡也的确会因人而异。但是如果不顺着语言学习的底层逻辑来学英语，哪怕是有天赋的人也可能把这条路越走越窄，甚至彻底走进死胡同。

1.2.1　定心丸：再"没天赋"的人，都能学好英语

前面已经说过，很多一开始就从教材、阅读、单词、语法、习题的模式学习英语的人，可能会觉得英语挺烧脑——不仅学懂语法需要一定的逻辑思维和足够的智力水平，也就是一定水平的理解能力，背单词还需要极佳的记忆力，要是稍微"笨"一点儿，英语就难以学好。

而如果你用学母语的顺序去学外语，也就是按照符合底层逻辑的听说读写的顺序去学，就一定能学好英语。无论再"笨"、再"没天赋"的人，只要中文能流利沟通、自由阅读、从容写作，那么英语就能学好。理想的状态下，还可以达到和中文一样好的水平。但是基于我们学习的是一门外语，确实缺少母语环境，那么打个折好了——你的英语水平至少可以学到中文水平的80%。

原理很简单。

假设"语言天赋好的人"和"没有语言天赋的人"在人口总量中的比例是固定的，那么无论是在外国还是在中国，都有一定比例的"天赋型"和"没有

天赋型"的人。你身边的社交圈里，也同时存在这两种人群的代表。但你放眼望去，可能有天赋的人的中文"上限"很高，可以写诗、看古文……但是没有天赋的人，其中文"下限"也足够他们进行实际应用了。比如日常沟通、听新闻、阅读书报、口头表达、写作；又比如写工作总结、发长信息等。

同理，在母语是英语的人群里，也有天赋不好的人，但他们的英语也完全能流利沟通、日常应用。

也许有人会说，英语是他们的母语，有语言环境嘛，理所应当。

那么说出这句话，意味着你也确信：语言天赋再差也能学好母语对不对？无论这个母语是汉语还是英语。

那么你有没有想过？虽然没有语言环境，但我们在学外语的时候，也是完全可以模拟母语学习过程和学习顺序，创造类似母语学习的环境呢？

恐怕在很多人的心里，从来都没有这么想过。

现在我就请你来想一想：如果英语学习能做到：从小（学龄前）就能大量结合场景聆听，模拟母语"大量的、理解性的、重复刺激的"特点进行输入，然后进行模拟"幼童模仿学语"的阶段，层层递进地打通口耳通路。在有了听说基础之后再认字（小学一年级前后），再阅读，再写作……这是不是就跟我们学中文的路径一致？没错，这就是母语学习的模拟路径。

你也大可不必担心是否真的能把英语学习的路径模拟到与母语环境的强度一致。因为对于外语学习者而言，任何考试所要求的英语水平，和我们学的中文难度比起来，都是小儿科。换句话说，如果只是为了英语考试取得高分，那么你不需要学到和英语母语人士那样的水平。

你学中文，早就过了听说积累至能说会读的阶段。解决了中文的听说问题之后，语文学习就是分析文言文，分析文学作品的深层含义……而学英语，即便是考雅思、托福，也不过是分析出信息在原文中的位置、原文的某一段中作者对某事所持的态度而已。

即便你看不上任何一种英语考试，只是一心想把英语学成"莎士比亚第二"

的水平，学到能用英语写文学作品，那么没有扎实的基础（特别是听说），即使耗费一生也难以达成。要知道，即使是莎士比亚的作品，其中也包含着有声语言的韵律和节奏，不是仅靠"阅读—写作"的路径就能达到的高度。

1.2.2　比努力更重要的是认知

多年前还在新东方任职的时候，我收到过一个孩子写给我的信。那是一个非常腼腆的初一男生，放学时以极快的速度把一封信塞在了讲台上我的课本下面。

在信中，他向我大倒苦水，说刚进了一所重点初中，竞争很激烈。他的英语成绩一下子从小学的 90 多分，降到了 70 分左右。为了提高学习成绩，他已经很努力了，觉都睡不够，课间也都在背单词，周末去补习班。但好像不管怎么努力都无济于事。最令他想不到的是，开学测评和他一样只有 70 分左右的同学，通过一学期的努力，现在得分已经在 85 分以上，进入了中上游水平。明明是同一个班、同样的老师、同样的教材、同样的学习进度，那个同学甚至都没有报补习班。

那么这就引出了本章的一个话题：

为什么有些人，明明同龄，智商能力也相差不大，并且在学习上都付出了同样的努力，却得到截然不同的结果呢？

这正是因为每个人用的方法不同。而方法背后更核心的不同是认知差。

这就好比两架飞机同时起飞，目的地都是北京，其中一架飞机的航线（认知和方法）不对，不管它飞得再快，起飞、降落的弧度再完美，最终都到不了北京。

后来，这个初一男生在我的引导下，发现了同学进步的"秘密"：当他的努力方向是抄课文、背单词、啃语法书、把宝押在听课的时候，那个同学的努力则是听绘本、做听写、朗读、把宝押在自己的积累上。

即：这两个孩子努力的内容完全不一样。

"暗中调查"过后,我的这个学生更加感到大惑不解。他不明白为什么听绘本、听写句子、大声朗读、靠自己积累胜过抄课文、背单词、啃语法书和听课。

读到此处的你,也许对这个问题已经有了粗略的答案。

没错,究其根本来讲,就是他同学的做法符合语言学习的底层逻辑(听说读写),而这个男生的做法并不符合。

我常说,现在是考验家长力的时代。这个家长力,不光是财力、物力、执行力,而最关键的是认知。我经常前脚收到老学员反馈说:"我们按'听说读写'顺序法学习以来,英语进步明显,对英语学习的兴趣大增。"后脚就收到新来的咨询者的质疑:"你说不学教材、不背单词,那为什么学校要学,老师要我们背呢?"

我并不是说学教材和背单词就是不对的,只是如果还有更高效的路径,你是愿意兼听则明,还是固守旧有认知,先反驳为快呢?

1.2.3 靠"喂"得到的知识点永远是杯水车薪

我曾有一个成人学员按"听说读写顺序法"学习,效果颇好。于是她常常向她的一位好朋友介绍这个方法。但这位朋友还是只信权威机构的认证外教和原版进口教材,上课认真听讲、记笔记,下课认真完成课后作业,可以说是很认真也够努力,甚至还主动背单词和背短文……但学了两年还是没有太多的进步。

并不是说权威机构不权威;也不是说认证外教不专业;更不是说教材质量令人担忧。只是她并不曾想,靠"喂"知识点本身就不是高效的学习方式。

在很多人的认知里,特别是在学生阶段,英语成绩一旦不好或跟不上学校的进度,他们立刻想到的解决方案就是:赶紧找个地方补课。

也许数学、物理可以这样,不懂的知识点需要老师讲解,然后举一反三。但英语和其他学科,包括语文,其实都无法完全靠课外补习。

就像前文所说的那样,任何一种现代语言都是一个庞大的语言现象的数据库。这个数据库中有海量的"知识点",如果仅靠一点一点地"喂"知识点的话,那得喂到猴年马月去了。

所以,撇开课外班质量高低、老师水平高低、教材好坏与否、学员吸收程度等因素不谈,光是"单靠课外班来学一门语言",这种行为本身就是低效的。这也是为什么我总会遇到很多前来咨询的家长,百思不得其解地问我:

"为什么孩子在机构补课好几年,好像学了个寂寞?"

当然,机构或者课外班并非完全无用。好的机构和好的课外班当然有用,老师的水平高低也当然非要重要,材料的难度精准度也很关键。这些组合选择好了是会起到提点、引领、启发、点拨关键点等作用的。

但是如果你仅仅靠课外班,全身心地依赖课外班,平时不主动做任何积累,不听、不开口,那就怪不得自己各种课外班都上了一遍——名师外教、线上线下、传统原版——英语水平还是停留在低水平了。

后来,我的那位学员的朋友尝试了听说先行的学习方式,额外增加了聆听功课,反而没花太多工夫就使语言积累了一定的量,英语水平肉眼可见地变好。

1.2.4　学霸不愿说的秘密:大量自主积累

在我长期的教学观察中,我发现并总结了所有英语"学霸"的两个共同点。

第一,他们一定在课后做了大量的私人功课。无论是小童、大童、少年,还是成年人。

无一例外,无一例外,无一例外。重要的话说三遍。

第二,这个私人功课是大量的自主积累,而不是换个教室继续上课。

很多人也明白课后要多加努力,但却在课后找更多的课作为努力的方向。把课堂上学的内容再找个地方继续学。比如学了精讲教材、语法和单词,课后再找个地方继续学习精讲教材、语法和单词。这种不算真正意义上的大量积累,只能算是课后延时班。

真正起作用的私人功课,简单地来说,就是大量的自主积累。

所以这也是为什么：同一所学校、同一个老师、同样的教材、同样的进度、同样的起点、同样的努力的两个学习者，有时候甚至还报了同样的补习班，却依然会得到迥然不同的结果。

1.2.5　双减是好事：让英语学习顺应语言学习的逻辑

如果你是孩子家长，还在为双减焦虑，或者在为找不到补习班"补"英语而烦恼，那么现在你该松一口气了。

因为不管双减与否，学好英语的关键，其实都不完全在课堂。

而双减间接促使英语学习者部分精力转移到了课后的自主积累，这样反而会让英语学习更加高效轻松，真正做到了对孩子们的减负。

通过阅读前面的内容，你已经了解到语言学习的底层逻辑——大量的积累，特别是筑基阶段大量的听的积累。要到第二阶段，有了听的积累之后，再抓阅读积累。

而大量积累的过程，无论是大量的听，还是大量的阅读，甚至是打通耳口通路的口头练习，比如跟读、复述等，也都不是仅靠课堂学习的。

因为"一点点喂知识点"的方式总是杯水车薪。而靠补语法、单词、精讲课文、分析句式这种学习法，哪怕你把孩子的每个周末都塞满，也达不到"大量积累"的最低要求，特别是听说的积累。

听说是最没有办法靠"喂"习得的硬实力，也是最没有办法靠短时间获得的语言能力。而它却又偏偏是语言学习基础中的基础、重点中的重点。

而阅读的积累也是如此。虽然我们平时的课堂都会讲阅读，课文本身也是一种阅读材料，但大多数用的是精读、精讲的方式，讲解单词、分析句子、解说语法，教一些阅读技巧。而真正的阅读能力却并不是仅靠单词、分析句子和死抠语法能获得的（有关阅读硬实力到底要如何提高，请参见第 5 章）。

要靠阅读带来对语言能力的提升，是得靠**主动且大量**的阅读吸收来实现的。

双减是好事，让英语学习回归语言学习的本质。

而顺应本质的语言学习，不仅高效，还能学出乐趣。轻松地把目标语言真的学会，能说会用。

而本书提出的学习方法，恰好就是回归语言本质的学习方法，是顺应双减的学习方法。细节做对了，学英语就会是轻松无痛的。**孩子们也并不会因为"内卷"而失去童年该有的色彩，反而会因为多会一种语言，去支撑他们获得探索更大世界的愿望和能力。**

1.2.6　方法对了，学英语应该是无痛的

关于学英语的方法到底对不对，有一个试金石。那就是：只要你在学英语的过程中有学得苦的感受，那就一定是方法有问题。

有一次我在一个讲座中提及，语言类的学习要学得越早越好，因为学得越早，学起来会越容易也越轻松。于是就有人站出来说：孩子就那么一个童年！以后辛苦的地方还多着呢，我只想孩子有一个愉快的童年，才不会让他早早学外语！

这位家长的回答的底色就是"学英语很苦"。这正是源于说话人对外语学习的固有认知：在有些人的经验中，学语言不易——背单词、抠语法、听讲课、做习题等，所以也不希望孩子早早地吃这份"苦"。

但如果方法正确，孩子完全可以在欢乐中自然习得外语。

我曾经有一个小学员豆豆，不到 2 岁就开始用"听说读写顺序法"进行理解性的聆听输入，到了 4 岁那年，他和妈妈的对话是这样的：

"豆豆吃饭了，马上去洗手。"

"我不洗。"

"不洗一会儿不准听英语故事。"

于是豆豆马上去洗手了……晚些时候：

"豆豆，现在已经很晚了，马上闭眼睡觉！"

"我不想睡觉。"

"5 分钟内必须睡着，睡不着明天就把你的英语书拿去送隔壁小姐姐。"

于是豆豆乖乖地睡着了。

虽然从科学育儿的角度来说这样跟孩子说话的方式可能不太好，但就英语学习而言，家长已经可以拿"你不做什么就不给学英语"来做"威胁"，足以说明英语学习对孩子来说，完全可以不是煎熬，而是乐趣和奖励。

当自己英语不是很好，孩子英语也不好的家长还在为如何才能"坚持"学英语而苦恼时，英语牛娃家庭纠结的却是下一步要用哪套新材料？要找什么主题的材料？

如果你或者你的孩子觉得学英语挺苦，那就一定需要暂停一下：看看自己学习的方法路径是不是有问题？

因为方法对了，学英语应该是无痛的。

1.2.7 资源大爆炸：这是一个人人都能轻松学好英语的时代

如今网络的发达，让当下这个时代变成了资源大爆炸的时代。过去买一盘磁带都不算容易，而现在足不出户就能获取大量的原版音频、视频、电影、电视剧、动画作品等。而也正是因为网络的发达，现在也出现了很多资源都配备了中文翻译、文本解说等辅助资料。想看原声影视作品，也有热爱英语翻译的字幕组来帮我们搞定中文字幕。而各种黑科技的学习工具也是层出不穷，比如点读笔、翻译笔、能指尖查词的灯、专业的聆听 MP3、各种批改口语和作文的 APP 等。就连完整的语法错误分析都是秒出结果，更不必说跟读打分、配音软件了。真的是应有尽有。无论你想听正宗的英式发音，还是地道的美式发音，都是非常容易获取相应资源的。并且，英语不像其他小语种，相关的书籍和工具的种类数量那么有限。英语可谓是主流外语，辅助英语学习的绘本、桥梁书、原版教材、分级阅读、儿童文学、原版小说、原版非虚构读物、动画片、台词本……有关英语学习的材料，那简直是汗牛充栋。

其实在学一门外语的过程中，最重要的就是要听到原声。 听语言的发音，不光是指听到单个词的发音，还包括听到长句子、短句子的发音。听到不同的句子在不同场合和场景下的语气、语调、停顿和节奏。

而为什么过去学英语那么辛苦，其实根本原因就是有声资料的有限。最早的国人学外语是要靠汉字标音的，给单词标音，给句子标音。而有了音标之后，单词的发音逐渐变得准确，但依然难以解决句子和场景中的语调问题，想要把这个弄清楚要耗费非常多的时间，也需要很专业的引导者（如果没有母语人士直接指导的话）。所以那个时代的人，都拼命地背单词、学语法、研究文字，下苦功夫把自己练成了阅读很厉害但听说相对较弱的人。这其实无可厚非，因为那个时代本身就缺乏听的材料和机会，更不必说口语了。

但是，如今已经是有声资源和影像资源唾手可得的网络时代，我们完全可以利用更好的资源、更高效的学习方式、更短的时间，实现学会并学好英语的目标。

常见问答

问：老师，您说要听说读写按顺序，会不会有点太"原始"？靠语法、单词、分析句子学习，会不会才是更"现代"的二语习得方式呢？

答：人是吃"原始"的果蔬谷物和无添加的健康食品更有利于健康，还是吃各种"现代"科技下的加工食物更有利于健康呢？也许这个比喻不太恰当。

但是抛开"原始 VS 现代"不说，就我的个人经验而言，绝大多数人是适合"听说读写按顺序"的。也就是说，依照"听说读写按顺序"的方法学语言，绝大多数人会学得更高效、更轻松，也更扎实。

而如果你要问：有没有方法就是适合抠着语法背单词的人？这种人有没有成为学霸的？当然也有。但那只是极少数。

不要听说有那么一两个案例，就觉得那也是大多数人唯一的成功之路。

第2章
英语有坑还挺深

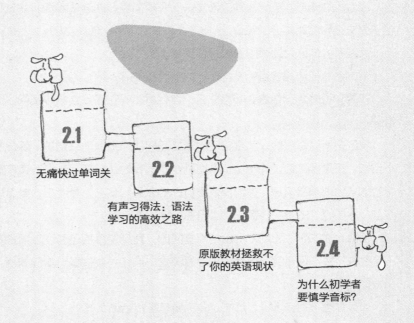

2.1
无痛快过单词关

2.2
有声习得法：语法
学习的高效之路

2.3
原版教材拯救不
了你的英语现状

2.4
为什么初学者
要慎学音标?

在下一章，也就是在讲第三章的时候，我们将要对"听说读写顺序法"进行深入细致的方法讲解和学习。但是在讲解这个方法之前，有一些常见的误区，我需要先提出来和你共同探讨。

因为这些误区是英语学习路上的大坑。

路上有坑不可怕，怕的是已经踩坑却不自知，还以为自己走在高效学习的康庄大道上，结果就是兜兜转转、费时费力还学不出理想的效果。

比如，你是否认为学英语一定要背单词？认为单词是学好英语的第一基础？

或者，你觉得学英语必须过语法关？必须搞懂那些语法术语，会分析句子语法结构才算学会了英语？

又或者，你认为原版引进教材才是更优选？

更或者，你认为学音标是学英语的标配和刚需？

如果我直接告诉你这些都是误区，你会同意吗？还是立刻想反问、想辩护？

误区之所以是误区，就是它对你无益还能让你拼命为它辩护。踩坑却不自知，正是误区最大的特点。它们藏在你固有的认知里，让你一直不假思索地认为那都是真理。你很少依靠自己的力量观察它，思考它，或者思考了却敌不过"主流"声音，对自己的思考并不自信。

那么，你的想法和刚才提出的那些问题，到底是真相还是误区？答案不是我说了算，但是我愿意替你把道理深挖一点儿，让你看清实际情况，引发你的思考。

如果你也觉得有道理，那不过是你看见真相后的共鸣。

在本章，我很乐意助你一臂之力，拉你出坑，并告诉你真正的高效路径究竟在哪里！

2.1 无痛快过单词关

有多少人说起学英语的第一反应就是要先"背单词"，认为单词是英语学习的基础，只要有了词汇量，英语就能顺利学会、学好！

通过前面的阅读，你已知道，学英语的首要任务根本就不是"背单词"（而是打下扎实的听的基础），特别是当所谓的"背单词"就意味着要抱着一本单词书啃得死去活来的时候。

如果在你看来背英语单词是一个"关"，必须花大力气、下苦功夫去死记硬背的话，那么你要当心，这里一定存在着错误的认知，也就是误区。

先想想这个问题：你的中文那么好，能灵活使用那么多名词、动词、形容词、副词，是抱着词典背中文词语学到的吗？

所以是不是有这样的一种可能："学英语必须苦背单词"只是人云亦云、不加思维的固化认知？有没有可能：用对方法，你也能无痛积累大量的单词，并且还能灵活运用、经久不忘，就像我们所拥有的海量中文词汇那样？

如果你也曾为记生词感到头疼，那么你并不孤独，很多英语学习者和你一样。我们这就打破"背单词辛苦"的魔咒，请让我来为你打开一扇窗，看见学习英语单词的另一种可能——无痛积累。

2.1.1　单词的四大属性：耳词、口词、眼词、笔词

在揭秘英语单词无痛积累的方法之前，你需要先了解一个重点，那就是英语单词并不是想象中那样：啃好单词书，下次看见知道意思就可以了那么简单。

英语单词其实存在"听说读写"四大属性。

简而言之，就是，**一个单词，作为耳词，你得听懂；作为口词，你能说出；作为眼词，你要识别；作为笔词（手词），你要能写出来。只有做到这四点，才能说你全面掌握了这个单词。记住了，并且会用了。**

其中，"记住了"是一种被动识别。比如别人说的时候你马上能听懂，用耳朵识别；在一篇阅读文章里看到，你能马上反应出词的意思，用眼睛识别。

而"会用了"是一种主动输出。比如讲话的时候，你能自然记起来用这个词，用口语输出。在写文章的过程中，你也能把它放在正确的语境下写出来，用写作输出。

听：能听懂，能辨识　　　　　　说：发对音，能口头应用

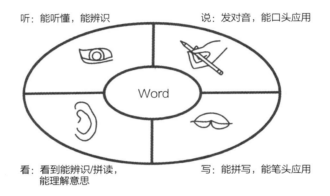

看：看到能辨识/拼读，　　　　写：能拼写，能笔头应用
　　能理解意思

如果你在积累某一个单词的时候，同时顾及了单词的"听说读写"四大属性，那么这个记忆过程必然就是高效的。如果记单词的过程还有场景助力，那么这样记忆的单词更不容易忘。

正是一个单词的四大属性，决定了高效无痛积累单词的底层逻辑，那就是：

（1）要记的目标生词应该尽量出现在场景中。

（2）要记的目标生词应该尽量有形还有声。

只有专注记忆在场景中出现的生词，你才能高效做到"会用"。因为场景本身就自带单词用法属性，为生词提供了天然的用法案例。

学英语最高效的方法，就是直接从场景、案例、例句中习得。这就省去了背了单词书却不知道怎么用，还要反复观察例句、精读例句，甚至学习教材的过程。

而"生词应该有形还有声"这一点，则决定了如果我们在积累单词的过程中同时刺激了耳朵和眼睛，就能做到一箭双雕：既记住了词形——方便眼词积累，又刺激了耳朵——方便耳词积累。

最忌讳的就是只记单词的形和中文意思。这样只顾及了积累眼词，也就是阅读词汇，以后听到同样的单词，却还是不知所云；到了要说要写的时候，只会脑中空空，完全想不起这个单词的存在。

而大多数英语学习者平时"啃单词书"的过程就是这样低效：只顾着赶量，匆匆忙忙记了词形和词义。这样不仅丢失了场景，丢失了灵活应用的案例，还大量地丢失了发音。

且不说这样背单词转身就会忘掉大部分，光是"只顾眼睛层面"的记忆方式就极其低效了。

2.1.2　为何你的单词背过就忘？

来看看你有没有这个烦恼：下定决心死磕单词，费了九牛二虎之力背了一堆单词，当时是记住了，可是没过多久几乎全部忘光？

即便是严格依照艾宾浩斯遗忘曲线，在学习后的 5 分钟、30 分钟、12 小时、第 1 天、第 2 天、第 4 天、第 7 天、第 15 天复习了这些单词。可是考试的时候遇到了还是半天都想不起意思，害得一个句子卡来卡去，阅读始终好不起来。等你终于想起来意思，考试时间都快用完了。

这样的"背单词"真是很努力啊——非常努力——可以说是付出了非常人的努力。可为什么这时候的天道不肯酬勤呢？

因为"靠背单词书来解决词汇问题"这种形式本身就有问题。

首先，你的大脑很不喜欢这种"无逻辑无意义"的记忆方式。

我在第 1 章里说过，英语单词背后虽然有深厚的词源学，但对大脑来说，单词其实很"无序"。特别是对初学者来说，还没有对英语这门语言建立足够的脑神经回路，没有足够的"语感"，对词汇的构成和词源都不熟悉。在这种情况下，英语单词对大脑来讲就是"无逻辑无意义"的字形组合。这对大脑来说并不友好。

举个简单的例子你就明白了：玫瑰是 rose，可为什么玫瑰是由 r－o－s－e 几个字母构成的啊？冬天为什么是 winter，为什么是由 w－i－n－t－e－r 几个字母组成的啊？这有什么逻辑吗？没有，对吧？冬天为什么不是 rose？玫瑰为什么不是 winter？对吧，没有理由。**语言其实就是一种约定俗成的现象。**

所以当你逼着大脑反复记忆这些"无逻辑无意义"的单词时，它就会启动"锚定辅助功能"。

什么意思呢？比如你背的单词书上面有一个单词：jeopardize（危及），它前面一个单词 jerk（急拉），后面一个单词 jealous（妒忌的），那么你的大脑就会根据上下两个词，通过位置来"锚定记忆"jeopardize。即便是你的单词书是乱序版也一样。

所以当你记忆这个单词的时候，大脑实际上动用了很多能量对这个单词的相对位置进行"锚定记忆"。看起来"背单词书"是集中火力解决词汇问题，但实际上对大脑的负担是很重的，这也是为什么背过的单词转身就容易忘记的原因之一。

更有甚者，很多时候大脑不光用上下单词来"锚定记忆"，还会启用背单词时的场景来记忆。

这也就是你常常会在考试的时候看到一个单词，明明知道自己背过却想不起单词意思的原因：你得先想起那天在图书馆背这个单词时，右边坐的那个漂亮姐姐，以及当时喝的那杯齁甜的奶茶，才能最终想起这个单词的意思。但做阅读考试题的时候，时间可不会这样等你。

第二，这样背单词除了让大脑很辛苦外，你还脱离了场景，脱离了发音。

就像我们之前说过的那样，这样背的单词，即便是靠艾宾浩斯遗忘曲线复习多次，效果也不佳。

除非你在这样背过单词之后，马上在许多次的场景中都重复看到了这个单词，并通过反复回想和场景锚定，这个单词才会被记住，你才能学会它的使用方式。

有语言学家研究表明，一个单词要在场景中出现 7 次，且 7 次你都记起了它的意思，并且主动应用 1 次后，这个生词才会成为"终生单词"。也就是说，你才会一辈子都记住它，不再忘记。

这也是我们不用背中文词语的原因。因为我们中文习得的过程，正是在无数次的场景中反复出现、反复识别并主动应用而产生的坚固记忆。

场景 + 反复出现 + 反复识别 + 主动应用 = 永久记忆。

并且这时候的"永久记忆"兼顾了这个词的四大属性：听得懂、说得出、能认识、还会写。这才是你要的词汇记忆效果。

2.1.3　单词的长期积累：不应脱离文本

按照上述的原理，我们完全可以把中文积累的方式搬到英语学习里来：靠反复出现的场景来自然学习，并从场景中高效积累词汇。

那你也许会想：那怎么行？中文好是因为中文是母语，每天泡在中文语言环境里，有很多语言的场景刺激。而英语是外语，没有语言环境，哪来那么多语言刺激？

第一，我们不需要把英语学得像我们的汉语那么好。汉语是我们的母语，学到后面还要学习古文，研究诗词，理解有深刻内涵的文学作品。这些都是必要的人文素养，是自然且有意义的。但是英语却只需要我们能沟通，会应用，能读会写，输出的时候有章法就行了。

大部分的英语考试比如：中考、高考、四六级、考研、雅思、托福，都不需要你学莎士比亚的文集，不需要你学中世纪英语古文（英语也有古文哦），不需要你分析文学作品内涵。所以在没有英语母语环境的情况下，我们每天短暂地制造一会儿"环境"，花上半小时到一小时的时间输入和学习，也就足够了。

第二，除了学习课堂上老师讲授的知识外，我们还可以通过在家自主积累的方式，每天创造半个小时到一个小时的"环境"，从每日的功课中产生一部分生词开始积累，那么长此以往，积累的词汇量就会相当可观了。

在不贪多的情况下，比如每天就记 5 个生词，那么一个月也就是 150 个生词，一年就是 1800 个生词，要知道，中考要求的词汇量也不过就是 2000 个左右。一年内从零达到中考相应水平的词汇量，已经是非常高效的积累节奏了。且不说，5 个是最低生词量，你可以靠正确的学习方法，每日做到无痛自然习得 5～10 个单词。只要场景结合到位，复习方法正确，这个量是完全没有问题的。

所以，每日完成自主积累非常重要。且不说前面提到的聆听先行的重要性以及语感暴增等其他好处，光是默默扎实地提升词汇量就能帮助你提高英语水平。

但词汇量稳步增长的前提一定是：

（1）生词从每日功课的场景上下文中产生。

（2）每日功课带有聆听属性。

你还记得吗？除了"单词应该结合场景"外，"有形还有声"正是无痛高效记单词的第二个重点。

2.1.4 那个一天背 2000 生词的人，后来怎么样了？

现在，道理你都懂了，可是你会不会过不了多久又返回原状，又脱离场景单独背单词呢？依我看，很有可能。

那么且听我跟你讲一个真实的故事。

曾有一个女孩，在她刚上大二的那年嫌自己英语进步太慢，于是决心背单词。她心想要背就背最厉害的，背词最多、最难的——GRE 单词！因为她以为这样就能彻底解决生词问题：最难的生词我都背了，以后学英语就是一马平川。

于是她起早贪黑地去图书馆背单词，买了一本英语词汇红宝书，又买了一本 GRE 单词书，她决定咬咬牙、发发狠，一劳永逸地解决讨厌的生词问题。于是每天新学加复习一共 2000 多个单词。

不出一周，她就开始出现生理性恶心。翻开单词书，胃里就翻江倒海。身体在反抗，头脑却要坚持。终于在第八天的时候，她发烧了，没有症状，就是发高烧，烧到头晕，单词背不下去，背词大业被迫暂停。发烧了两天康复了，再回头一看那些单词，你猜怎么着？几乎全部忘光！发烧就像一把火，把全部有关新单词的记忆都烧没了。

后来她不再走这个路子，踏实展开每日功课，做细水长流的积累。两年后再次翻看 GRE 单词那本书时，发现几乎所有的词都认得了。最关键的是随手能造句、能用，还能听懂。

这个女孩就是我。

再后来，虽然没有真的考 GRE，但我却做了英语老师。在教学中我发现，凡是死背单词、死啃单词书的学生，提升词汇量的效果其实都很差，背完就忘几乎是板上钉钉的事。

只有一种情况下背单词书有用，那就是临考前，靠短时记忆急抓弥补平时不用功导致的"词汇量不足"。且不说这些单词在考场上能有几分助力，但考过以后几乎就忘得一干二净，根本算不上你自己的"词汇量"。

反倒是按自己的节奏，不疾不徐，按我规划的每日功课去做的学生，词汇量充足、扎实，即便有考试，去裸考也没有问题。

2.1.5　扔掉你的单词书：无痛记单词技巧

说了这么多道理、教训和误区，那么无痛记单词的秘籍到底是什么呢？

我们再来看一下无痛高效记词的两条底层逻辑：

（1）要记的目标生词应该尽量出现在场景中。

（2）要记的目标生词应该尽量有形还有声。

还记得吗？这两条底层逻辑是来自单词的四大自然属性（听说读写）。

那么由这两条底层逻辑延伸出来的记单词秘籍，如果用一句话来概括，就是这样的：

不要单独背单词，生词应通过每日功课产生，结合音频和场景，通过聆听或者阅读原材料，并在上下文中理解生词意思，然后做好复习。

还记得前面说筑基阶段的重点是聆听先行吗？如果在识字之前聆听功课已经做到位，耳词积累充足，这时候看阅读材料，遇到不认识的单词，直接拼读出来就能知道单词的意思和发音了，并不能完全算是"生词"。

因为这些词作为"耳词"已经积累好了，只等着从有声词转化成文字形式而已。学习者要做的只是熟悉字形就可以了。这时候"记单词"是飞一般得快，甚至比学中文认字还快——因为英语是拼读系统下的文字，而不是象形文字。

这种情况，阅读的时候是可以省略"聆听"的。

这也是"学霸"们阅读的时候好像根本不做"聆听"，却依然还能把一个生词的四个属性都学到手的原因：前面听的基础功课早已铺垫到位了。

但如果你之前的聆听功课并不扎实，看到生词不会拼读、不知道发音、不认识词形、不知道词义，那就还是老老实实地用一遍"看听法"——也就是看着文字听音频的方式进行阅读（有关看听法的具体讲解，详见本书第 5 章第 2 节）。

阅读的过程中，遇到生词请这样做：

第一步，圈出来，结合上下文先猜意思。

第二步，猜不到意思，或者不能确定猜到的意思是否正确，就查词典。

第三步，把词义写在词的旁边，如此这样读完整篇材料。

第四步，回看查出来的生词，哪些是重复出现的高频词？哪些是重点词（也就是不知道意思就非常影响整体理解的词）？把这些单词摘抄在专门的小本上：左边是英语单词，右边是中文释义。

第五步，复习笔记本。

复习要讲求一点儿小技巧，千万不要像你以前那种"啃单词书"的方式死记硬背记录下来的生词。

而是要用"回忆场景"的方式来复习：盖住右边的中文释义，看英语单词，回想当时这个词是在文中什么情节处出现的，描述的哪个人物、什么事件，靠锚定情节辅助回忆。

想起来了就看一看中文释义，确保回忆正确，就继续下一个单词。

如果卡壳了，想不起单词，就打开原材料，把那个单词上下几句话都阅读一下，通过记忆故事场景来再次刺激对单词的记忆。

以上五步助力你记的单词经久不忘。但是，五步法还要注意以下几个要点：

（1）摘抄下来刻意记的生词不要贪多，以每天 5 个为宜（除非是专门为了增加词汇量而开展的功课，可以提高该数量上限）。

（2）选择合适难度的材料很重要。当天学习的材料，出现的全部生词不要超过 20 个（而抄写下来的不要超过 5 个）。

（3）在阅读的过程中也可以不停下来查词，把不认识的词先圈出来，阅读完毕再查阅。

（4）复习次数不用过多，一周内 1～2 次，一个月内再回顾 1～2 次即可。

（5）在一段时间内，学习材料尽量选择一个作者写的，这样大概率在遣词造句上有重复性，而重复有利于反复刺激记忆。

（6）查词的时候越快越好。查阅当下场景中的意思就好，不要过度查阅，不用摘抄其他用法。

常见问答

　　问：如果临近考试，亟须背脱离场景的单词，怎么做才高效？

　　答：朗读这些单词，第一句读英语，第二句读中文意思，第三句还读英语，并录音。然后反复听着录音记单词。也可以睡前反复裸听录音。

如果是背教材单词表里的单词，则可以听官方词汇表录音；也可以理解课文意思以后，听课文的录音。但是，你为什么要临近考试才背单词呢？

2.2 有声习得法：语法学习的高效之路

语法，是多少英语学习者的痛？各种拗口难记的语法术语，同位语从句、宾语补足语、独立主格倒装句、非限定性定语从句……多少人硬是靠着死抠语法，硬生生地把英语学成了数学！

每逢考试就开始逻辑推理：这里是从句部分、这里前置了、这里要倒装、这里要主谓一致、这里要主将从现……

听力、阅读、完形填空题行不行且先不说，反正语法题好像是唯一比较"理性的""有逻辑的"，可以靠"努力"就能搞定的题型。于是很多人一说起补习英语，就会想到报语法班或者精读班的时候，都要问一句：你们负责教会语法吗？

但令人哭笑不得的是，很多时候，没有学那么多语法规则时，做语法题时的正确率还挺高的。当学了许多语法后，靠背的规则去做题时，反而更容易出错。

2.2.1 为什么你的语法学得越多，越做错题？

以前我的一位学员就有这样的困惑。当她反馈以前的学习方法时，她说："真的是奇了怪了，本来按第一感觉选对的题，我用学过的语法知识分析了一下，改了选项，结果反而错了。这语法我可是认真学了的，可怎么感觉和没学一样？还是错很多。"

想必很多读者也或多或少遇到过这样的"怪事"吧？

这个问题的答案其实很简单。如果你学了语法反而会做错题，那是因为你用逻辑分析和推理的方式去分析考题，仅靠记住语法规则去分析句子结构的。

但英语毕竟是一门语言，并不是数学，并不是真的有那么缜密完美的逻辑，相反是会有很多"不规则的规则"存在的。这些规则有时候还会因为各种语境的变化而产生更加丰富多变的"规则"，靠死记硬背把它们学精通是非常困难的。

大部分英语学习者都是普通人，也没有时间和精力去事无巨细地"精通"英语语法。靠着学语法理论，把语法学到无懈可击，那是语言学家才该有的追求和素养。对于普通人，特别是年纪尚小的孩子，即便语法学得再认真，遇到那些不规则的规则、各种例外的变化，以及复杂的语法现象，还是会有百密一疏、顾此失彼的时候。

但以上的观点，并不是说不用学好语法，或者语法不重要。

其实做一个语法缜密的、有文化素养的现代英语使用者是很有必要的。对付各种挖空心思"设坑"的语法题，也是很有必要的。

关键是学习语法的时机和方法，要有所讲究。

极其简要地来说，可以总结为以下四点：

（1）初学者，在没有足够的积累之前，不建议太快学习所谓的"系统语法"。

（2）语法，不应该是英语学习的重点，除非你要做语言学家。

（3）9岁以下的孩子并不太适合学语法。

（4）即便是有了基础开始学习语法，也不要脱离有声输入，因为那是强大的助力。

接下来，我就从这四点为你做详细深入的分析，讲清楚原理，让你一次了解明白、了解透彻，不再因为人云亦云，对"语法不需大费周章刻意学"这个观点心存顾虑。

2.2.2　为什么初学者不应该立刻学语法？

为什么我不提倡初学者在没有足够的积累之前就展开系统语法的学习呢？

要回答好这个问题，首先我们要了解一下语法的本质。

以下是维基百科对"语法"的解释：

语法（grammar），或称文法，在语言学中指任意自然语言中句子、短语以及词等语法单位的语法结构与语法意义的规律，本质上即音义结合体之间的结合规律。对语法的研究称为"语法学"。语法也用来指研究这些规则的学科，例如词法学、句法学或音韵学等，并和其他学科，如语音学、语义学、语用学互相补充。

所以你看明白了吗？

语法的本质，其实是对语言现象规律的研究。也就是对已有的语言现象进行的总结和解释，是一种归纳性的总结。并且，语法是属于语言学范畴的知识。

画重点：**语法是先有语言现象，再总结的产物。而不是先有了语法，再靠语法规则，去演绎（演绎是归纳的反面）出语言现象。**

但我们很多英语学习者就是在用"演绎法"做本末倒置的事：根本没有积累足够的语言现象，就先学语法，然后用语法的条条框框去造句和分析语言现象。

我遇到过这样一位学习者（成年人），他花了十多年进行英语学习，只要涉及输出的地方，都是靠先在脑子里想主谓宾定状补，然后再一一对应，塞进单词去做主语、谓语、宾语、定语、状语、补语。而阅读速度也是很慢，因为他每看到一句话都会条件反射地先去分析这句话的语法结构。他问我的语法问题，所用的那些晦涩的术语，专业得让我都只是"略有听说"。可就是这样一位俨然资深语言学家的英语学习者，却把英语学得极其艰难，水平多年来都很难突破。

所以，初学者一般没有足够的语言现象做积累，这个时候学语法，不仅难以理解，还要记一堆规则，到考试难免还是会出错。

我经常遇到一些家长为孩子咨询英语学习，他们会抓着语法不放，问老师说孩子语法不好，单词也记不住，这该如何是好？这些家长说的这些话，也暴露出了他们内心的认知：语法和单词很重要，这两项内容是学英语的基础。

其实并不是这样，真正的基础是对语言现象的积累。有了积累，再做总结和归纳，语法就不再是"难搞的语法"，而是"简单易学""一点就通""顺理成章"的学习内容了。

2.2.3　什么时候学语法最好?

理论上，对于学龄前甚至 9 岁以下的孩子，都是不太适合系统学习语法的。因为孩子的理解能力还没那么强，系统学习语法其实挺违背孩子天性的。当然，你可以简单地或者总结性地给孩子说明一些语法现象。比如 ate 是过去情况下的 eat，be eaten 则是被吃掉，强调这个"被"。这种解释对孩子来讲是没问题的，也是应该有的，这种解释不属于这里讲的"系统学习语法"的范畴。

而对于超过这个年龄的学习者来说，最好的时机则是：只要积累了一定的语言现象就可以学习。

因为这个时候一旦开始学习某个语法点，学习者就会从自己的语言库中想起许多例子来，此时往往会有一种恍然大悟的感觉："啊！原来这里要加 s 是因为第三人称单数!"或者"啊！原来这里的疑问句用陈述句的顺序是因为这是引用了另外一句话!"

有恍然大悟的感觉，才是学语法应该有的感觉。

语法，应该是让你越学越清醒，对已经掌握的语言现象越来越深入了解。而不是让你越学越糊涂。可惜的是，很多英语学习者就是越学越糊涂。这里要加 s，那里不加 s，到底哪里要加 s? 这里是从句，那里也是从句，到底是什么从句? 状语从句? 同位语从句? 定语从句? ……

那么你可能想问，积累够了就可以学，到底积累多少才算够?

其实，积累到足够多的时候，不学语法也一样能用好语法、做对语法题、看懂很难的阅读文章、写出正确语法下的句子和文章。

虽然这是一种理想状态，但也确实是可以达到的。

这就好比你的中文很好，那是因为你积累得足够到位。你的中文语法其实并没有学太多、太深入，也能用中文对话、写句子。

如果我问你，为什么是"晒太阳"，而不是"太阳晒"？你能用现代汉语语法说出个所以然来吗？不能？哇，你语法这么差，汉语却这么好？怎么回事？

你可能会说，咳，话不就是这么说的嘛。

"话不就是这么说的嘛"的本质，就是**对语言现象的直接积累**。

所以，当你有足够的语言现象积累的时候，语法就自然地包含在内了。还记得吗？语法是对规律的总结和解释。

这就是为什么有时候，你身边的"学霸"会轻描淡写地告诉你说："我也不知道为什么选这个，就是感觉呗。"你会以为他在"凡尔赛"（炫耀），或者就是不愿意跟你说学习秘籍。但其实很多时候他们说的是真话。

> 所谓的"语感"，听上去虚无缥缈的东西，却是靠扎扎实实的积累获得的。

这就好比说，你会毫不犹豫地用正确的方式说出"晒太阳"，而不是"太阳晒"一样。你虽然可能并不知道其中的语法原理，但是就是能说对，这就是所谓的"语感"，并且不是什么神秘的东西。

所以，当我说"有足够语言现象积累就可以开始学语法"的真实意思，是说可以尽量多地积累语言现象，因为这才是语言学习的主要任务。任何时候，语法学习都不应该是学英语的重点，除非你想做语言学家。

当然，前面也说了，纯靠积累来解决你对语法的所有需求是一种理想状态。这个状态要求你的积累非常丰富。有时候也会单单因为年纪原因而做不到"足够到位"的积累。比如英美国家的孩子，也会因为年龄和认知的限制，做不到和英美成年人一样的"足够到位"的积累，特别是阅读的积累（很多语法出错的英美成年人也是出于对阅读的积累不足）。这也就是英美学校也有语法课的原因。此时的语法课，是帮助语言使用者更清晰地理解语言，更有条理、更快地深入有难度的阅读，以及培养更高的写作水平。特别是对于听说已经有非常高水平的母语人士而言，语法有授课和学习的必要。

现在你明白了吗？**语法不是英语学习的核心，但它可以是辅助我们把英语学得更好的工具。**

你完全可以在筑基阶段结束，进入融会阶段的时候再学习语法，让语法成为给你的英语学习加速的助力。至于筑基阶段（零基础到中考相应水平段），如果学习方式确实是以大量积累语言现象而展开的，那么不学语法也一样能轻松搞定这一阶段的全部语法（中考语法）需求。

2.2.4　高效的语法习得秘籍：有声语法

我知道，很多人一听说"基础段根本不用专门学语法"，心里就会不踏实。觉得积累可以努力做，但是能不能做到"足以不学语法都能随便考的地步"，自己却没有太大信心，于是还是想系统地学习语法。而另一些人的情况也可能是：学业已经过半，基础（特别是听的基础）也的确很薄弱，但马上要面临升学考试，各种语法需求迫在眉睫，所以也要"学语法"。至于那些已经进入了融会阶段的学习者，要学语法的计划也已经提上日程。

那么问题来了：如果必须学语法，究竟怎么学才算高效？

还记得我前面说有声输入对语言学习无比重要吗？学语法也是如此。如果能利用好"有声"这个形式，对语法学习会大有帮助。

这里，我就把我珍藏多年的、只传授内部学员的语法学习秘籍送给大家，让大家学起语法来更轻松，少吃苦头。

第一，不要过多地依赖"术语"进行"分析式"的语法学习。

因为，在没有足够的"语言现象积累"之前，就先学复杂的术语，再靠对术语的理解去分析语法，这样学习，效率并不高。英语语法术语数量多且复杂，比如"同位语从句""宾语补足语""倒装前置"等。其实，你并不一定要背下来这些术语才能正确地使用语法。特别是当你发现，研究语法术语并没有让你对语法感到更加清晰，反倒是越来越糊涂的情况下。

第二，尽量直接从"语言现象"入手，体会语法的实际运用。

什么是"语言现象"？很简单，就是大量的例句。直接从很多个相同语法现象下的例句中去发现规律，吸收规律。

你可能想说，我是发现了规律，但是我搞不懂为什么是这样的规律？

"搞懂"有两条路：

一是学习语法术语，然后靠语法分析来理解。这是普遍做法。

而另一条，则是我正在向你推荐的：靠"有声法"来实现直接内化。

第三，例句的学习完成之后，再依葫芦画瓢。

也就是主动造出有着相同语法规律的句子。大多数时候，学习后的主动应用，效果都是好过被动做题的。

以上是语法高效学习的三大原则。

接下来是高效学习语法的秘籍技巧，也就是"语法有声习得法"的具体实操重点。敲小黑板了哦。

第一，例句数量一定要多。比如一个宾语从句（你不用太关注一个从句到底是宾语从句还是状语从句，只需要找准同类例句即可），找出来 20 ~ 50 个句子，越多越好，每次学习的时候集中火力学一种类型。

第二，例句一定要"有声输入 + 有声输出"效果才好。即这 20 ~ 50 个例句，你需要在理解意思以后，**以听的形式反复输入**。让这种语法现象下的句子成为你的**下意识**。接着，你要建立耳口通路，也就是用自己的声音大声地朗读出这些例句，读到滚瓜烂熟为止。

第三，自主造句。仿照你已经听熟了读熟了的例句，自主造几个句子出来。你可以写下来，对照例句来看。无论多么接近例句，它都是你"融会"了语法点以后的自主应用。这样的一次应用，比你被动地做很多题要高效得多。而自主应用才是语言学习的本质目标和需求。考试不过是考查你的习得情况。

如此三步之后，在这个语法点之下，即便是考题换着花样、挖着各种"怪坑"来考你，你都不会出错。但有时考题会同时考查好几种语法点，所以你需要用同样的方法学习其他的语法点。

这种方法，在相对低龄的学员中应用十分广泛。

如果你想给幼儿说明一些语法现象，比如"过去完成时"和"现在完成时"的区别，你大概率会发现，这并不是一件易事。哪怕讲给小学生听，你也会发现，让他们"理解"并"掌握应用"这两种时态，都很难——因为理解是一回事，落实到实际应用上又是另外一回事。更何况学龄前儿童了。

但通过大量例句来自然习得语法的孩子就不一样了。

因为他们是直接从"语言现象"中习得的，而"语言现象"又来自大量的语境。

所以他们的"习得"同时解决了理解和应用。

在实践中我发现，这样学习语法的孩子，相比靠"先语法分析"的孩子，在使用语法的时候，错误率低得多！

在成年学习者的学习过程中，"有声法"也能让他们过去学过的语法知识得到巩固和更直观的理解，从而改善他们"语法差""不会用"的困境。

讲到这里，聪明的读者应该已经领悟到了，这种"语法有声习得法"，其背后的原理和"积累足够的语言现象"是一致的。只不过，是在你时间有限、解决语法的需求迫在眉睫的时候，你可以主动选择一种精准的（与语法点相关的）积累，而积累的恰恰都是某一种语法归纳下的语言现象罢了。靠听例句和读例句来打通人类最自然的语言习得路径，也就做到了回归语言学习的本质。哪怕是语法，也不要用学数学、学逻辑的方式做分析、记规则、背术语。

还是那句话，任何一件事，如果你顺应自然逻辑规律去做，就会很轻松，就像顺流而下一样不费力气且快速。但如果你非要逆着自然规律去做，那就是会吃苦头的，这就像逆水行舟一样。

试试看。

常见问答

问：语法点需不需要先听人讲解以后，再做以上的（有声语法）练习呢？

答：我认为，如果是本身就跟着学校进度学习的学生，大可不必再找地方听讲解。特别是当这种讲解就是以术语分析为主时。因为学校的英语学习是重视语法的，很多课文也是围绕着精讲单词和语法展开的。所以听讲解这件事，大多数时候跟着学校的进度就足够了。

如果你是超前学习者，或者是自主积累者，并不是在校生，那么听完讲解再使用"有声法"是可以的。但对于低龄学习者，却不太建议这么做，特别是当讲解里有过多术语的时候。这样很可能不仅让孩子听不懂，还会莫名地觉得英语"既难又高深"。而实际情况则是，英语可以"简单又明了"——特别是如果你肯尝试从语言现象中直接习得语法的话。

因为真正内化的过程是不能仅靠讲解的，一定是要自己体会和内化。而刚才讲的三点"有声语法"的技巧，就是内化的最好办法。

2.3 原版教材拯救不了你的英语现状

在我做老师的这些年，还有一个经常被问及的问题，而这个问题背后也藏着一个很大的误区。

那就是："老师，到底哪套教材好？请推荐。"

如果问话的人来自已经养出牛娃的家庭，或是已经有足够积累量的成人学员，我会认真推荐一二。但如果问话的人英语基础并不太好，问这话的深层目的只是想知道什么教材可以拯救眼下英语不好的现状，我就会一句话回答："不推荐使用任何教材。"

此时，得到这个回答的提问人往往就会一脸问号。因为在他们的认知里，学英语和使用一套精读教材是画等号的。无论是自己小时候学的人教版教材，还是后来流行的新概念，抑或是他们孩子如今使用的朗文、牛津、剑少……总之，在他们的认知里，学英语却不用教材，根本就不是一个真实存在的选项。

但事实上，如果你想改变英语不好的现状，靠教材是不行的。严谨地说，是单纯只靠教材不行。

2.3.1　为什么说教材不是英语逆袭的出路？

这里的教材，是指传统意义上的教材，就是按课文、分单元、综合精讲一个话题，有生词表、语法区、听力题、精读文章、口头回答练习甚至写作练习的教材。换句话来说，这种教材是靠精读精讲的方式来展开的。无论是老师讲解，还是自学，它的设计原理就是基于精读或者精讲。

而前面已经说过，英语学习最快、最自然的路径是按听说读写的顺序来。做好大量的语料积累是学好英语的关键。而传统教材虽然看上去听说读写都有，每个单元甚至每一课都有相应的"听一听""阅读课文""口头回答问题"和"动笔书写"的内容，但就"大量积累"这个要求而言，教材内容不过是杯水车薪。

当然，我并不是说教材和精读精讲一无是处。任何一种教材，能持续多年存在甚至流行，一定是有它的优点和长处的：每一课学习了哪些句子、哪些单词、哪些语法点？一个单元学下来，学了哪些内容清清楚楚，让人心里倍感踏实。但也正是这个"清清楚楚"，说明仅靠教材精读的输入量是非常有限的。那一点点结合课文的听力和口头回答问题，以及篇幅有限的课文，都不过只是语言这个汪洋大海中的一点浪花而已。

其实，在学习过程中，如果精读和精讲能以合理的比例存在，是会对语言积累和学习起到很好的帮扶作用的。但这个比例，一定不应该是占用一个英语学习者大半时间的。精读精讲应该是大量积累比例中的一小部分，起画龙点睛的作用，是作为帮助学习者更好地融会、理解大量输入的语料而存在的。

但是大部分来问什么教材好的学习者，心里都是在幻想有一种神奇的教材，学了后英语就能"开挂"的那种。我只能说，如果抱着这种想法来选择教材，那么任何一种教材，加上再厉害的老师，你的英语的进步也难以和你的付出呈正比。

2.3.2　原版教材？新概念？人教版？到底哪种教材好？

人们对于精读教材的追求，可以说是长江后浪推前浪。我记得我的父辈那一代，就有流行的英语精读教材，比如许国璋《英语》。到了我们学英语的年代，是李雷和韩梅梅的人教版教材和《新概念英语》并行。到了现在，又开始流行原版教材，各大家长群里的家长们，
仿佛不能用英语说出几套原版教材的名称都愧为家长似的。

却鲜少有人对教材学习的原理和英语学习的底层逻辑做真正深入的思考，大多数都是人云亦云，哪个博主推荐了某原版教材，哪种教材又是美国的，哪种又是新加坡的，哪种又贴近非虚构的……都在分析这些内容。并且还越分析越糊涂，越不知道到底哪种教材适合自己或自己的孩子。

现在也有越来越多的人知道要充分利用原版材料，诸如分级读物、桥梁书。但很多走这个路线的，也不免会走着走着心发慌，跑来问我："老师，我们一直在刷分级读物，但是不是要加套教材？什么教材好呢？"

到底什么教材适合？到底要不要加教材？

要解答这些疑惑，你需要彻底厘清学教材是为了什么。一旦你弄清了这个问题，其他问题就会不攻自破，你自然也会得到答案：

> 学教材，应该是为了帮助英语学习者，对其积累的语言现象感到更加明朗清晰。

这句话里有两个重点：

第一个重点，学习还是靠积累，学教材是起帮助作用的。

第二个重点，学教材为了让人更加清晰地理解英语，而不是越学越糊涂。每天背课文、背单词，光是教材的内容都吃不消也理不清的学习者大有人在。

如果是出于这个目的（让积累到的语言现象更明朗清晰），就可以选用教材。但其实如果你是在校生，学校里已经在使用并精讲一套教材，那么大可不必在课外再加一套教材的学习，除非你已经大大超越了学校教材的进度，有更超前的需求。

在这样的需求和前提下，其实各种教材，无论是原版还是引进版，甚至是国产版，区别并不是很大。最主要的选择重点是你应该选择那些和你正在积累的内容相呼应的教材。

这就意味着在选择教材的时候主要参考以下两个条件：

（1）涉猎的话题。

（2）教材的难度。

教材所涉猎的话题最好是和你平时积累的主要内容的类型保持一致（大致一致即可）。

如果你平时的积累是以虚构类（故事、小说、童话）为主，这时候你选择一个科学类非虚构性（比如科普为主）很强的教材，你就会感到很吃力。因为教材涉猎的非虚构类词汇是你平时根本接触不到的，那么你仅钻研教材就会耗费大量时间。

因此，教材的难度应该和你平时积累的内容水平阶段基本一致。

如果你平时的积累还在非常基础的阶段，但你却选择了一个难度较大的原版教材，仅读懂引导语都要查找半个小时的生词，那么这种选择就是错误的。

所以，关于"究竟什么教材好"的问题，你清晰一些了吗？我们的首要任务是搞清楚教材该有的功能，再就刚才提出的两点来配合选择适合自己的教材就可以了。

对的教材、好的老师、精彩的精读课都是有助于学习的。**但是你不能光靠着这"三件套"（教材、老师、课堂）来学英语，而忽略了非常重要的课后的吸收和积累。**否则，"三件套"质量再好，你的英语水平和进步幅度都会受限。

所以，大多数时候，你的英语水平不佳，进步缓慢，你以为是"三件套"不够好：教材不好、课堂不好，甚至抱怨老师教得不好。其实效果不好的原因，并不在于他们，而在于你自己的认知和行动。老师都是好老师，教材都是好教材，而你呢，有没有做好了你该做的积累？这才是你需要深入思考的问题。

常见问答

问：如果不用教材，我们应该用什么学英语呢？

答：各种配有有声资源的原版材料都是好材料。比如有音频的分级读物、儿童故事、桥梁书、儿童文学书、青少文学，如配有有声书的《哈利·波特》就是少儿文学的典型例子；再往后可以利用原版小说或者非虚构类的原版书籍、杂志、报纸等，以及很多优秀的试听材料，如分级动画的音频版和台词本、动画片的音频和台词本，英剧美剧经典电影的音频和台词本，广播秀的音频和带字幕文件等。选择实在是太多了。这些材料大多既生动又有趣，语料丰富，不愁离开了"传统教材"就没办法学英语。

本书第8章的8.2节内容详细讲述了主流的学习材料，也讲述了每一种材料的利与弊，以及适合什么情况、什么年龄的学习者使用的问题。对此有更多困惑的读者可以前往阅读。

问：老师您好，我平时积累的材料都是虚构的故事类。如果再加一套倾向于非虚构类的教材，比如科普类的，来弥补平时积累中缺失的非虚构类词汇和表达，可以吗？

答：如果你想提升非虚构类词汇量和科学类的语言现象积累，那么直接找相关的材料进行输入积累就好，而不一定要靠教材来"弥补"非虚构类的缺失。关于这一点，后面的篇幅中还会详细讲解，请参考第3章的3.2节内容，重点阅读"3.2.6 虚构与非虚构：荤素搭配营养加倍"小节，以及第5章的5.2节内容，重点阅读"5.2.3 虚构与非虚构：再一个'二八定律'"小节。

2.3.3 用对方法，不用追求原版教材

和语法一样，如果你能做足够好、足够多的积累，即使是不学原版教材也是完全可以把英语学好的。

但也和语法一样，教材可以是、也应该是学习英语的助力。教材应该帮你把积累的语言现象理解得更透彻、更清楚。而不应该反过来，把语法和教材学习当作主要努力对象，而完全不做积累。

那么我们现在就来说说，如何不过于追求原版教材也完全可以学好英语？

首先你要了解：**大部分传统教材的本质是精读，是对一篇文章展开的各类分析和解说。但精读的本质并不是教材。精读可以完全脱离教材而实现。**

那么到底哪些事可以算"精读"呢？不外乎以下这些：

（1）单词的学习和回顾。

（2）句子的结构分析和语法解析。

（3）词组/固定搭配的提出与讲解。

（4）对文章的阅读与理解（包括中心思想的概括、作者情绪表达分析、句子的改写）。

（5）扩展的知识点（比如一篇讲"食文化"的文章，大概率会有食文化的扩展阅读、扩展词汇和扩展表达）。

（6）就文章展开的听说活动（比如听文章录音回答问题、角色扮演表演情节等）。

（7）做课后习题和课后测试（理解与文章、语法、单词、扩展点相关的知识点，可以是听说型测试，也可以是读写型测试）。

由此可以看出，一篇课文可以衍生出这么多事来做，这就是精读。这也是为何大部分课堂都是精读的形式的原因之一：精读特别方便展开教学。

大多数学习者对英语的精读课都感觉甚好，觉得各方面都讲解到了，事无巨细，让人觉得心安，觉得英语就是得靠教学来一点点把知识点说清楚。

但如果你采访任何一个语文"学霸"："你的语文这么好，是怎么学的？"他

们大概率会表示：多阅读、爱看书是关键，语文好并不是单纯靠老师精讲几篇文章就行的。而你大概率也会同意这个观点，对吧？

那为什么说起语文这么清醒，到英语就糊涂了呢？

英语本就不是母语，本就差一大截积累，特别是听的积累，你还执着地指望精读课让你成为英语"学霸"？

所以请务必牢记，让你英语大幅进步的主功课一定是平时的积累。

哪怕是你现有的、纯靠精读课而培养出来的英语水平，也都是因为精读课的缓慢积累而获得的。没错，精读课也能积累，就是比较缓慢。

2.3.4 教材精读课的平替：自主精读 4 则

那么要如何才能提高效率，在大量积累的同时也能高效地进行一定比例的精读学习呢？

其实就是想办法把刚才提到的 7 点精读活动，精简地"揉"进平时的积累中。就像揉面团一样，用一点儿胡萝卜汁，就能把整个面团揉红了。

以下是我已经为你"揉"好的高效精读方法，共精简为 4 条主要规则。

相比花大量时间被动地上填鸭式精读课，我称此 4 条规则为**"自主精读 4 则"**。你可以把它们加到平日的积累过程中去，保证迅速积累的同时也不失针对细节的学习。

自主精读 4 则如下：

（1）积累的过程，无论是听还是阅读，都不要太泛，也不可过精，要走好中庸之道。

（2）一定要做好复习（单词和文本本身），不要一味地赶量。

（3）在合适的水平阶段，做好口头和笔头的精彩句、精彩段模仿。

（4）在合适的水平阶段，做好积累材料本身自带的习题（选修）。

你可能想问，为什么这样安排呢？这样简单的"自主精读 4 则"真的能代替精读课的 7 条功能吗？

我们先再来看看精读课的 7 条功能，看看这 7 **条功能的本质**到底是什么。

（1）单词的学习和回顾，其本质目的是——单词的积累和复习。

（2）句子的结构分析和语法解析，其本质目的是——理解句子和文本。

（3）词组/固定搭配的提出与讲解，其本质目的是——语言现象的积累和复习。

（4）对文章的阅读与理解（包括各种中心思想的概括，作者情绪表达分析，句子的改写），其本质目的是——理解文本。

（5）扩展的知识点（比如一篇讲"食文化"的文章，大概率会有食文化的扩展阅读、扩展词汇和扩展表达），其本质目的是——扩展积累（积累单词、表达、语言现象等）。

（6）就文章展开的听说活动（比如听文章录音回答问题、角色扮演表演故事情节等），其本质目的是——听说训练。

（7）做课后习题和课后测试（理解与文章、语法、单词、扩展点、听说相关的知识点），其本质目的是——理解和复习文本（对熟悉考试的各种模式有一定的帮助）。

精读课的这 7 点功能看上去非常丰富，但如果你仔细想想，这 7 点浓缩起来不过也是 4 点需求：

（1）理解文本（句子、段落和篇章）。

（2）积累（包括文本和单词）并复习（包括文本和单词）。

（3）顺带少量听说。

（4）学会做题。

而以上这些精读课的功能完全可以在平时的大量积累过程中，顺便用"自主精读 4 则"来覆盖，实现更加高效的学习。

既然"自主精读 4 则"如此高效，就让我们再花一些时间，更详细、更深入地去理解它吧。

规则 1：积累的过程，无论是听还是阅读，都不要太泛，也不可过精，走好中庸之道。

这句话的意思是说，在积累的过程中，特别是初学（初听）一份材料的时候，不需要反复抠细节、反复分析文章内涵、分析句子成分、单词词性、语法结构等。这就是"不可过精"的意思。

但不要过精，并不是说就要走向另外一个极端：泛读（泛听）。所谓太泛，就是不求甚解，不认识的单词能猜就猜，猜不到就跳过，赶紧往下赶进度。过泛的输入对培养整体感觉和提高阅读速度有好处，但是如果太泛而没有做到理解性输入，那么泛读甚至比过量的精读危害还要大。因为泛读和泛听都因为太过泛泛，而对单词和表达的积累不利。

不精，不泛，但一定要做好理解性输入。做到理解（听力或阅读）文本的95%~100%。

这就是所谓的**"要走好中间之道"：既不反复抠细节，但也要做好透彻的理解**。

后者看似麻烦，其实在操作上真的很简单，有时候只需要一个和英文对应的中文文本就可以了。

所以这第一则，对应精读课的功能来说，就是：积累的同时做好理解文本的工作（文本就包括单词）。这一条做对，就同时解决了精读课所需要的积累和理解文本这两个需求。

规则2：一定要做好复习（单词和文本本身），不要一味地赶量。

我听说有些使用分级读物的老师从不鼓励学员复习，理由是分级阅读本身就自带复习。这话没有错，但是分级阅读的复习属性强度并不够。一定要做好复习，无论是对文本的复习，还是文本中单词的回顾。不管你是通过回顾单词，还是通过复习文本顺带复习单词，做好复习和回顾，通过**重复刺激来实现自然牢固的记忆**，是非常重要的。

而如果一开始就使用精读课的抠细节方法，让学习的过程太过精细，学习者对文本已经厌倦，这时候复习就会像一块嚼得没有味道的口香糖，再复习必然是索然无味。然而任何学习缺失了复习这一环，效果就会大打折扣。所以不过精，让文本（特别是绘本）尚留一定的吸引力和神秘感，也会让学习者更愿意复习（特别是孩子）。

这一则对应精读课的功能来说，就是：做好扎实的积累工作，并做到对积累对象的高吸收率。

规则 3：在合适的水平阶段，做好口头和笔头的精彩句模仿，以及精彩段模仿。

这一条规则的本质就是，自然内化积累对象中的语法点和语言现象，包括固定搭配的词组和经典表达。直接依葫芦画瓢，习得经典句型、有效表达方式，并锻炼口头技巧和写作技巧。至于如何进行这些练习，会在本书后面的章节专项详细讲解。请参考：第 4 章第 3 节以及第 5 章第 3、4、5 节。

规则 4：在合适的水平阶段，做好积累材料本身自带的习题（选修）。

很多原版材料，比如分级读物、儿童故事、桥梁书，在书后或者别册里，本来就自带笔头习题。这些笔头习题和精读课的笔头习题是一样的内容。所以不一定非要学习精读教材，才能完成对应试的习惯和技巧，才能巩固对文本的理解和对单词的回顾。

而精读课要求的听说习题的量和强度，和我们平时"听说读写"顺序法的听说练习相比，杯水车薪都谈不上。

综上所述，**如果你能在平时的积累中顺带做好"自主精读 4 则"，把这 4 则以一定的比例安排到功课中去，那么坐拥 7 大功能的精读课也就变得不那么重要，甚至是可有可无了。**而如果你能把花在精读课上的大把时间，腾出来做加强积累的功课，那么，你的英语水平则会突飞猛进。

常见问答

问：请问老师，我的孩子基础可以，很早就过了 KET，但是再进阶学习我发现她进步很慢，几乎停滞不前了。听了您说的不精不泛，我好像明白了。因为我家孩子好像平时学得太泛了，阅读的量虽然很大，但是都是用翻译笔，把不懂的单词扫一下就继续往下读了。我想确认一下，是不是这样也属于太泛的学习方式？是不是就是导致进步缓慢的原因？

答：是的，你的判断没错。虽然看上去孩子用翻译笔也是在弄懂意思，但是孩子此时的主要目的是追故事情节，相当于把一个餐盘里的肉全吃了，蔬菜都留下了，并没有对应该细究的地方上心，所以不会的还是不会。这样进步就是极度缓慢的。

其实在我们学习过程中的不同阶段，自主精读的方法也有所不同。

比如在筑基阶段，自主精读可以是把文本理解到95%～100%即可，但是对于高阶的学习者，自主精读的内容就会变成在阅读过程中提取高频重点词，抄下来并规律复习等。具体方法可以参见第 5 章第 2 节，特别是有关看听法的讲解。

学习实操的细节还有很多。不同阶段、不同学习者在不同的具体问题下，都会产生不同的学习细节实操需求。本书篇幅有限，无法事无巨细地把所有学习者所需的学习实操细节都讲到位。如果有对更细节的学习方法、实操、规划的需求，可以关注作者微信号，直接咨询。

2.4 为什么初学者要慎学音标？

和单词、语法一样，音标也被很多人奉为"英语的基础"，认为是起步阶段就要学的基本功。于是一通猛学，结果原本记个单词都很困难，现在还要先记音标。什么清辅音、浊辅音、开元音、闭元音，还要记清楚每个音标长什么样、读什么音，组合起来又该怎么读等。努力半天，最后还是不得不感叹：英语实在是太难学了！

其实英美人的孩子根本不学音标，哪怕不学音标也能学好英语。特别是在初学阶段，大可不必花费大量时间和精力去学音标。

2.4.1 音标不是学英语的第一步！

你可能在别处也听过"学音标鸡肋"的说法，但是不明就里的你还是会怀疑：怎么你们就敢这么理直气壮地否定音标呢？学校都在教！

让我们先来看看音标的本质和历史，让你彻底明白其中的道理。你若认同，那不过是我唤醒了你对真相的认同。

首先音标到底是什么？我们还是来看维基百科的定义。

语音转录（phonetic transcription），是指以符号来标示语音的方式，亦可称为"标音"。语音转录通常会使用一套标音符号，亦可称为"音标"，一般严格记录语音的符号为国际音标。亦有如使用图像化记录的可视语言系统。

换句话来说，**音标，就是为了让你知道发音的符号系统**。

如此说来，最早的国人学英语以及我们小时候用汉语标注英语发音的方法也是一种"可视语言系统"，也即"语音转录系统"或"音标系统"。比如strong（强壮），标音为"死壮"；ambulance（救护车）标音为"俺不能死"。这也是一种"音标"，只不过不太严谨，不具备国际公认的能力。但为什么大家极大地妖魔化"汉字标音"，而一说到"国际音标"就一脸严肃，觉得那是正统的学习路径呢？其实这二者的本质是一样的。

　　音标的本质，就是以书面符号的形式，让你知道一门语言的发音。

那么根据这个本质，我们也不难理解，为什么音标会在过去的年代里成为"英语学习的基础"了。因为在过去，人们要获取一个单词、一个句子、一段话的原声发音并不容易！

越是将时代向过去回推，有声资料就越难获取。现在是电子资料唾手可得的时代，各种音频视频非常容易获取。往回推就是 CD 和 DVD 时代，再往回推则是磁带和录像带的时代，要再往回推就是只有收音机才能听到零星外语的时代，然后就是连收音机也收不到，只有靠外国访团、使者、学者、传教士，以"人传人"的方式来教授外语发音了。

讲到这里，我就顺便讲讲大家现在都在学的"国际音标"的历史吧，这样你会更理解我前面想表达的意思。

国际音标，建立于 19 世纪末，意在作为国际性的口语标音系统。最初用于教学目的，是 1886 年，以法国语言学家保罗·帕西为首的一群英国和法国语言教师创立的。

那么这里有 3 个重点：19 世纪末、教学目的、英法语言教师。

你可以想一想，为什么音标刚好是 19 世纪末的英法语言教师发明的？19 世纪的英法两国正在干什么？整个 19 世纪，正是英国海上称霸的时期，也是法国开展殖民扩张侵略行径的时期。他们用坚船利炮打开了很多国家的大门，到处殖民扩张。要殖民就意味着要想办法推广侵略者的语言——英语和法语。经过一段时间"人传人"的教学之后（那时候可没有收音机、CD 和 MP3 音频，人类首个无线电广播电台诞生于 20 世纪），理所当然地就会发现这样效率很低，难以快速普及英语和法语。特别是以听说交际为主的英语。于是就有人想到了一个点子：为什么不建立一个符号系统来标注发音呢？文字的传播比当面传播有声系统方便快捷多了！

于是，国际音标应运而生。

读到这里你有没有恍然大悟？音标是"难以听到原声"的时代的产物。而现在，你身处 21 世纪，原声音频视频还难获取吗？即便是绘本、词汇书也可以配备点读笔，点一点就可以听到英美母语人士的发音，男声女声、英音美音，应有尽有。你还要费尽心思去学国际音标吗？且不说习得国际音标这件事本身就费力，而你习得国际音标之后也不过是解决了一个"知道发音"的问题，解决了这个问题却依然不能解决"输入少""语感差""进步缓慢""抵触英语"等其他问题。

并且，我还想提醒那些坚持要一开始就学国际音标的"强硬派"，用音标来解决发音问题，这本身就是存在劣势的。那就是：音标无法体现一句话的语调和语气。音标只是解决了单词的发音。虽然可以做到很标准，但是当将单词组合成一个句子，其中的语调和语气就难以用符号系统来标注了。虽然在这方面，人们也有所尝试（重音符号、升调降调符号等），但是话里的弦外之音和句子的情感表达，都难以全靠音标和任何文字符号习得。而语调和语气对建立语感而言，是非常重要的一环。

也许你会说，那我再加上听句子、听段落、听篇章的功课不就行了吗？那你何必还学音标呢？你跟读、朗读、模仿、多听正确发音就完全可以满足初学者对发音的学习需求了。

2.4.2　音标到底要不要学？什么时候学？

对于这个问题，你可能已经知道一半答案了。那就是作为初学者，没有必要学音标。因为初学者的学习需求大多是习得正确发音，或者能快速获得书面英语单词所对应的发音。

英美人的孩子不学音标的理由，和我告诉你初学时不用学音标的理由是一样的：经由大量的听的输入，再打通耳口通路，做好基础阶段的跟读模仿，自然就不会发错音。即使是有发音错误，要纠音也可以靠裸听跟读等多种办法来

高效实现（具体办法请参见第 4 章的 4.4 节内容）

而针对快速解决书面单词所对应的发音问题，他们不会去学音标，而是直接学拼读。所以，如果你作为初学者就开始学音标，结果发现所有的绘本、桥梁书、儿童文学、小说、报纸杂志都没有标注音标。你如果去英美国家，会发现所有公共场所的文字也都没有音标。这和中国的拼音不一样，他们可不会用国际音标给你标音——仅仅为了让你知道文字的发音方式，来解决你不识字的问题。

所以，学了半天，结果是吃力不讨好。

但是，之所以现在还有很多学校开设音标课，国际音标准则也一直在被官方修订，说明它也是有其独特功能和优势的。这个优势就是可以更精确、更细致地深入了解发音，并且为各种口音（即便是英美人自己也会有各种口音）提供一个标准的发音准则，就好比拼音为普通话定准则一样。根据这个特点，那么音标也并不是一个可以被所有外语学习者全然丢弃的东西，而是在适合的时机学习，也能为我们的英语学习在精通的方向上助一份力。

如果你的理想是做一名英语老师，或者专业从事英语研究，那么音标不仅要学，还应该学好。因为你以老师或专业权威的身份进行教学的时候，你就应该是标准，就应该是准则，至少力求成为标准和准则。

2.4.3　自然拼读能代替音标吗？

既然说英美人自己不学音标，都是看到单词直接拼读，那么问题来了：自然拼读能代替音标吗？有人可能想说，我不学音标了，我去学自然拼读总没错了？

且慢！真不好意思，这里仍然有一个坑，需要你擦亮眼睛，看清真相，找准时机，理智判断你或你家孩子是否需要学习"自然拼读"。

很多家长早早地就开始让学龄前的孩子学拼读，我总会苦笑着说不要在这个时候学，但有的家长就会理直气壮地反驳："连我孩子幼儿园的外教都说了，他们国家的孩子也是 4 岁就开始学自然拼读的。"

可是，"他们国家"的 4 岁孩子的"听说"能力已经积累到了非常可观的水平了，而你家 4 岁孩子呢？听说零基础、零积累啊！

任何事情都要想明白其最底层的本质和逻辑，做事才不至于盲目。那么，自然拼读的本质到底是什么？说白了，就是认字。就中文讲叫认字，就英文讲叫拼读，其实就是认识文字，来开启阅读的大门。

首先，自然拼读的底层逻辑是认字，那么这就意味着要先有耳词的积累，再有眼词的习得。这样一旦拼出来，就直接根据拼出的发音得知其对应的意思。如若没有耳词的先行铺垫，就算拼读技巧精湛，准确地拼出了所有单词，但拼出来也不知道意思。这样的拼读有趣吗？有成就感吗？有效率吗？这就是靠拼读启蒙后直接进入阅读的学习者会学得艰难的原因之一了。不认识单词就得背单词，单词认识后放一起组合成句子又不知道意思了，还得去学语法……于是，走进了用逻辑推理学英语的苦路子。

第二，想要纯靠"自然拼读规则"来解决拼读和发音的问题，也是不妥的。如果你这么做，会发现拼读过程非常打击人，明明记了一堆规则，也下了苦功夫做到都记对了，但是为什么经常拼出来的发音和一些词的真正发音依然大相径庭呢？因为英语这门语言中有很多外来词，导致拼读系统有非常多的"例外"。所以，"自然拼读"并不自然，学习者的拼读技巧再精湛，总结的发音规律记得再牢靠，也会遇到非常多的不规则的发音和拼读。

所以，自然拼读的本质其实和语法是一样的。即：先有语言现象，再有针对语言现象的总结和归纳。

2.4.4　自然拼读不自然?

自然拼读的本质就是：先有了有声语言对应的文字，再从这些文字的发音中归纳总结，提炼出一般规律。但规律只是在有时候适用，英语的不规则发音实在是太多了（但不是每个语言都这样，法语的自然拼读就很给力，因为不规

·则的发音非常少）。

所以，英美的孩子利用"自然拼读"是来加速认字过程而已。即便是英美当地的语言专家也有很多批判和反对自然拼读的声音，认为自然拼读不过是一种噱头而已。

如果你是成人读者，过去也学过不少年的英语，你就会同意：小时候并没有流行什么自然拼读，直接就是拼出来而已。学习者也一样能拼能读、能做阅读题，也不影响"学霸"做"学霸"（更多自然拼读的详细解读请参见第 5 章第 5 节）。

让我们回到"自然拼读能否代替音标"这个话题上。

自然拼读的目的是认字，而音标的目的是标音。这二者根本就是出于完全不同的目的而存在的学习项目。所以，这个问题本身是无解的：谁也无法代替谁，但也不是没有这二者我们就无法学英语了。

> 自然拼读应该是在有了一定的有声词汇的积累之后再开启的，以认字（认英语单词）为目的的学习工具。

这句话里有三个关键点：

（1）学自然拼读的**时机**：应该是在有听的基础之后学的，而不是零基础、零积累就要学的所谓基础，它和单词、语法、音标一样，都并不是"基础"。

（2）学自然拼读的**目的**：简单来说，就是认字，为阅读做准备。有些家长总被"自然拼读"的概念哄得云里雾里，明明自己孩子已经五年级甚至初一了，早就认字且开始阅读了，还总是心心念念地想着"我们还没学过自然拼读"，总要来咨询："老师，我们什么时候开始学自然拼读，会不会太晚了？"现在你知道答案了吗？如果已经识字，就不需要专门系统地学习所谓的"自然拼读"了。

（3）学自然拼读的正确**态度**：你要清醒地意识到它只是一种工具、一种助力。不要想着用自然拼读来解决一些英语问题：拼写易错、阅读难懂、单词量少，这些都不是自然拼读没学好引起的问题，更不是学习自然拼读就能解决的问题。自然拼读不过只是认字和拼读过程中的一种辅助方式。它是一些总结性的规则，告诉你大多数时候这样拼是对的，但很多时候也不一定。至于什么时候是对的，什么时候不一定……呃，那就靠你自求多福了。

而真的走好"听说读写顺序法"的学习者，在充足的积累下，就会清楚地知道什么时候按规则拼是对的，什么时候按规则拼不对。积累充足的学员，即使完全不接触任何"自然拼读"规则的课程和书籍，也照样能在实践中总结出拼读规律，并且这样靠自己总结、理解到的规则，会内化得更加深刻透彻。让他们在拼读、阅读、拼写的过程中更加不易犯错。

所以，走好"听说读写顺序法"的学习者，完全不学"自然拼读"也是照样可以的。

常见问答

问：老师好，我是一名小学生家长，您说初学者基础不好的时候，不必学音标，学了也是兜圈子的事。但是孩子的学校要求学音标，还要对音标进行考试，我该怎么应对呢？

答：首先要明确的一点是，无论是中考、高考、KET、PET、小托福，还是将来的四六级、考研、雅思、托福、SAT、GRE，甚至是职称考试、职业水平测试，所有的权威考试都不会出关于音标的考题。

既然学校教，那就认真学习即可。

学校要求学音标的目的，是为了让孩子们知道正确和标准的发音，来辅助英语学习。

问：老师，您说音标不用学，我觉得您说得不对，因为我当年英语就是一直很差，自从学了音标才开始变好的！这种现象您怎么解释？

答：其实你仔细分析一下就会明白，并不是音标让你的英语反转了，而是"知道正确发音"这件事让你的英语反转的。

音标在很多学校里都是作为"基础"而设置的，那么你在学习音标之前，靠课堂上听的积累一定不多，而你可能也并没有在课后进行听原声的积累，所以在通过"学音标"而实现"习得正确发音"之后，英语水平有所提高。但起作用的根本原因是"知道正确发音"。而在我们现在这个时代，"知道正确发音"已经有太多更快更好更有效的方法了。而通过学音标来实现并不是不能，只是会有些缓慢。

第3章
"多听"不是你想的那样

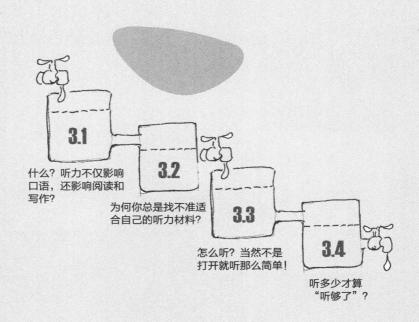

3.1 什么？听力不仅影响口语，还影响阅读和写作？

3.2 为何你总是找不准适合自己的听力材料？

3.3 怎么听？当然不是打开就听那么简单！

3.4 听多少才算"听够了"？

3.1 什么？听力不仅影响口语，还影响阅读和写作？

前面已经讲了英语学习的高效路径应该是符合自然习得逻辑的路径，也就是听说读写按顺序展开学习。

那么，首当其冲的重要学习对象就是听，做好听的输入和积累，对学好英语至关重要。有人可能想说：好了，我知道了，就是做好听力嘛，我听力分数还可以；或者：好了，我知道了，很多人都说过要多听，我们就多听呗。

且慢，这里说的"多听"可能根本不是你想象的那样。

抓听，不仅仅是为考试中的听力而听，而是听好听对，全方面地帮助提升说、读和写，以及语法、词汇和应试等诸多方面。也正是因为听好听对会直接影响学习者的整体英语水平，所以也就不是打开音响随意多听就可以的。

本章将围绕"如何听好听对"展开讨论和分享。同时，我的讲述不仅会深入剖析更加详细的原理，更会给出具体的实操方法。

听，是学英语的真基础、真重点，请你一定要认真阅读本章哦。

3.1.1 听力的重要性远远大过你的想象

听人说话几乎是所有人类接触和认识语言的最初手段，也是习得语言最自然、最高效的手段。

在自然习得母语的聆听过程中，**一定是结合着场景的**。

在最初的生活场景里，学习语言的孩子一定会反复听到一些词句。并且，这些词句也一定会反复地与同一相应的场景结合。也即，每次出现这个场景或者物品时，大人就会重复说出与这个场景或物品相关的有声语言。人类的大脑自然就会习得场景和物品所对应的语言。无论这个语言是汉语还是英语，或是其他语言。

大脑是非常擅长在场景下理解有声语言的，因为语言是人类基于本能发展的技能之一。当通过重复和反复刺激，大脑会毫不费力地记住对应的词汇和表达。再在学舌期尝试着结合场景将所听到的语言用自己的发声器官发音——也就是说出来，并得到来自外界的反馈。无论这个反馈是被赞许了，还是被笑话了，还是被纠正了，这都会有助于大脑调整对目标语言的精度和准度。

我将这个阶段中"结合场景的听"称为**"理解性输入"**，而"结合场景的说"称为**"调整性输出"**（输出—得到反馈—调整后再输出—再得到反馈—准确输出）。

这个阶段对以后的语言学习意义深远。因为阅读和写作也是建立在听说基础上的文字形式。阅读和写作中的节奏、断句、语感、都直接从有声语言中来。所以听的积累和基础，不仅影响到听本身，还会直接影响到口语、阅读和写作。

3.1.2 听力是如何影响口语的

我们不妨先来看看听是如何影响口语的。

口语和听的关系如下图所示。

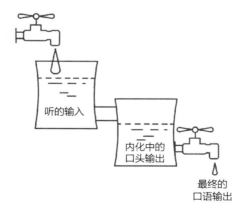

听说同源，没有听的输入，说的输出就不可能实现。而说的质量好坏、流畅程度、逻辑缜密度、艺术高度都和听的质量和数量有很大的关系。听就像是一只装水的桶，得有一定的量，才能往外舀出一勺水。而如果你想舀出一桶水的量，就应该有一缸水的输入。

就初学者而言，无论是母语初学者还是外语初学者，说的能力往往是低于听的能力的。观察下身边的孩子你就彻底明白了：他们的表达能力有限，但是却能听懂比他们能表达的内容难得多的内容。

所以，听力直接影响口语是毋庸置疑的。这也是很多学英语的人总是梦想着"口语流利"，但却一直没有流利起来的真正原因。请自查一下，你的听做得够吗？做得好吗？是否做到了理解性输入？并且，是否做到了经常复习听过的内容，让听的输入模式类似于母语环境里的重复输入冲击？

如果没有做到以上要点，那么任凭再优秀的口语课堂和口语老师，都不能高效地帮助你提升口语能力。即便是学会了一些口语词汇和口语表达，那也是被"喂"进了一些知识点。这和自主输入、自主输出的口语能力完全不能比。

3.1.3 听力是如何影响阅读的

也许听的质量数量直接影响口语水平的道理你很容易就能理解。但是当我说，听力影响阅读水平的时候却有很多人觉得难以理解。

诚然，就像听力和口语同源一样，阅读和写作也同源。这二者互相影响的力量更大更直接，这是共识。但是你可能忽略了，哪怕是阅读和写作本身也直接和有声语言挂钩。

为什么？因为语言分为有声语言和文字语言两部分，而文字语言不过是视觉化后的有声语言。

为什么？因为无论是在人类历史发展中，还是个人成长中，都是先有有声语言——也就是听说，再有文字——也就是读写。

所以，无论是有声英语还是文字英语，都自带节奏和断句。哪怕是句子结构的逻辑也跟节奏和断句密切相关。

现在，我邀请你思考一个问题：为什么很多人明明狂背了那么多单词，却还是会在每个单词都认识的情况下，看到一个复杂句仍然读不懂呢？

这里你可以暂停一下，不着急往下阅读，而是自己先想一想导致这个问题的原因。

也许有人会说，那是因为 TA 缺乏语法知识来分析句子结构。

如果把这种阅读能力的不足归结于语法不好，是不明智的。因为即便是语法学得够好，按语法去分析句子结构也会耗费相当多的时间，真正的阅读是要求速度和准度的。等你把一篇阅读题的长句子逐一分析下来，考试答题时间也不够了。生活中真实的阅读场景也不允许你这样做，靠分析句子结构阅读，很难做到和母语人士那样一目十行，自由阅读。

那么究竟是什么原因导致了这个问题呢？

也许有人会说，大概是"语感"不太好吧。

这是很接近答案的一个回答了。**"语感"这看似虚无缥缈的东西，其实是通过扎实的积累得到的。**

"语感"里包含着很多优秀的语言直觉，比如断句和节奏。这些都是难以靠教学和归纳性讲解说清楚的东西。但却能通过大量的听力输入，让大脑建立起对目标语言的敏感和丰富经验，从而轻松搞定长句子和复杂句的阅读。

所以，阅读能力不足，很多时候其核心原因还真不是词汇量不够，也不是语法不好，而是对目标语言不够敏感，经验不够丰富。而这样的敏感和丰富的经验就是靠听的积累来实现的。

如果以上的论述还不足以让你信服的话，那我再换一个方式说。

阅读，如果仔细考量的话，其实是分为 4 个阶段的：指读、诵读、默读、扫读。

（1）指读，就是在识字阶段，用手指指着对应的文字读出来。这是阅读的最初阶段。

（2）诵读，就是已经识字，但还难以默读，就会以读出声来的形式阅读。

好比你小时候刚认识汉字的时候，出门看见各种商标牌子都要念出声来一样。

（3）默读，就是识字已经熟练，阅读的时候可以不出声。这是大多数人阅读时所处的阶段，考试的时候也是要求至少达到默读以上的阶段。因为考试是不允许出声的。

（4）扫读，则是阅读能力炉火纯青的阶段，是拥有无限接近母语水平的阅读能力的阶段。一眼扫过去，就能迅速得知文章大意。

我们着重说说默读阶段，因为它是大多数人在"做阅读"时所处的阶段。默读就是不作声地读，但是你细想一下，默读的时候，脑中是不是依然有个**不出声的声音**？你如果想不起阅读英语时的感觉，那么想想你正在读本书时的感觉，是不是脑海中有一个"叙述之声"？

只是这个声音在你做英语阅读的时候，很有可能有点儿支离破碎、有点儿跳跃、有点儿断断续续、有点儿不知所云……总之这个声音很有可能不太给力。如果这个声音能出声，那么很可能让你倍感尴尬。而这就是你在做觉得困难的阅读时的真实感受。

有的人在面对一个复杂句时，句中所有的单词都认识，甚至脑海中的"无声之声"也都能发音正确，但连起来就是很难断句，不知道该在哪里停顿。

有趣的是，很多人在很多时候，**那个"无声之声"确实是默念了一遍，但是大脑却不能理解其意思。**

为何不能？因为这样的学习者平时听这种复杂句的情况少之又少，加上他们用"默读之声"念出来的句子根本没有正确的断句、节奏和停顿。这二者一起，直接导致了"单词都懂，串起来就读不懂"的结果。

而如果继续往下究其原因的话，简单说来也就是：诵读阶段应该做好的基础做得并不牢实，就直接进入了默读阶段。而诵读阶段的基本功，其实就是筑基阶段的听说先行：听—口头模仿—反馈—再听—口头模仿到精确流畅。

所以，现在你应该更加清晰地明白，为什么说听的基础的好坏对阅读也有深刻的影响了吧？

常见问答

　　问：颜老师，您说阅读能力差终究是和听得不好相关，但是为什么我朋友的阅读非常好，读英文原版书都没问题，并且还能做很好的笔头翻译。但是他说自己听得不多，口语也不好，还是个哑巴英语呢？好像这样看来听说和阅读并没有什么关系。

　　答：我们身边确实有很多英语学习者过了六级、考研。阅读也是英语能力中最强的一项，但还是不妨碍他华丽丽地"依然是个哑巴英语"。因为大多数学习者的着力点都在记单词、学语法、分析句子、做阅读题上面，久而久之，花费300%的努力也能把阅读学到不错的水平。

　　但其实，如果当年学习的时候，听说从一开就得到了充分的积累和训练，这些学习者可以用更短的时间达到现有的阅读水平。如果在正确高效的方法下，当年那300%的付出会让你的这位朋友的英语整体水平（包括口语）比现在还要高很多。

3.1.4　听力是如何影响写作的

听的好坏多少不仅影响口语能力和阅读能力，还影响写作能力。

这一点的深层原理和"听会影响阅读"是一致的。也就是说，听得不好、听得不够量会影响你脑中那个"叙述的声音"，从而又会影响阅读和写作。

简单回想一下，写作的时候，你的脑中是不是有个不出声的声音？为什么我总是强调：语言首先是有声的语言，然后才是文字语言。这也是另外一个侧面的证明。

正常情况下，任何语言学习者在读写的时候都会在心中带着文字所对应的声音。不信，你可以马上试着写一段文字看看，无论是英语还是中文，你的头脑中一定都有一个叙述的声音。你也可以尝试关闭这个声音去写一段文字。恐怕你会发现这根本办不到。

而这个声音，就是直接受制于听的输入的。和影响阅读的过程一样，这个声音的断句、节奏和停顿也都会影响写作的发挥。

如果学习者处在筑基阶段，写作还只能书写简单的句子或者只是拼写单词，那么"听熟单词和句子的发音"对提高拼写准确率和句子正确率都有巨大的帮助。因为英语是拼读系统下的文字，不是象形文字，所以"熟悉发音"会直接影响拼读和拼写。

而如果学习者处在融会阶段，已经有写文章的需求，那么"听够听好"不仅能帮助学习者建立流畅的语序、节奏，还能直接从听够听好的过程中吸取养分，直接照搬一些表达方式或者仿写听过的精彩句子和比喻。因为听和阅读一样，都是一种输入。

> 输入永远都是输出的养分，而写的养分不仅仅可以从阅读中来，就像口语的养分也不仅仅可以从听的积累中来一样。

讲了这么多，希望你不再只是听别人说要"多听"就多听，听了一阵后又因为看到别人在上精读课、在上语法课、在背单词，就又心里发慌、立场不稳。希望你能通过阅读本书，做到深入理解这些"方法论"的原理和底层逻辑之后，会在听到不同声音的时候，依然能保持自己的判断和思考。

那么既然听这么重要，我们要听什么？怎么听？听多少才算够呢？

3.2 / 为何你总是找不准适合自己的听力材料?

听对听好的首要前提,一定是选择正确的听的材料。而不是随意找一个英语音频播放和倾听就能达到目的的。

正确的材料主要包括三个方面:

(1) 材料的难度应该和学习者的现有水平相对应。

(2) 材料的内容主题和内容应该能唤起学习者学习的欲望。

(3) 虚构类和非虚构类的平衡,也就是科学配比,保证听的内容足够广泛,不失偏颇。

那么,接下来我将逐一详细讲解,首先来介绍如何选择适合自己难度的材料。

3.2.1 被大大高估的听力水平

很多人一说到为"多听"找材料,就会立马想到以年龄或年级来找相关材料。我常被问到的问题就是:"老师,我今年 XX 岁或者孩子今年 XX 年级,要听什么内容合适?"

请记住,不要以年级和年龄来选择要听的内容的难度,而是要**依据实际的听力的水平**来找听的材料。

而有的人,年级或年龄挺高,却因为学习方式不好等综合原因,导致水平低于实际年级或年龄。并且,很多学习者是从拼读或阅读入手英语学习的,平时也没有注重听的积累,所以大概率也会有"阅读水平高于听力水平"的现象,有的还是"大大高于"——听的能力和阅读的能力之间落差很大。

也有人会按考试得分的情况来选择听的难度,这样也是不妥的。

考试本身是一种考查，得分有高有低。而得分的高低并没有办法量化与你水平相应的听的材料。因为听力考试所用材料的难度和你的实际水平是有出入的。

比如雅思听力，满分 30 分你得了 25 分，这能说明什么呢？说明你的听力水平是和雅思考试持平的吗？不能，因为你被扣了 5 分。

如果你得了满分 30 分，这又能说明什么呢？说明你的听力水平是和雅思考试持平的吗？不能，虽然你得了满分，但我们并不知道你的上限在哪里。

且不说，考分还包含了你的刷题经验和应试技巧。而且，考试的听力题都还是理想化的有声片段，和真实的有声场景相比，后者更灵活多变，掺杂更多口音和接地气的表达。

所以，在选择听的材料的难度时，不要以阅读水平来衡量，也不要以考试成绩、年级、年龄作为依据，而是**一定要根据自身听力的实际水平进行材料难度的选择**。

那么我们该如何判断自己听力的"实际水平"呢？请参考下面几小节中的方法。

3.2.2 五指法 VS "50% +"选择法

在选择阅读材料的难度时，你可能听说过"五指法"。即翻开目标材料，随机选 2 ~ 3 页，查看每一页里的生词数量，每出现一个生词就数一根手指头，以一页之中数到的手指数不超过 5 个为佳。

但是这样的方法能不能用到选择听的材料的难度上呢？

答案是并不好。

为何不可？为什么我们不能把听的材料的文本找过来，也以一页不超过 5 个生词为佳的方法去判断呢？

前面已经说过，不要以阅读水平来衡量听力水平。那么换句话说也就是，不要以给阅读材料定难度的方式来给听力材料定难度。如果你这么做的话，则很有可能哪怕是一页里面一个生词都没有，但串起来却依然让很多学习者照样听不懂！或者只能听懂几个零星的单词和短语。

原因很简单，因为**过去的学习方式让你的眼睛很敏感，耳朵却是沉睡的。**

这个现象在英语学习者中是很常见的。100 个新学员里，可能会有 90 个人都是如此。明明看文字觉得很简单，一旦捂住文字只听音频就懵了。能听懂70% 就算不错了，而这 70% 的听懂率还往往是在有图片参考提示意义的情况下才达到的。如果是纯裸听，没有文字也不看图片，大部分人连 50% 的听懂率都达不到。这样的听力水平，也难怪会在平时的精读课堂方法下的英语学习中"越来越吃力"，或者成绩会"持续下滑"了。

如果你是有基础的学习者，那么这里你可以做一个小测试。找一个你认为相对简单的小故事（对你的阅读水平而言），先不看文字也不看图听一遍，看是不是有些地方听不懂；再看图听一遍，看是否会清楚一点；最后再看文字听一遍，你会发现这么简单的内容，靠裸听却有好多细节没有听出来。当然，如果所有细节都听出来了，听和阅读能力一致，那么恭喜你，你的耳朵是敏感的。

既然靠"五指法"来判断听的难度并不好使，那么就请记牢我的**"50% +"选择法。**

什么意思呢？在初听时裸听能听懂大致一半内容的材料，就是你选择听力材料难度的极限（最难 50%）。

如果听懂的内容低于 50%，那么学起来就会吃力。一个文本耗费太多精力，对学习者自信心的打击就会太大。

如果是已识字（会拼读能阅读）的学习者，选择初听时裸听就能听懂 50%以上的内容，那么大概率你阅读这个听力材料的文本时会比较容易，能听懂的内容会达到 70% 以上。在后续的听学过程中，难度就会比较适中，有利于建立自信心的同时，又能在每一遍聆听中吸取大量新的学习内容。

如果是未识字（不会拼读不能阅读，比如幼儿）的学习者，选择初听裸听就能听懂 50% 以上的内容，比较有利于保持学习者对文本的兴趣：因为如果有太多听不懂的内容就完全不想听了，而 50% 是保护这个"听下去"的欲望的底线。

"初听裸听"率越高，难度越小，学起来就越轻松。这对年龄相对较小，或者因为过去枯燥的学习方式而对英语已经有所抵触的学员会友好得多。但这样做，进步也会相对慢一些。

相反，"初听裸听"率越接近 50% 的下限，难度越大，学起来就越需要多一些时间，适合更成熟的学习者，或者本身就喜欢英语，希望能有所挑战的学员。这样做，进步也会快一些。

而 50% 是原则。不建议学习者选择初听裸听率低于 50% 的材料难度。

因此，这个选择难度的方法，我称之为"50% +"选择法。

3.2.3　做好理解性输入

有的理论支持说，只管使劲听，即便是做不到理解性输入，也能有输入的效果，因为人脑就是这么神奇，能自动处理一门语言。就我的教学"临床经验"来说，这并不现实：如果天天给你放阿拉伯语，不告诉你意思，也没有可以结合的场景，你听三年也还是学不会阿拉伯语。只是对预热阿拉伯语发音系统有好处。

可我们的学习者大多没有时间去预热，人人都希望高效搞定英语。

所以我认为，**理解性输入是必需的，这是高效学英语的基本原则。**

这个原则就直接影响了我们在选择材料难度的时候，要选择那些我们本来就能听懂一部分的材料。

但一定有很多人相当困惑：那我是零基础或者刚启蒙的学习者，怎么可能选得到"本来就能听懂一部分，听懂 50% 以上"的材料呢？

又或：我基础很弱，就是再简单的材料也难以听懂 50% 以上，怎么办呢？

别急，解决方案很简单。对于刚启蒙、零基础、基础薄弱的学习者来说，可以选择有图的简单读物。以图作为场景，为有声语言提供直接的意思提示。比如一个图画着苹果，然后音频念 apple，这就是秒懂的事情。而对于抽象的语言，则可以辅以中文解释。比如一句话的听力文本是"一个人很尴尬地看了看另外一个人"，这句话对应的图中画的是一个人看着另外一个人，那么这个图提供的只是一部分意义，还有一部分意义可能是缺失的（尴尬不太容易通过图画出）。此时再利用中文解释作为辅助，查词典、问询他人，或者直接看翻译，都可以。那么，这里的抽象词"尴尬地"，就能完全做到理解性输入了。

The pig.   The chicken.

当然，这里有一个前提，那就是学习者的认知已经能理解中文的"尴尬地"。如果不能理解（比如孩子太小），那么这是认知问题，不是英语水平的问题。但一般而言，将英语作为外语学习的学习者，其母语水平都不会低于英语水平。如果认知不够，连中文解释都难以理解原文的意思，这就说明选择的材料的内容不适合。关于如何选择内容，我会在下一小节详细讲解。

让我们说回来。

零基础学习者这样听一段时间之后，就会积累到第一波耳词。之后再根据这波已习得的耳词，作为下一波新内容的阶梯和跳板，就能进入"50%＋"选择法的正向循环了。这也是分级阅读读物在零基础和启蒙阶段非常好用的原因。因为它并不仅仅可以作为"分级阅读"的进阶材料使用，还可以作为"分级听力"的进阶材料使用。这些分级阅读读物之所以被称作"阅读读物"，是因为它们在国外被使用的时候，孩子们已经有很好的听说基础了，只需要以阶梯的方式进行拼读认字"阅读"就行了。但**你完全可以先利用"分级阅读"进行"分级聆听"**。

那么，利用中文解释做辅助会不会让学习者形成翻译思维，不利英语思维的形成呢？

大可不必有此担忧。

首先，我们在国内，语言环境毕竟不是英语，客观条件使我们难以完全做到纯英语思维。如果你硬要从一开始学英语时就必须形成纯英语思维，那么所有的中国老师所教授的课都不适合你。因为只要是有用中文授课的英语课，都会涉及用中文解释英语。如果你说，我自己在家给孩子只用英语解释英语不行吗？不是不行，只是这样的话学习效率会很低，比如连"尴尬地"也要用英语解释的话，那要什么样的英语水平才能解释到位？或者要用多么精湛的演技表演出尴尬，才能让你的孩子不会理解错误？

大多数学习者，无论是社会大环境还是家庭小环境都无法做到纯英语思维。很多孩子的家长英语并不好，却要死磕"全英语讲解""纯英语思维"，这么做并不明智。并且，你人在国内，母语是汉语，又怎么可能形成百分之百的"英语思维"呢？你的大脑必然有一定成分的"中文思维"。

第二，不要谈"中文解释"就色变。目前大部分学习者的学习方式，比如学精读教材、听精讲课、学语法、分析句子……那才是更接近"翻译教学法"的学习路线。比如《新概念英语》就是 20 世纪 80 年代"翻译教学法"流行时期引进的教材。你也可以翻开它，看看书中中英文的比例。所以大龄学习者**不用担心翻译思维，因为大概率你已经有了**，或多或少而已。而低龄学习者，只要学习不是那种"来是 come 去是 go"的学习方式，或者每学一句英语家长都要给精翻一遍，又或者每句话都要以翻译给家长听的方式来过关，就基本不用过于担心形成翻译思维。

第三，如果有人坚决不使用中文作为理解性输入的辅助力量，那简直太傻了。大有"有驴不骑，扛在肩上"的傻气。中文可以直接解释清楚一些已经理解的东西，比如抽象词汇"尴尬地"，极其高效。

意思就是，我鼓励基础不好的成年人用孩子的材料学习。比如分级读物，而不是"死脑筋"，只知道选成人教材。

综上所述，想要做好"理解性输入"，请利用好：

（1）图片。图片可以为听提供场景意义。

（2）在水平还相对低的时候，大胆地用好中文解释做辅助。

做好此两种助力的结合，就是做好听力材料理解性输入的重点所在。

3.2.4 符合心智年龄的材料，还是符合英语水平的材料？

说完了如何选择听的材料的难度。接下来我们就来谈一谈如何选择材料的内容。我经常鼓励零基础、近乎零基础或者基础薄弱的成年人使用孩子的材料学英语。因为孩子的材料选择丰富、阶梯性也很强。很多成年人也确实听从了建议，从精读教材、背单词、学语法转到孩子的材料学习。阶梯向上，大量输入，用对方法很快就进步了。绝大多数成年人对使用儿童学习材料都能欣然接受，但有趣的是，反而有些小学高年级的孩子和中学生，却对使用儿童的学习材料非常排斥。特别是因为过去枯燥且难见成效的学习方式，已经对英语产生抵触情绪的那些孩子。

原因很简单，因为小学高年级的学生和中学生自认为认知比较高，对内容"幼稚"的材料不屑一顾，觉得那是给"小屁孩儿"看的东西。究其原因，还是因为长大些了但还是没有真正成熟。相反，成年人吃过各种英语难学的苦，知道自己语言水平不高，儿童材料是适合自己英语水平的学习材料，于是就欣然接受内容的"幼稚"。甚至有的成年人还觉得儿童材料中的图画和纯真故事很有趣。

最令人头疼的，莫过于这些基础不好又有抵触情绪又自认"成熟"的大孩子们了。因为简单的材料，他们嫌弃内容太简单；而符合他们认知的内容，英语水平又完全跟不上。所以学英语真的要趁早，也一定要用对方法。不要等到年龄大了基础弱还抵触，要扭转这样的局势确实是要费很大力气的。

那么针对这种学习者，我们究竟应该选哪个？选内容合适的，还是水平合适的？

如果你是低龄学习者或者成年人，就选水平合适的（顾水平），用自己现有的英语水平去匹配合适的材料。如果你的学习阶段正处在筑基阶段和融会阶段，那么大多数学习者都可以选择孩子的材料。这些材料可以分很多种，初阶有分级读物、绘本、初章书；中阶有桥梁书、相对简单的儿童文学；高阶有相对文学化的儿童文学，也有很多诸如《国家地理少儿版》的科普非虚构类材料，足够让很多学员在"孩子的材料"里就解决中考、高考、四级，甚至接近六级或者考研英语水平。

所以千万不要小看"孩子的材料"。

如果你是少年学习者，或者你的基础还不错，那么也可以在上述的材料中，根据自己的水平（顾水平兼顾认知）来选择要学习的材料。而如果你的基础相对弱一些，但还没有对英语产生抵触，那么在可以接受的范围内，选择相对简单的材料（顾水平而不是认知），可选择那些自己感兴趣的话题下的材料，来弥补"内容就认知而言显得幼稚"的短板。

由此可知，大多数的情况基本都是以"顾水平"为主，而不是"顾认知"。只有两种情况要以"顾认知"为主。

（1）低龄牛娃。语言水平已经超过了认知。这时候要顾及一下认知，不要一味地追加难度。比如很多低龄牛娃在刷分级阅读材料：RAZ（Reading A - Z）、兰登的时候，会发现后面的级别越来越难，倒并不是因为水平上不去了，而是认知不够。比如这些材料中有很多是讲美国南北战争和黑人独立运动的，四五岁的小朋友就难以理解。这时候一定要顾及认知，去选择孩子认知可及的材料，以找到进阶之路。

（2）前文提到过的小学高年级的学生、中学生、基础弱水平低对英语没什么好感但又很看不起"幼稚材料"的这类大孩子。这种情况，选材也要先顾及认知而不是水平。这种情况下的学习采取的就是非常规办法了：比如利用酷味十足的英语歌和游戏英语来扭转对英语的抵触，并积累第一波基础。有的孩子在扭转之后，对英语不抵触了，也会逐渐接受适合自己水平的材料（顾及水平）。

常见问答

问：既然又要符合水平，又要符合认知，那为什么不选教材呢？比如学校正在学习的教材，那个就是难度合适，又符合认知的。

答：学得吃力的学生，会觉得教材难；学得超前的学生，又会觉得教材太简单。而至于教材，即便是符合绝大多数学生的认知水平，也不见得能唤起所有学生的学习兴趣，而唤不起学习兴趣就又和"不符合认知"的最终效果一致。

第二，教材的输入量远远不够，特别是听的输入。前面讲了那么多关于精读教材的学习导致低效的原因，最终的高效学习还是不能仅靠单纯的教材学习的。

3.2.5　兴趣！兴趣！兴趣！

在根据水平或者认知来选择具体材料的时候，还有一点很重要。那就是学习者对材料的主观喜好。兴趣，非常重要，我们甚至应当像保护生命一样去保护自己或孩子的学习兴趣。

所以，要选学习者觉得有趣的内容，而不是"权威"说有趣的内容。

比如有些小女孩特别喜欢公主的故事，那么在有了一定的水平基础之后，就可以尽量多地选择与公主相关的故事。因为对学习材料有兴趣会促进学习者对材料的吸收度和学习的可持续性。有的男孩特别喜欢侦探的故事，那么就尽量多地选择侦探类、推理类内容。兴趣会弥补学习过程中因为难度带来的挫折感和厌倦感。

因为你所选择的这些材料是听的输入的主要材料，而养成"聆听上瘾"的习惯会极大地帮助输入的有效性和整体英语的提升效果。那么"聆听上瘾"如何才能养成？那一定得靠听自己喜欢的内容获得，对不对？只是很多学习者的听力水平还很低，无法做到聆听自由而已。水平需要靠方法和技巧实现阶梯性提升，而选材的时候，我们应该尽量在水平合适的情况下，选择学习者最感兴趣的内容。

具体怎么选呢？这里有 3 点建议。

（1）可以直接去外文书店，直接对材料进行观察。

（2）可以在网上的购书平台输入符合自己水平的关键词。比如在初章书阶段，就在搜索框里输入"初章书"，搜索结果中会出现很多初章书，选择那些书名与自己爱好契合的即可。比如"龙"，然后点击进去以后，下方会有同类书推荐。可以先看样章难度，并向店家索要音频，（一定要选择有音频的材料！）听一下看是否符合"50% ＋"选择法。

（3）也可以直接跟经验丰富的专业人士咨询。

常见问答

问：您说学习者要在有一定基础之后再选择自己觉得有兴趣的资料，那么在基础阶段应该如何选择？

答：在基础阶段，应该以大概率不枯燥的材料为主线进行学习。

这个"大概率"是指过去用过这个材料的大多数学习者都觉得比较有趣。按这样的标准去找英语学习材料并不难。英语不像一些小语种材料种类那样少，英语学习者的数据也相对多一些。

另外，在基础阶段一定要多**用方法技巧来弥补材料简单且无乐趣**的问题。方法和细节对了，是可以很大程度上缓解初学时枯燥的重复复习的。总之，基础阶段还是应该以水平为主来选择材料，兼顾乐趣即可。

问：在基础阶段，有一些很好的非虚构类材料，学起来枯燥无趣，是不是就要避开不选呢？

答：有一套很有名的分级读物 *Reading A – Z*，简称 RAZ，其中很大一部分册别就是你说的这种情况。RAZ 的非虚构类册别很多，而非虚构类的"故事"又并不连贯，不属于很"抓人"的那种。这种材料确实相对枯燥，也相对挑人，特别是孩子。如果是孩子学，特别是在方法不够讲究技巧的情况下，那么绝大多数孩子要么越学越抵触，要么越学越艰难。只有小部分人（也包括孩子），确实是 RAZ 天选之人，他们是对非虚构类特别有兴趣的人群，这类人对故事的趣味性"要求"不高，不用太好看、不太抓人也能接受。但如果绝大多数人照搬这一小部分人的成功经验，就会适得其反。

但是，不得不说，RAZ 对增加词汇量是非常有效的。所以在这种情况下，**大部分人最好是选择这种非虚构类内容多的材料作为辅线，也就是说：不是完全不选，而是谨慎选择、搭配选择。并一定要用方法和技巧去化解它的枯燥和无趣。这样打组合拳——好玩的和相对枯燥的结合，快速度过基础阶段，才能在后面的阶段自由输入热爱的内容，养成"聆听上瘾"的习惯，培养成为英语学习"上瘾者"。**

3.2.6　虚构类与非虚构类：荤素搭配营养加倍

虚构类是指作者杜撰的故事，比如童话、小说。而非虚构类，则是指讲事实的内容，比如科普文章、社论等。

因为考试的阅读文章几乎都是以非虚构类文章为主，所以很多人在学习的时候，挑选的材料几乎都是非虚构类的。看上去很有逻辑：考什么学什么。但是这样做却降低了学习效率。

还是用自然习得语言的底层逻辑来推理：你有见谁学母语是从小就脱离生活场景，天天靠学习科普学的？也许有读者想说，那也没有见谁天天靠虚构的故事学母语的啊？没错。但是虚构的故事会涉及人物、时间、地点、事件，会直接涉及很多类似生活的场景或者说和生活密切相关的语言现象。这是第一。

第二，虚构类的学习对于绝大多数学习者来说，是相对不那么枯燥且更容易学出兴趣的选择。在相对无痛的过程中积累，更有利于学习的持续性。并且，对于语感的建立、语言现象的积累，使用虚构类要比使用非虚构类略胜一筹。因为贴近生活的用语不那么拗口，会更有利于快速积累。你看那些六级、考研、雅思、托福的长难句，其实都是在非虚构类文章中的。而哪怕难度级别再高的故事，比如严肃的文学小说，在其用词用句非常考究的情况下，也很少有那么多复杂句的叠加和绕来绕去的句子结构。

第三，虚构类非常适合裸听。所谓裸听，就是指不看任何文字和图像，全靠耳朵的聆听。这个能力是快速提高英语整体水平的"王牌"。所以，如果你都选用非虚构类的文章，裸听时就容易走神。因为非虚构类文章没有故事性。人的大脑更倾向于听有故事性的东西。你可以想想，当你开车（或者坐车）听中文的郭德纲相声或评书等节目的时候，是不是会比较专注？而如果换成讲"T 细胞"或者热带雨林的生物多样性的节目，你是不是更容易打瞌睡（如果你很喜欢科学话题除外）？所以，中文都是如此，换到英语更是这样。

因此，一般情况下的选材建议是：选大量的虚构类作为输入和学习的主要内容，再添加非虚构类作为辅线，来弥补虚构类学习中对非虚构类的词汇、逻辑和长难句的不足。而不是反过来，以啃非虚构类文章为主，然后几乎没有虚构类的学习。这样不仅速度慢，还容易越学越不想学，越学越没信心。

而虚构和非虚构的比例安排，却是可以因人而异的。但在此，我建议大家在平时的学习中虚构类和非虚构类都要有，不能有失偏颇。虚构类对语言积累、语感培养确实很好，但缺乏非虚构类的词汇，也会对考学不利。而非虚构类对词汇量的快速增加很好，却对高效学习、语感培养等方面不利。所以二者结合，打好组合拳才是最好的选择。

在不抵触英语的情况下，你可以安排虚构类 60%～70%、非虚构类 30%～40%，并在时间上做一些技巧性的交叉。如果你已经对英语学习失去兴趣和信心，可以安排 80%～90% 的虚构类内容，仅仅添加 10%～20% 的非虚构内容，来帮助你恢复学习的兴趣和信心。也可以在学习中先学习一段时间的非虚构类材料，等抵触情绪有所扭转之后，再慢慢添加非虚构类材料。

问：老师，您说以虚构类为主线、非虚构类为辅线是一般情况下的学习建议。那么什么情况下，可以反过来让非虚构类为主、虚构类为辅呢？

答：两种情况可以反过来让非虚构类为主、虚构类为辅。

第一种，特别喜欢自然科学科普事实类、对故事没什么兴趣的学习者。这个很好理解，就是以兴趣为主，有这个兴趣在，对别人而言枯燥无趣的事，在他看来却是有趣的。这种情况下，学习可以以非虚构类为主。但是，虚构类也要加上，因为非虚构类不方便进行裸听，而裸听又是提升英语必须要做的事情之一。

第二种，马上就要考试却没有时间抓基础的学习者。比如高三的学生看到本书，那么就要以非虚构类的学习为主了。因为非虚构类是接近考试的学习材料，而非虚构类是平时抓硬实力的神器。关于如何选择考前学习材料，以及短期的应试技巧等临时抱佛脚的正确方法，会在第7章重点讲解。

3.3 / 怎么听？当然不是打开就听那么简单！

3.3.1 "天黑请闭眼"：闭上敏感的眼睛，才能激发迟钝的耳朵

如果你是一个在英语学习中打拼多年的成年人，那么你是不是也曾尝试过看电影学英语？结果怎么样了？

是不是发现如果不开字幕就听不太懂？于是你开了英文字幕，这时候如果你的阅读基础不错的话，你会感觉好多了，但也有时候会应接不暇——又要看剧情，又要阅读英文字幕，有点儿忙乱。而一旦开了中文字幕，那叫一个畅通无阻：字幕几乎是瞄一眼就知道意思，哪怕字幕切换很快也基本不影响你看电影。这时候是你感觉最好的时候，甚至有人觉得自己把整部英文电影都看懂了，自己的英语"还挺不错的"。正得意呢，如果这时候把中文字幕一关，立马又进入艰难模式。

为什么会这样呢？

因为你的眼睛对文字已经相当敏感，并且你对中文文字的敏感度又远远大于对英文文字的敏感度。你只需要瞄一眼中文字幕就知道意思，而英文字幕还是要"阅读"一下的。而最不敏感的，就要属你的英文耳朵了。

我们大多数人过去学英语的方法，都是在为眼睛增加敏感性：阅读、精读、教材、单词、语法、做题。而耳朵却一直在沉睡。有限的课文录音和考试的听力对话，远远唤不醒耳朵的敏感性。

所以，关于正确的聆听方法，其首要的一点，就是要想办法提高耳朵的敏感性。而如果这个过程中你看到了文字，那么耳朵就不会被激发，因为你对文字太敏感，眼睛会抢在耳朵前面理解文本的意思，耳朵自然就不能得到锻炼。

你可能想问，那不让看文字，是要裸听吗？

所谓裸听，是指什么都不看地听，既不看文字，也不看场景，只听声音。

基础薄弱的学习者和起步不久的学习者，明显是做不到裸听的。所以这类学员就要首选：场景＋声音的方式进行听的输入。

场景＋声音可以帮助两类人轻松度过最初无法裸听的阶段。

第一类，是已经学过挺长一段时间英语，能识字、会拼读，却依然水平低迷、基础薄弱、卡在瓶颈中的英语学习者。

这类学习者对文字已经相当敏感，当有文字和声音同时出现的时候，眼睛就会抢走耳朵的工作。对于这类学习者，抓好缺失的听的积累极其重要，也是走出英语困境、快速逆袭的关键。所以他们在做听的输入时，结合的场景图下面如果有文字，就需要捂住文字先不看，只以场景＋声音的方式来进行学习。

第二类，是启蒙不久的学习者，还不会认字、拼读。

这个阶段不看文字是自然而然的，也就是自然情况下的场景＋声音的方式进行学习了。

不管是第一类还是第二类学习者，都要经历"少依靠眼睛，多依靠耳朵"的阶段，这个阶段也是母语习得过程中最重要的、靠耳朵习得有声语言的筑基阶段。

3.3.2 母语习得的本质核心：场景＋重复刺激

学一门语言最轻松且无痛又高效的方法，莫过于用学母语的方法了。

前面提到的不依靠识别文字的眼睛，只依靠听懂场景的耳朵，其实也是指：学习过程一定要符合语言学习底层逻辑的听说读写顺序法。

我们来分析一下学母语的过程中，听的方式有哪些具体的特点，从而推断我们在学习英语的过程中应该如何以最理想的方法去聆听学习材料。

只需稍微深入探究一下学母语的过程，**特别是第一批耳词的获得过程**，你就会很容易发现：听的积累一定是结合了场景的。并且，这个场景是不断重复出现的，是多次重复刺激的。而每一次刺激的过程虽然短暂，大多时候也都一定是结合着场景的。

那么总结起来，习得母语聆听的过程主要有以下 3 个特征：

（1）听的时候**有场景**（初期积累靠场景，后期积累靠场景 + 语境）。

（2）同一份语料会多次**重复刺激**，重复出现的次数非常多（尽管有时候时间间隔较长）。

（3）相同的语料每次出现都是短暂的**一遍过**。

根据这 3 个特征所推出来的，恰恰就是我要分享的有关筑基阶段听的关键技巧。

（1）聆听请务必结合场景（筑基阶段前半段，也即积累第一批耳词的过程，应结合场景；而后半段，也即有了第一批耳词之后，则是结合语境）。

（2）务必做到同样的语料多次重复刺激。

（3）但每次刺激不要拖沓，无须精讲。

下面举个实际例子说明，在筑基阶段初期——也就是积累第一批耳词的阶段，真实的母语习得过程是怎样的：

一位英国母亲带着自己的孩子去超市买菜。看到西兰花，这位母亲会对孩子说："Do you like broccoli？"或者"Do you want some broccoli？"然后把西兰花放进购物车就继续逛了。她是不会站在原地，先教孩子 broccoli 的发音，再教 broccoli 的拼法，再要求孩子跟读、朗读、指读，然后再讲解"Do you like…"中"一般疑问句"的语法点的。她一定不会说 Do 是助动词，放在疑问句里就要提前且首字母要大写这些事的；也不会把 broccoli 说 N 遍，然后考查孩子是否记住、是否学会，学不好再听写一遍的；也不会再出几个选择题和填空题，确认孩子真的会了才离开西兰花柜台的。

接着，这位母亲带着孩子回到家，把西兰花煮给孩子吃。当她把做好的西兰花放在盘子里端给孩子的时候，她又会重复一次 broccoli。她大概会说："Have some broccoli。"或者是别的句子，但是一定会结合实际情况重复 broccoli 的。如果孩子吃了后觉得不好吃就吐了出来，母亲可能又会说，"You don't like it？You don't like broccoli？Oh，you'd better like it；it's good for your health．I like broccoli；it's yummy. Look…I eat it.”（"你不喜欢它？你不喜欢西兰花吗？哦，你最好是喜欢哦，它对你的身体很好。我就很喜欢西兰花呀，很好吃的，你看……我吃了。"）然后母亲就吃给孩子看，表示西兰花很好吃，一边吃一边说，"It's good. I like it."（好吃，我喜欢它。）孩子不会**立刻**听懂全部句子的**每一个细节**，但是多来几次，他就知道 broccoli 是"西兰花"，like 是"喜欢"，问人喜不喜欢什么是"Do you like…"，不喜欢则是"don't like…"。

这个母语习得的过程就是符合了：结合场景；多次重复刺激；每次都是短暂刺激（不精讲）的母语学习路径。

我们要做的就是模拟这样的路径，来轻松高效无痛地自然习得英语。

其中，"结合场景"提供了理解性输入功能。大部分普通学习者在学习的时候也都知道要理解，但大多数对"多次重复短暂刺激"这一点却做得很差。非但没有短暂多次重复，反而是精读、精讲，一篇短短的文章要抠到地老天荒。然后还不复习，或者不遵循重复刺激——也就是多次短暂复习的规律。因为学习了第一遍精读之后，由于学习过程对材料研究得太过仔细，学习者已经没有任何欲望和兴趣再对一篇本来就枯燥无味、已反复嚼过的文章做复习了。

请记住下面这个有点儿"恶心"但一定会让你印象深刻的比喻：按传统精读的方式来学习一个材料，这就好比嚼了几个小时的口香糖，吐出来晾凉后，让人一点儿再嚼（复习）的欲望都没有。

而学语言不复习，效果自然好不了。

那么，我们又该如何做好模拟母语的学习路径呢？

简单来说，就是做到前面提到的 3 个关键点：短暂却多次重复的刺激、结合场景刺激、不精讲的同时要做好理解性输入。

至于如何具体落实这 3 个关键点，我将在下一小节为你详细阐述。请继续阅读。

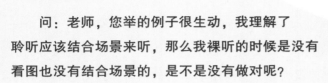

常见问答

问：老师，您举的例子很生动，我理解了聆听应该结合场景来听，那么我裸听的时候是没有看图也没有结合场景的，是不是没有做对呢？

答：本小节所举的例子，是母语学习幼童的聆听阶段的自然习得过程，对应的是零基础学习者积累第一批耳词时必不可少的技巧和要点。

而你说的裸听，是有一定基础之后才能步入的阶段。当你有能力实施裸听的时候，当然可以裸听。并且裸听是重要的聆听方法。这个包含裸听的聆听阶段，对应的是母语学习的大童阶段。比如英美大童可以听儿童广播剧。这时候他们的听也是裸听，他们结合的就不是场景，而是语境了。下一小节我们就重点讲这个阶段的聆听技巧。

和不要脱离场景一样，**在裸听阶段也不要脱离语境**。不要裸听那种上下文连贯不够紧密的内容。这就是我不建议学员裸听 RAZ 的原因。因为 RAZ 大多数册别都是以非虚构类为主，即使是虚构类的册别，故事也不是很紧凑，不是有强烈情节的那种。如果不看图，那么上下文就连贯得不那么紧密。如果你听的是虚构类故事，那么裸听是极好的，因为故事自带强烈的语境和连贯紧密的上下文。关于这些细节，我将在接下来的几小节中为大家详细讲解，请继续往下阅读。

3.3.3　裸听不等于泛听

有了基础耳词的积累之后，就要开始进入大量裸听的阶段了。

这时候的学习材料也会逐渐变得有趣。难度加大、篇幅变长的同时，故事性也极大地增加。还记得吗？我们的主线是建议以虚构类内容为主。那么裸听的对象也是故事性强的内容。我不建议大家大量裸听非虚构的内容。因为它们没有故事性，是大脑不喜欢的输入形式，裸听很容易让你分神或者耗费精力。一旦养成了裸听时分神的习惯，再想改就难了。就长期的英语学习来看，极为不利。

所谓裸听，前面说过，也就是纯靠耳朵，不看文字和图片，也就是不结合场景，却结合语境的聆听。这当然是需要在有一些基础之后进行的。那么这里的裸听是不是就意味着直接泛听，找到合适的材料后打开音响就开始裸听呢？当然不是。

听的第一大重点你还记得吗？对了，那就是"理解性输入"。

理解性输入在裸听阶段依然要稳定持续地做好、做到位。

如果泛听——不求甚解或者走马观花地听，学习者永远都在重复那些已经听懂听会的东西，靠上下文猜测而学到的新的内容会很少，效率比较低。

如果精听——类似精读课上那样一句一句停下来划成分、讲语法、讲单词的聆听方式，也会因为学习者无法在短时间内积累足够的量而导致同样低下的效率。并且，和精读一样，如果把聆听过程抠得太精太细，会让学习者没有欲望反复再听。而不重复多听，学习效果和吸收率就会大打折扣。

这里讲的道理其实和精读泛读效率都低是一样的，不清楚原理的读者可以倒回去再次阅读前文（参见第 2 章的 2.3 节内容，重点阅读"2.3.4　教材精读课的平替：自主精读 4 则"）。

高效的裸听，也是要在泛听和精听之间找到一个"中庸之道"。即：不精抠、不细讲，但是每句话的意思一定要搞明白。

具体实施方法如下：**在找到对的材料的前提下（裸听初听率在 50% + 的、适合学习者个性化喜好的内容材料），裸听之前，只需要在初学的过程中弄懂一**

遍原材料的全部意思，便可开启重复裸听之路。

这句话里有三个关键点：

第一，确保裸听材料是合适的材料（难度、内容，具体说明请参见第 3 章第 2 节）。

第二，初学时要弄懂原材料的全部意思。

这里的"弄懂"其主要内涵就是，哪个句子不懂，直接弄懂；哪个单词不懂，直接弄懂。这个过程越快越好，可以利用包括中文翻译文本在内的一切辅助工具。并不用在意"传统"，例如用纸质词典查词，查词的时候要弄清楚一个单词的所有词性、扩展用法和例句等。只需要快速理解单词在当下句子里的意思，句子在当下语境和故事中的意思即可。因为做这一步仅仅是为了搞懂意思，方便裸听时的"理解性输入"。重点是后面的裸听，而不是分析文本。

很多人在做这一步的时候，做着做着又回到老路子上去了，又开始查词性、看例句，甚至分析语法结构，借此来"完全理解句子"。这是低效的，因为作为重头戏的裸听是以不断地**重复输入刺激**来实现学习者对语言现象的自然积累。初学阶段如果在理解文本上花太多工夫，虽然不是禁忌，做了也不是犯错，只是这么做实在是很低效。学习者还很可能因为精读文本太细太久，对故事完全没有了再听的欲望。而这一点，就是"精抠文本"的最大弊端。

在弄懂意思之后，可以看着图或者文字再听一遍。这一步是选修，其本质依然属于"弄懂意思"这一步中的一个细节操作。这一步的目的不过是将刚才理解的文本意思和音频对应起来。这一步在某些情况下是可以省略的，比如文本话题是熟悉的、相对简单的等。

第三，开启重复裸听之路。要知道，裸听一遍效果是很微弱的，你要做的是重复裸听。

3.3.4 秘籍大放送第一波：高效裸听胜黄金

接下来我就要详细讲解有关裸听的那些事了。

再次强调：这里的裸听技巧适用于有基础的学习者，并且学习者使用的材料也是故事性的材料。如果是初学者，还在初级积累阶段，学习的材料也极其简单谈不上故事性，就请使用上一小节讲到的：有场景的短暂 + 多次重复刺激的听的技巧，去结合有图的材料，不看文字却看图的聆听方式。

上一小节结束时，谈及了高效裸听的第三个要点，即反复裸听。所谓"反复"，就是裸听至少 3 遍以上。但是，这 3 遍以上并不一定是要学习者在当天当时就完成的是完全可以分散到初学之后的不同天数中去的。

这里介绍两个合理均匀地安排重复裸听次数的方法。

第一，就是将所有裸听材料都放到播放器的播放列表中去。有空的时候就选几个裸听，只要长期做到"雨露均沾"，每个故事都裸听 3 遍以上，吸收率就非常高了。

第二，按艾宾浩斯遗忘曲线和自身的遗忘节奏来安排重复复习。比如在第 4 天、第 7 天、第 15 天复习裸听。关于艾宾浩斯遗忘曲线和其改良安排，会在本书后面的篇幅中详细解说。

既然这里涉及反复裸听，那么在选择裸听材料时就要多上心。裸听材料内容的好坏、难易度和乐趣度等会直接影响裸听的效果。

如果你聆听的是合适的材料，那么裸听 3 遍的过程大致会是这样的：

裸听第一遍，有些句子和单词需要稍作反应才会想起意思。

裸听第二遍，需要"稍作反应"的单词和句子开始变得很少，反应时间也进一步变短。

裸听第三遍，几乎不需要反应时间，听见立即就能听懂至少95%以上的内容。

这就是**由轻松到很轻松再到非常轻松的三级跳**。你的裸听如果找到了这样的状态，那么恭喜你，这是最好的状态。

但是这样的感受不是唯一的标准，感受是因人而异的。总之听 3 遍的总体感受是越来越轻松地听懂越来越多的内容。

而真正的"魔法"是在反复裸听之后开始的。

要实现对材料的高效吸收，并不是在熟悉了一个材料后就马上丢掉它，再进行下一个材料时实现的。**阶梯性的新材料固然重要，但是旧材料的反复输入**

更是重点所在。因为只有通过反复刺激，才能将那些结合了情绪语调的语言现象内化。而只有内化了的语言现象、学习材料才会变成"你的"语言，才会成为你潜移默化的一部分，成为输出时能自由调用的语言。

这样一步一步稳扎稳打，每一次"学习"（弄懂文本）之后都重复裸听，就会实现高效吸收，让你的英语进步神速。

我的建议是裸听重复至少3遍以上。但上不封顶。

上不封顶也是有原则的。那就是在学习者能接受的范围内不封顶。

比如一个材料对学习者来说已经听了很多次，不想再听；或者学习者已经完全内化吸收了旧材料，就可以不用再重复听了。第一种情况不再裸听是为了保护学习者的兴趣；第二种情况则是出于提高效率。既然一个材料已经全部消化，那就可以及时停下来，将时间用到对新内容的吸收上去。

如果材料足够有趣，听3遍以上其实并不是苦差事。

在我教授学员的经历中有一个神奇的现象，那就是在翻过第一阶段基础聆听的门槛儿之后，90%以上的学员会发生有趣的"聆听上瘾"现象，并且这时的"聆听上瘾"是喜欢重复聆听某些特定的故事。

比如，在我的系统规划课的安排中，在结束了第一阶段的聆听积累，开始习得拼读的那3个月里，我通常会安排英文版《西游记》的聆听（一种特殊技巧安排下的聆听）。于是大多数学员会出现：一套《西游记》要翻来覆去听4~5遍及以上的现象。有一些低龄学习者更是会听得不睡觉不吃饭，听到不少家长来找我提意见——矛盾的家长们啊，既因孩子爱上了英语学习而快乐，又因孩子听得上瘾而发愁。

有时候，有的聆听材料会让学习者聆听多遍还依然兴趣不减。基于这种情况，我们就可以酌情添加更进一步的功课。比如，在学习者能非常轻松地听懂全部内容的前提下，可以开始模仿原声和跟读。这里的模仿和跟读可以是自发自然的，也可以是要求下的。比如有一些对语言敏感的学习者，不用提醒就会开口模仿精彩片段，特别是那些夸张的片段，这是自然自发的，是很好的。有一些学习者因为习惯问题，自己不会主动开口，或者听的时候有旁人盯着，就不好意思开口，这个时候可以提醒模仿和跟读。只是要注意，如果学习者是孩子，特别是接近叛逆期有叛逆情绪的孩子，家长切不可以逼孩子模仿跟读，然后还评头论足。

我曾有一个小学员就是如此，父母殷切又严厉地敦促他进行模仿，他却严防死守绝不开口。直到有一天妈妈早回家，却意外地发现孩子在自己的房间里把原声音频开到很大，正在激情昂扬地大声模仿，模仿得还非常到位。这就是我说的不要逼孩子跟读模仿，更不要"点评"的原因了。

如果在裸听的过程中，发现对原文本还有一些不明白或者模糊的地方，那么则可以时不时再回顾一下文本，将那些听了很多次都还没听明白的地方，再顺着文本过一遍，弄清楚搞明白，让吸收率进一步提高。

以上就是裸听阶段的聆听方法和技巧。

常见问答

问： 请问颜老师，您说上个阶段，也就是积累第一波耳词的初级阶段，模拟母语学习过程要有3个点，其中说到重复刺激要短暂，那么现阶段的裸听怎么又是3遍以上了？是不是矛盾了？

答： 不矛盾。裸听阶段的裸听其实依然是短暂的重复刺激。

"重复刺激"应该好理解，因为建议是学过的内容3遍以上。你不理解的应该是"短暂"。其实在单次的裸听过程中，依然是一次性的短暂刺激。根据音频的语速，一个单词、一个句子，读过就过了，要再听到就得是下一次的裸听了。而两次裸听同一内容之间是有时间间隔的，并不建议在同一天完成3遍以上的聆听。

并且，在"学习"文本——也就是弄懂文本意思的过程中，词句的刺激也是短暂+重复的。此时的"短暂"是指利用手边的任何工具，理解意思就好，不要精读，不要来回抠词性、语法、扩展用法等，这是短暂的另一种体现。而"重复"是指，在裸听过一小段时间之后，对原文文本如果还有不理解的地方，可以再度看书听，包括再次看"依然不明白"的地方的文本，再次弄懂。

所以，这个阶段的裸听依然是符合母语学习过程中的三大特点的。只不过把积累第一批耳词时的"结合场景"换成了"结合语境"：结合语境的理解性输入并执行短暂多次的重复刺激。

问：请问颜老师，裸听之前，初次学习文本的时候，您说弄懂意思就行，那是弄懂句子还是弄懂单词？

答：其实弄懂句子还是弄懂单词，都指向一个意思：就是弄懂文本本身。

如果一句话中只有两个单词不明白，就弄懂单词，这样一句话就懂了。如果是一个句子里单词全都认识，就是组合起来不知道意思，那就想办法弄懂句子（请教别人解释也好、直接看中文翻译也好，都可以）。只要是弄懂文本，知道每句话在讲什么意思就可以，不用拘泥到底是弄懂单词还是句子。

问：请问老师，我们的学习还在非常基础的阶段，这个阶段我们主要是用结合场景＋重复刺激的方法利用有图的绘本听，那么这个阶段我们完全不能裸听吗？

答：也不是完全不能。因为这个阶段学习者水平不足、积累不够，那么依赖场景的时候自然就会多一些。图片场景是辅助工具，水平不足的时候需要更多的辅助工具。但是对于已经结合场景听过的内容，有一些是可以裸听的。

但是一定要注意，非虚构内容最好不裸听，因其没有故事性。故事性很松散的内容也最好不要裸听（比如有些故事性分级读物的低级别）。原因前面说了：由于上下文连贯得不够紧密，而导致学习者一旦养成"一裸听就分神"的习惯就很难纠正回来。这样就会得不偿失，还不如多听能结合场景和图片的内容（前提是材料难度要选好哦）。

问：老师，您说裸听前要学习一遍，做好理解文本的梳理功课。如果裸听很多次以后还有不明白的地方，还可以再次梳理一下原文文本。但是如果我们还不认识字，该怎么梳理呢？

答：这就和上一个阶段——筑基阶段的"理解性输入"技巧一样：利用图片＋口头解释来理解每句话。

追问：那光靠口头解释，学习者听不懂怎么办？或者记不住怎么办？

答：如果选材的难度没有问题，是阶梯向上并且符合了裸听初听 50%＋原则的，那么就很好操作，不会出现一本书很难，靠口头解释听不懂或者记不住的情况。

即使有，也可以在 50%＋原则上做一些个性化调整。比如选择"初听裸听"听懂率 70%＋的材料，而在零基础起步阶段一定要选看图就能实现这一点（看图听就能听懂 50%＋）的材料。关于这一点，在前面讲如何选择正确难度材料的时候就有详细讲解。所以很多时候，不是聆听的技巧掌握得不好，而是选材技巧不到位。

3.3.5　听的进阶形态：看听法是"开挂"的前奏

裸听是可以一直持续到精通阶段的一种聆听方法。

等到了高阶，你的英语已经很好的时候，裸听就不再是一种训练方式，而是一种节约时间高效的读书方式了。比如你的英语很好，但是你没时间看某本书时，那么你就可以利用碎片时间听书。所以，裸听是可以从有一点基础一直贯穿到精通阶段的技巧。

但是在精通之前，我要给你分享一个非常重要也非常给力的听的技巧。它也是积累足够的聆听量之后，开启阅读高速进阶之路的秘籍。

那就是：看听法。

这里的"看听"和前面提到的筑基阶段的看图听不一样。这里的看听法是指有了拼读基础、能有一定程度的自主阅读之后，用来开启大量阅读输入大门的便捷方法。

这里的"看"，是指看文字：一边看文字一边听文字所对应的音频。

这个方法不仅适合我刚才说的：听的积累已经做了不少、学会了拼读、准备开启大量阅读之门的学员，还适用于已经跟随教材和课堂学到高年级、阅读水平尚可、听力水平比阅读水平低的学习者。

因为"看听法"是快速拉平一个人的听和阅读能力落差的好办法。

什么意思呢？就是说，如果你听的能力不错但阅读还不行，那么"看听法"会帮助你快速拉升阅读水平，让阅读水平和听力水平尽快接近。

而反过来，要是你的阅读能力还行，但听的水平低于阅读水平，那么"看听法"也会帮助你提升听的能力。

但要注意的是，这里指的"听力水平低于阅读水平"是指听的水平**略低**于阅读水平。

如果听的基础完全没有或者和阅读的落差相去甚远，那么就要根据自己当下的听力水平，去找到合适难度和内容的材料进行专门的聆听积累训练。无论这个训练是要求你从筑基阶段做起，还是已经到了裸听阶段，都是要根据当下的水平去衡量的。

只是你要明白，这个听的基础不补上，你的英语学习就会始终不得要领，不但会学得辛苦，还难以达到理想中的效果。

如果你是按"听说读写顺序法"来进行学习和积累的，那么听的积累达到一定的量且学会拼读之后，向下一阶段挺进的首选方法就应该是看听法。因为这时候你的耳朵足够给力，你只需要听着音频，把有声语言和可视化的文字对应起来就可以快速提高阅读水平了。无论这个阅读水平目前对你来说是独立阅读的初级阶段，还是已经开启了初章书、桥梁书的阶段。

3.3.6　秘籍大放送第二波：正确看听进步灵

看听法，顾名思义就是看着文字听对应的音频，这个概念并不难理解。但做好看听法的关键是需要好好把握一些技巧和细节。

（1）看听法的前提，也是材料难度和内容的适合。这几乎是一切听的技巧的前提，因为如果难度和内容不合适，就会导致任何一种听的技巧失效或者难以进行。

（2）看听时，如果听力水平好过阅读水平，可以在开始的一段时间给音频开慢速：0.5 ~ 0.75 倍速皆可。如果阅读水平相当不错，自主阅读的速度高于原声音频的正常语速，则可以给音频加速：1.25 ~ 1.5 倍速皆可。

（3）在看听法的过程中，如果有不理解的单词或者句子，只需要快速圈出来，不需要暂停音频。因为正是用音频的语速来带动阅读的流动的，如果发现完全跟不上音频的速度，那么就是材料的难度大了，应该再选择简单一点儿的内容。

（4）可以在看听法看听第一遍之后，再弄懂第一遍看听时快速圈出来的生词和不懂的句子。这里的弄懂技巧和裸听法用到的方法是一样的，即用任何方式弄懂意思，越快越好；不需要扩展精读，只需要知道当下文本中的词义和句意即可。

（5）再弄懂意思之后，可以再进行一遍看听（这一步选修，目的是把文字和对应的音频再梳理一次）。再一遍（第三遍）就可以根据个体情况选择是裸听还是独立阅读了。普遍来说，如果是听力水平好过阅读水平，那么可以在第三遍时选择自主阅读。如果阅读水平好过听力水平，则可以选择裸听。如果二者水平持平，那么建议裸听多过阅读，或者裸听和阅读交替进行。比如当下正在使用的这一册学习材料的第三遍用的是裸听，那么下一册材料的第三遍就可以是独立阅读。

（6）因为"看听法"在涉及听的同时还涉及阅读，所以就要在每次学习之后，把重点词和高频词单独找出来进行复习。但是一次学习挑选出来的高频词和重点词不要超过 5 个。

（7）复习生词的方法：不要用"传统"背单词的方法去死记硬背，而是通过生词在故事中的场景来"锚定"回想。

你看完这 7 个技巧和关键后，可能觉得理解了但又好像依然很迷茫。

那么我们接下来就以《神奇树屋》为例，来举例说明一下"看听法"的全过程，让你根据本书的说明，就能直接实操看听法的秘籍，体验英语进步的高效之路。

假设我们的学习者是一个阅读水平略好过听力水平的 10 岁学员。经过测评后，发现《神奇树屋》比较符合他当下的实际水平。但是这个学员自主阅读《神奇树屋》的速度慢于原声音频的诵读速度，所以我们就用正常的音频语速来执行"看听法"（参见技巧点 2）。

第一步，直接翻开《神奇树屋》第一季的第一册，一边看文字一边听原速原声音频。过程中遇到生词和不懂的句子快速用铅笔圈出来，不暂停音频（参见技巧点 3）。

第二步，用任何可以的方法来解决《神奇树屋》第一季第一册中不懂的内容（已圈出来的那些）。该学员选用的办法是直接查阅生词，用到的工具是手机词典 app（也可以选用别的方式，比如直接看中文版的对应翻译、利用词典笔、问父母等），并且挑选了 5 个高频词、重点词，记录在笔记本上（参见技巧点 4）。

第三步，理解意思之后再"看听"一次。这一次全部能看懂、听懂，比较轻松（这一步可以选修，如果觉得内容难度较低，可以直接省略。参见技巧点 5）。

第四步，因为这个学员听力水平略低，所以他的第三遍学习选择了裸听，即利用晚上睡前整理房间和书包的时候裸听（参见技巧点 5）。

第五步，在这次学习之后，学员会根据艾宾浩斯遗忘曲线和自己的遗忘节奏，进行 1~3 次针对挑选出来的高频词和重点词的回顾。回顾的方式是回想这些词在故事中出现时的场景（参见技巧点 6 和 7）。

以上就是看听法的技巧和实操案例。

但这里的《神奇树屋》是相对比较长篇的学习材料，在具体的学习过程中，还需要根据自己可利用的时间来对长材料进行拆分。比如可以两章为一段，进行看听法的阅读以及暂停后的"弄懂意思"。这样循环下去直到把整本材料学习完毕。

看听法其本质也是一种"拐杖"，它的作用是快速拉平听和阅读的能力，用较好的听的能力来拉动较差的阅读水平，或者是反过来。

如果你的阅读水平相对差，听力水平相对好。那么当音频强迫你按正常语速进行阅读的时候，你就能快速建立一种在阅读中非常重要的节奏感、断句感。而在阅读中，断句、节奏和停顿是直接影响阅读水平的重要能力。很多学习者在独立阅读的时候总是磨磨蹭蹭，一句话即使能理解意思，也要耗费很多时间。这是因为过去的学习方法导致的习惯：总是忍不住想要分析句子结构、分析句子语法。而如果按音频的速度和节奏来，不因为遇到生词就停下阅读的节奏，那么音频就会拖着你，强行让你体会正确的阅读节奏。

如果你的听力水平相对差，阅读水平相对好。那么当你用看听法进行阅读的时候，那些原本无声的阅读材料此时都变成了有声的。这对很多人心中那个不给力的"默读之声"（详见阅读的四个阶段）会是一种强力纠正和帮助。虽然眼睛的敏锐度确实抢走很多耳朵的工作（因为边看边听，相当于有英文字幕的听），但是边听边看的阅读依然会极大地帮你把英语的文字和声音顺畅地结合起来，从而提升你的听力水平。但一定要强调的是，用看听法提升听力水平，只适用于听力和阅读水平落差不是很大的情况。如果听力水平很弱，还是要回去补听的积累。

当你听和阅读的单项能力都不错的时候，就可以丢掉看听法这个"拐杖"了。因为这个时候的你，无论是进行听的输入还是阅读的输入都比较轻松了。剩下的只是不断地积累更多词汇、表达和语言现象了。一旦打通了这两种输入的通路，你的英语就走上了康庄大道，未来可期。

3.4 听多少才算"听够了"？

你可能已经注意到，本书从一开始就强调"听"。说听够听好听对，是英语学习最基础的基础，也是让英语开挂的重要秘籍。那么，本章已经花了大量的篇幅讲述如何听好听对，就是没有说听多少才算是"听够了"。

笼统地来讲，在理解性输入做得不错的前提下，累计听上 1000 个小时以上，你对英语的感知就会变得很不一样。也就是说，英语作为一门现代交际使用的有声语言，其初级基础你已经扎实地建立好了。

这个基础就听力而言，国内的中考是足够可以轻松应对了。

那么算下来，一年 365 天，如果每天听 3 小时左右，一年就能达到这个量；如果每天听 1.5 小时左右，两年就能达到；如果每天听 45 分钟，三年就能达到。再花半年到一年时间学习拼读和拼写，以后再自主阅读和写作都会非常快，一年之内就能看到极大的进步。

这就是许多学龄前英语超好的小牛娃能在小学入学前就考过 KET 考试的原因了。虽然系统不好直接比较，但就词汇量和难度而言，KET 大致相当于国内中考相应水平。这些小牛娃有的 2 岁就开始愉快地听故事、听分级读物、听歌曲，听到 4 岁半，也刚好进入识字敏感期。如果识字过程顺利的话，五岁半就能自主阅读和简单拼写。再经过半年到一年的调整和整合，在小学入学前（6~7 岁）轻松考到 KET 优秀水平也根本不是难事。当然，识字敏感期也有个体差异，应顺应孩子的具体情况来安排识字，而不是为了学龄前完成考试而强迫进行。

并且，在识字之后，如果孩子还在继续聆听，从 1000 小时到 2000 小时再到 3000 小时，听的量越来越大，积累的语料越来越多，对英语的掌握和熟悉程度越来越好，就会进入良性循环。而进步本身也不是匀速直线进步的，而是有加速度的。就像滚雪球一样，雪球会越滚越大，较之刚开始的体积，雪球会在后期呈几何倍数增大。最后不靠外力推动，就会靠惯性自行滚动，引发山崩地裂的爆发效果。这就是滚雪球效应，也可以理解为"复利效应"。

听英语，也一样有如此的效应。

3.4.1 聆听的复利效应

如果你理财，那么你一定知道复利效应。爱因斯坦说复利效应是世界第八大奇迹。如果你日积月累地进行投入，就会在后期获取呈几何倍数爆发式增长的巨大收益。

学英语也是如此。

虽然刚开始的积累会显得比较缓慢。**特别是当你或者你的孩子因为缺乏听的积累而在课业上表现不佳的时候。**你要花时间补上听的积累，但这个积累不会立刻反映到课业表现上，而是要经过一段时间，从量变到质变之后才会体现出来。

所以，往往很多家长也知道要多听的道理，可让孩子听了几天后，觉得在学校的表现也没太大变化就放弃了聆听，这是多么可惜啊！

如果不受错误方法的干扰，从一开始就用正确方法进行英语学习的话，那么英语学习可以分为 3 个阶段。

第一个阶段：大量聆听，积累耳词，打通耳口通路。

第二个阶段：拼读识字，自主阅读，开启大量阅读之路。同时也保持听的输入，开始更好的说的输出，并开始写的输出（基础水平）。

第三个阶段：融会贯通，渐入佳境。通过前两个阶段大量的输入（听和阅读），此时学习者的文法更精湛，表达更地道、更通顺、更有逻辑和水平。这里的表达不仅指写，还指说。

第四个阶段：精通阶段，也就是完全可以用英语探索世界，英语可以作为一种熟练的语言工具。水平无限接近母语人士，和母语人士文化层次水平接近。

而我们的中考、高考英语，大学英语三级、四级，还有 KET 和 PET 相应水平的考试，其实要求并不算高，就在第二个阶段内。

而我们的大学英语六级、考研英语，还有国外大学要求的雅思水平，比如6～7分，托福水平，比如90～105分，要求大概在第三个阶段以内。

这四个阶段中的每一个阶段是否能轻松进行，一定和上一个阶段的基础是否扎实有密切关系。这四个阶段就像是一段阶梯，每一个阶段都是下一个阶段重要的基础垫脚石。由于"复利效应"，阶段越是往后，学习难度越大，需要积累的内容越多。若不是前面的垫脚石够高够扎实，要想攀登上后面的阶段就会越来越艰难。

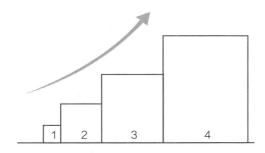

如果第一级阶梯够高（积累到位，基础扎实），那么它就会轻松地帮助你走上第二级阶梯。第二级阶梯也就是中考、高考、KET、PET。按阶梯进行，轻轻松松不是难事。而如果缺失了第一阶段这个阶梯，第二阶段就显得又难又高，要爬上去就不是"轻松抬脚"，而是各种费力攀岩了。很多英语学得困难的中小学生就处于这样的状态。

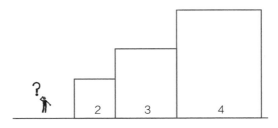

如果想进一步轻松取得雅思、托福的好成绩，六级、考研一次高分通过，那么第一个、第二个阶段的基础是否扎实就很重要。

试想，如果没有积累好第一级阶梯，而第二级阶梯的"攀岩功课"也没做好，只是勉强低分飘过。那么要想上第三级阶梯——也就是面对六级、考研、托福、雅思的时候，这座山峰对你来说就更加庞大和难以跨越了。

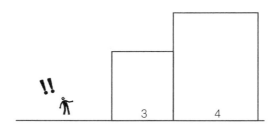

为什么很多大学生考大学英语四级时感觉很难，拼命背单词、做题也还是觉得难以搞定？或者考了很多次终于低分飘过。这样的情况几乎就再难考过六级？再或者有些六级低分飘过的同学，托福、雅思就很难考高分？

就是出于这个原因：前一个阶段的基础不扎实，直接影响下一个阶段的表现。

让我们回到本小节刚开始提出的现象上来：为什么当孩子回去补聆听基础的时候，在学校的表现不会有明显的好转？而又是为什么，即使这样你也应该坚持让孩子补好聆听基础？

举个例子来说明：

前一个阶段的积累就好比是下一个阶段的地基。想要在当下阶段考试轻松，前面阶段的地基必不可少。虽然当下阶段的考试考的不是地基，而是地面上的建筑，但你却会因为地基不稳而无论造什么建筑都是豆腐渣工程。

为了让你的豆腐渣工程得到本质的改善，你必须先改善地基。但是当你忙着改善地基的时候，你确实没有时间给地基上的建筑增砖添瓦，因为那是下一步的事情。

所以当你回头去筑基的时候，地面上的建筑也不会马上得到改善。就好像你回头去补听的基础时，在学校的表现不会太快改变一样。学校考的是单词、拼写、句子、语法，而这些都是在有良好的地基（听的基础）之后很快可以提高的方面。

而如果你一直坚持不补地基,一直想办法给豆腐渣工程加固。寻找更好、更花哨的建筑材料,那么豆腐渣工程表面再好看都还是暗藏危机的。

这就是很多小学成绩非常好的孩子,到了中学会出现所谓"突然下滑"甚至"跟不上趟"的原因。

现在你明白是什么原因了吗?没错,地基塌陷了。多么痛的教训啊!

请记住两个有关"复利"的公式:

$$1.01^{365} = 37.8$$
$$0.99^{365} = 0.03$$

为什么英语学习越是往后走大家的差距越大?

就是因为在刚开始的时候,有的人做好了第一个阶段的积累,有的人没有。

这个积累使你和别人在刚开始的时候好像差别不大,但它却是复利的基数。刚开始的时候,你若比别人少积累0.02,以后就是"差之毫厘,谬之千里"的差别。

第一个阶段听的积累真的就是这么重要,是值得你放下眼下的豆腐渣工程,去好好巩固的真基础。

3.4.2 已经错过顺序,也可以弥补缺失

无论你或你的孩子目前正处在英语学习的任何阶段,如果前面第一个阶段——也就是听的基础阶段——没有做到位的话,那么这个缺失在我看来总是一个隐患,是需要补上的漏洞。否则就像上一小节图中所示,没有第一个阶段的基础积累,后面的阶段就变得愈发难以攀登。你想获得的每一份进步都需要做出非常艰难的努力才行。

好在学英语从某种角度来说并不像理财。在理财这件事上,如果你错过了最初的积累,则无法弥补,也就无法获取巨大的复利回馈。但英语学习可以,只要你愿意,在任何阶段都可以弥补第一个阶段听的基础。而一旦弥补成功,听的复利效应就会在现阶段体现出来。

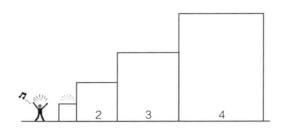

所以无论你或你的孩子在英语学习的任何阶段：无论是已经小学高年级，还是初中、高中，甚至已经大学毕业；也无论你或你的孩子有怎样的考试和工作的英语需求。只要这项考试和工作需求不是迫在眉睫（一年以内都算迫在眉睫），我都建议花一些时间去弥补第一阶段听的基础。

弥补第一个阶段一定会使后面的阶段得到提升，哪怕你已经身处"后面的阶段"。但值得注意的是，第一个阶段中也有"复利阶梯效应"。也就是说，需要积累到明显的量，才能使得第一阶段的阶梯确实彰显出来，后面的阶段才会得到明显提升。

听上去有些费解，到底是什么意思呢？请看下图，这是第一个阶段积累过程中的一个"复利阶梯效应"示意图（聆听 100 小时、300 小时、1000 小时的阶梯）。

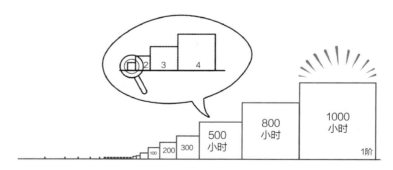

没错，不仅在英语学习的整个过程中有"复利阶梯效应"，在每一个阶段的积累中也有"复利阶梯效应"。

那么，刚开始的聆听积累是很微弱、几乎看不见的。比如在进行了第一个 100 小时的聆听量时，也就是有了一点点微弱的地基。特别是当你的学习需求已经处在第二阶段的时候（比如已经上高二），这个地基就显得尤其微弱。但微弱不要紧，聆听也有"复利阶梯效应"，听了第二个100小时的效果会远远大于第一个100小时。以此类推，到了1000小时聆听量的时候，聆听的复利效应就非常明显，第一个阶段也就能明显地在阶段图中彰显出来了。

而在此之前——在1000小时的量变质变之前，如果你身处第二个、第三个阶段，又只弥补了100小时的聆听量，那么这100小时的聆听量是无法帮助第一个阶段完整形成的，也就无法对你当下的学习需求起到明显的帮助作用了。

但即便如此，聆听给英语学习带来的快速效果也时常出现"奇迹"。在正确的方法和材料的使用下，有时候哪怕是只听了两个星期、一个月，英语的"任督二脉"突然被打通的例子也不在少数。

但"奇迹"可遇不可求，我们还是以脚踏实地听够量为目标前行。如果中途灵光乍现，突然开窍，我们就权当那是额外的收获。

3.4.3 万事开头难：第一步积累尤其重要

如果上面这些深入阐述你觉得有些难懂，不要紧，理解好下面这两句话就行。

（1）缺失的聆听基础，在后面的任何阶段都**可以并需要**回头弥补。

（2）一定要听够达到质变的量。不要指望听几天就能见效，虽然这样的"奇迹"也很可能发生。

这也就是为什么有的孩子到了小学高年级或者初一、初二，家长发现孩子英语越来越差，分数越来越低，学得越来越艰难。家长也知道孩子需要多听，但只是听了两个月就急着要在学校的功课和考试上有立竿见影的效果，否则就又开始焦虑，最后又放弃了聆听先行，又回到了语法、单词、课文的老路子上去。这样兜兜转转许多年，英语还是不理想。

> 聆听是个长期功课，因为它的本质是积累。

所以当你问"到底听多少才算够"的时候，可以检查一下这句话里面是不是有焦虑，是不是有想要立竿见影效果的急躁？

学中文也需要积累很多年才能达到今天的效果，所以英语的聆听不是一个可以快速完成的事情，而是需要把它深入到长期学习中去的。

学英语没有捷径。聆听先行、自然积累，这已经是快捷高效的方法了。

因此，前期需要你稍微耐住点儿性子，后面的复利效应则会让你的英语学习犹如坐上了火箭加速器。

这也是很多学龄前孩子英语学习开始得早，学习效果更好的原因之一。因为这个时期的孩子没有考学压力，家长不焦虑，对孩子的聆听积累没有那么强烈的立竿见影的需求，也就更容易度过最初的积累。

万事开头难，一旦完成了最初的积累，后面就会有"船到桥头自然直"和"水到渠成"的感觉了。

加油呀！

常见问答

问：颜老师您好，我是一位小学五年级孩子的家长。正如您说的，孩子确实基础不好，越学越辛苦，成绩也越来越不好。您说的聆听先行这个方法，我们都非常认同，但是现在孩子马上要上六年级了，再回去听是不是来不及了？因为平时放学后有作业，还有课外班，根本没有时间补听……请问有没有精选材料，可达到浓缩吸收的效果呢？

答：五年级就说来不及了，你让初三、高三的家长怎么想？虽然，语言学习确实是学得越早越好，但任何时候学都是来得及的。并且任何时候都是人生中"最早"的时候，往后只能更"来不及"。英语语言现象的巨库并不会因为"来不及、晚了"就变少或者缩小。还是有许多知识等着你去积累。想学好英语，任何时候都绕不开这个积累。

而至于所谓浓缩精选材料，是不太现实的。

我们可以把基础常用词句算作核心高频语言现象去积累。如果基础不好，确实需要先集中积累基础词句相关的材料，这是可以的。

但并没有什么"浓缩精选材料"能让你以一当百。因为，英语本来就是对大量不同的语言现象的积累。

积累了"精选"材料，可考试考"精选"以外的怎么办？实际运用的时候，也没有人参考你的"精选"材料，或者只用你那份材料里的内容跟你交流……

对于精力有限的在校生，弥补聆听量以及阅读量也确实是一个难题。一方面要积累过去因为方法错误而缺失的输入基础，一方面要应对学校的进度和考试。

其实，孩子的最终学习目标是长远的。

你一定希望：孩子不仅能扭转现在的在校成绩，还能在将来的考试中——特别是中高考中表现良好，不是吗？

你可能甚至还希望孩子能在走入社会，开始工作之后，还能应用所学，对不对？

那么既然这样，为了更长远的目标和未来。一定要坚持抽出时间做积累。

哪怕少，只要能细水长流，积少成多，也聊胜于无啊！

所以，规划好课后时间，其实是至关重要的一件事！

它的重要性在我看来，并不亚于择校。但可惜的是，很多家长拼命为孩子择校，却不愿意花心思琢磨孩子的课后的具体规划和安排。

缺失的基础，若不弥补，就会一直缺着，让孩子将来的每一步英语学习都走得辛苦且低效。

关于应对校内成绩提分的办法，本书后面有一章会专门讲有关应试的内容，也有一些快速见效的技巧和方法可供参考。

可鉴于孩子也才五年级，所以并不建议你只关注眼下的成绩。我还是建议合理规划课后的时间，改变学习方法，尽量做到高效利用时间，做好课内和课外的平衡，把基础积累做好，英语现状才会有质的改变。

不要再迷信过去已经尝试过、却总是不奏效的方法。因为如果这些办法对你的孩子有用，何必等到今天。孩子越学越辛苦，成绩还越来越"下滑"。其实根本没有所谓的"下滑"，就是地基不稳，上面的建筑是"豆腐渣工程"而已。

加油！

问：请问老师，"学困生"年级已高，没有时间补前面的基础了怎么办？现在要再听肯定是来不及了。

答：请问"学困生"的年级已高是多高？

如果是小学高年级，那么请参考上个问题的回答。如果是初二或者高二，基础不好又真的完全找不出时间补前面缺失的基础，那么就要把所有的英语学习改成围绕考试展开。具体有很多方法和技巧，可以参见第 7 章。

其实哪怕是初一、高一，甚至是初二、高二的上学期，我也都还是建议你花时间抓基础的。要不然，如果硬实力和目标考试差距真的太远的话，连做题都会很困难。

第4章
拿什么拯救你的
哑巴英语?

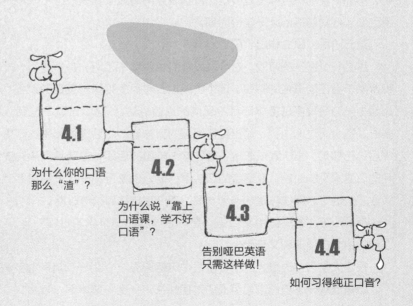

4.1
为什么你的口语
那么"渣"?

4.2
为什么说"靠上
口语课,学不好
口语"?

4.3
告别哑巴英语
只需这样做!

4.4
如何习得纯正口音?

听说读写按顺序，那么听之后，第二步就是说了。

这里的说，并不是要等听的积累做好做到位之后才开始的，而是在听了初步量之后就可以开始增加口头练习。

说在母语习得的过程中也可以分三个阶段：

第一阶段：模仿重复阶段。

也就是听大人说，然后模仿大人的语音语调的阶段。这里的模仿往往是重复大人说过的话，一般是幼儿在开始学习说话的前后一段时期。

第二阶段：加工复述阶段。

这是听大人说，然后自己学着说的阶段。这里的"说"是记住大人曾说过的内容，自己用记忆加工后再次说出来。我把这个阶段称为"集中反馈期"。因为这个时期的孩子会有很多说错的发音和说错的表达，并在错误中得到反馈。这个时期的孩子会一次次地犯错，然后听到正确的说法。他们会把听到的正确说法内化，尝试说一说，然后获得反馈，再次纠正内化，再说一说……这样反复多次，直到表达得清晰又准确。这个阶段一般覆盖幼儿低龄阶段的牙牙学语时期。

第三阶段：独立输出阶段。

这是一个漫长的阶段。这个阶段其实也脱离不了听，是一边听，一边积累属于自己的语言的阶段。这个阶段也会有很多犯错与反馈的过程，但比起上一个阶段多是重复记忆中现成的语言表达。 这个阶段的说话人更多的是整合听过的内容，输出自己组装的新内容。然后表达出来，获得反馈后内化加工，再次尝试表达。直到这个阶段的后期，也就是完全达成流利的口语水平的时期，说话者的口头语言能力也就近乎成年人的自然流畅表达了。这个时期往往是从牙牙学语时期一直持续到少年时期。

反观一下你的母语中文口语，是不是这样的一个学习过程？是。 所以你的中文口语流利又无碍。

很多人学习英语最大的目标就是"流畅沟通""讲一口流利的英语"。

但是反观一下自己学习英语的过程都在干什么？背单词、背课文、听语法讲解、做考试题！

这样南辕北辙地学着，梦想中的流利口语当然也只能在现实中"渣"到掉灰了。

为什么你的口语那么"渣"？

4.1.1　因为你根本没听够！

口语不好的第一个原因就是没有听够。这背后的原理你应该已经非常清楚了。口语和听的关系就像母与子的关系，没有听的输入，根本别想有说的输出。

并且，要听够一定量才开始有些许口语输出。

特别是对外语学习者来说，只要还在学习阶段，那么口语输出的水平远远低于听的输入水平就是正常的。我们也需要这样的一个阶段。如果换个角度来看这个问题你就会明白：如果你想有一勺水的口语输出，就得有一桶水的听的输入。

你可以观察一下牙牙学语时期的孩子，他们能听懂的内容是不是远远大于他们能自主表达的内容？

所以，对于还在路上的学习者来说，口语能力一定是被包含在听的输入量之内的。

如下图所示：

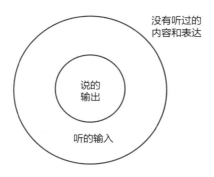

没有听过一门语言是怎么说的，自己又怎么知道该如何说呢？语言，特别是有声语言，本就是耳口代代相传的，如果你的英语一上来就从识字拼读开始，然后马上过渡到教材、句子、阅读和语法上去，那么前面大量听的过程几乎全无，也就无法指望口语能好了。

这不仅仅是成年学习者的普遍问题，也是孩子们的普遍问题。孩子们听的缺口大到吓人，家长却总是询问："学了半天英语怎么没见他说啊？""我们考试成绩还不错，怎么就是没有输出呢？"

当然不会有输出。

按照"说的水平一定低于听的水平"来推断，靠课堂精讲教材的那一点点输入，孩子们又能做到多少输出呢？"学了半天不见开口"就是显而易见的结果。

更不必说，在听的输入基础之上，我们还需要主动开口说了。要模仿、要犯错、要获得反馈、要持续积累、要做好这一系列口头输出相关的事情才能最终走到"口语好"的结果上去。

简单来说也就一句话：**听得好，不见得口语好；但听得不好，口语一定不好**。

所以，口语"渣"的第一个原因就是听的缺失。

4.1.2　语音地道、语调纯正究竟是怎么做到的？

口语"渣"的第二个原因，是没有正确的口头练习。

让我们再看看母语口语习得的过程：

第一步是听。婴幼儿听大人说话也是花了很长时间的，在这个听的过程中，到了一定的时间点，就会开启第二步，也就是前面说的口语的第一阶段：模仿重复阶段。

这时候婴幼儿会重复大人说的话。比如大人说出一个词语，很多时候孩子会跟着重复说一次。大人端来削好的苹果时会说："来，宝宝，吃—苹—果。"这时孩子很有可能就会重复："苹果。"

这就是口头输出的第一步。

它还算不上是口语，它只是模仿重复。但也是习得正宗语音语调的第一步。

在我们学习英语的过程中，我们完全可以用**"跟读模仿"**来模拟这个过程和功能。

但很遗憾的是，我观察了很多英语学习者，跟读模仿鲜少有人去做，往往直接就是识字后的朗读。甚至是根本不开口，连朗读都不做。一段时间以后，语音语调固化，说出来的英语有股子当地口音。于是又到处找地方纠音。但其实与其找地方上纠音课，倒不如直接跟读模仿。哪怕是你已经有一口东北口音的英语，或者语音语调也一股子陕北味的情况下，回去做跟读模仿都会有效果。只是很多人根本想不到要去做，一遇到任何英语困难，脑子里的第一反应都是：找个老师去上课。

当然，纠音课可以上。有人能帮你辨析，为你指出错误并直接教你正确发音当然是好事。但如果你不通过大量练习，让正确发音取代错误发音而建立新的下意识的语音语调，而只是全身心依赖纠音老师，那么即便纠音老师再给力，你还是不会将纠好的音体现到实际的应用中去的。

至于语音语调的纠正应该靠怎样的跟读方法实现，请重点阅读本章第 4 节。在此之前，我们先来看看跟读在整个英语口语输出能力中的重要性。

　　　首先，跟读模仿是打通耳口通路的重要途径。

也就是说，听到的内容在没有自己亲口说出去之前，就还不属于自己的口头能力。听到别人说，然后自己再说一遍，也就是确认的一个过程：我听到的来自他人的声音是这样的，那么我自己发声，声音是否和他人说得一致？如果一致，那么这样说就是对的。如果不一致，我需要根据他人的声音来调整自己的发音。这个过程就是所谓的打通"耳口通路"，是为将来流利无碍口语沟通做的准备工作。

　　　第二，跟读模仿，是练熟"嘴皮子"的最好途径。

如果观察细微，每一种语言之间所要用到的口腔肌肉群都不太一样。但我们在这里并不需要详细讨论有什么不一样，你也并不需要学什么肌肉群对应什么发音的理论知识，诸如舌尖抵在上腭的什么位置等。学英语不是做实验、搞科研，你只需要直接跟读模仿，尽可能模仿准确就可以达到练熟嘴皮子的目的了。

第三，跟读模仿，也是习得正宗语音语调的最好办法，就像我们前面说的那样。

如果你从一开始就用"听说读写顺序法"，在听了半年左右开始加入跟读，那么你的语音语调几乎不可能出现大的偏差，直接就习得正宗语音了。这也是很多幼童的英语发音特别好的原因：因为他们并不是先识字，而是先从听入手的。以听＋跟着模仿入手，语音语调想不好都难。

如果你或者你的孩子已经发音有误，那么要如何在不靠外力的情况下，用最高效的方式去纠正呢？在本章最后的部分我们会来详细探讨这个问题以及跟读的几种方法。

常见问答

问：请问需要专门学习连诵和连读吗？

答：连诵和连读其本质就是熟练。当你把每一个词的音都发清晰，并按照正确的语调连成句子的时候，自然就会出现一些连诵和连读。并且当你的语速进一步加快的时候，连诵和连读会更加明显。

这都是自然形成的，并不需要专门"学习"。做好跟读—朗读—自主口头输出的每一步，你的连诵和连读自然就会处理得既正确又正宗。

4.1.3 犯错是开口的必经之路

前文已经讲过，口语"渣"的第二个原因是没有正确的口头练习。

那么这个练习，除了起步时的跟读模仿，还有接下来的输出反馈问题。也就是犯错。

犯错是开口的必经之路。只有经历过犯错，你才能调整听到的和说出的内容，以及此二者之间的差距。

但是我们很多人在学习英语的过程中，别说犯错了，根本都不开口。究其原因，一是听得太少，开不了口；二是大多数人对犯错的容忍度很低。

一个经典的段子说，有个孩子上课情绪低落，老师问他怎么回事，他说：

"My cat die yesterday."（昨天我的猫死了。）

老师的第一反应不是同情他，而是纠正语法错误："是 died。Your cat died yesterday."

很多人都会批判这位老师，但我倒是挺能"共情"这位老师的。很多老师确实已经把纠错、盯语法深入成了自己的条件反射。

这样的环境确实不利于语言学习者顺利地经历"犯错—反馈—再犯错—再反馈—正确"的过程。

但你可能想说，那还能怎样？犯错反馈这种事不就得靠外界反馈，靠老师吗？

前半句对了，犯错反馈的确要靠外界。但后半句不对，犯错反馈不必一定要靠老师。

我认为大部分"犯错反馈"是可以经由持续的输入而完成的，并不一定要全靠老师。尤其是基础阶段，还没有对英语输出建立初步的信心之前，可以尽量减少"被动纠错"的打击。

什么意思呢？

就是说，只要能持续听到对的说法，（阅）读到正确的句子，就能实现大部分的纠错反馈。

不明白的话，想想我们小时候学中文的过程，或者观察一下身边牙牙学语的幼童就知道了。虽然幼童在刚开始学说话时犯错极多，但并不是每一句说错的话都会被大人纠正，对吧？并且，大人纠正的态度也不会那么严肃较真，**只是随口再说一遍正确的说法**。大人也不会觉得"啊，这孩子连这个都说不对，今后语文肯定很差吧！"

没人会因为牙牙学语的孩子犯错，就觉得他中文差。但是当我们学英语犯错的时候，大家容忍度就很低，觉得英语真是烂透了，或者学了半天学得太差了。要知道，对于基础薄弱的学习者来说，说英语就相当于是牙牙学语的幼童。

再后来我们长大些，也还会说错、写错、用错词句。有时候在作业和课堂中会被直接指出，实现纠错反馈。但更多的时候，是我们自己观察到了正确的说法、写法和用法，自己完成了这个纠错过程。

比如很多人学中文的时候也会认别字、说别字，直到听到电视上或广播里的正确用法才恍然大悟："哦，原来不是那么念的，正确的应该是这样的。"于是自己就改过来了。也有些人会用错成语，在用错好久之后，才发现别人用这个成语的语境和自己的很不一样。这时候，有心人就会去查词典，查找这个成语的正确意思。也有人会选择询问他人。更多的人是听得多了、看得多了，便自动调整了对这个成语的理解。

这些都是我说的"自然反馈"，区分于被人纠错的"被动反馈"。

那么"自然反馈"在英语学习上的体现，就是持续地输入正确的内容。也就是，说错没有关系，即便是没有老师第一时间纠错也没有关系，只要持续进行听和阅读的输入，这些错误中的绝大多数都会得到自然反馈和自动纠正。

老师和课堂在纠错这方面确实是一个优势。"被动反馈"固然很好，但是有时会因为害怕犯错而不敢开口。所以我们需要争取在家——在这个让人觉得放松的环境中主动开口犯错，完成更多的"自然反馈"。

可悲的是，有的人在家里比在课堂上还没有安全感。

如果是孩子，可能会面对挑剔的家长说："你怎么不说啊？你倒是说啊？学了那么久英语你说来我们听听。""你怎么一说都是错的，学了这么半天都白交学费了！"或者面对挑剔的自己："我说一个句子全是语法错误，发音也难听，高级词汇也没几个，我还是不说了吧。"

读到这里，请你也自查一下，是不是对初学英语的孩子或者自己太过严厉？要知道，说不好是正常的，犯错也是正常的。这些都是很好的现象，因为如果没有犯错和说不好的阶段，也就没有后来侃侃而谈、流利沟通的结果。

4.1.4　你以为的"口语学习"和真正的口语学习差之千里

让我们继续参照母语口语学习过程来反观自己的口语习得之路。

当我们经过了初级阶段最密集的纠错反馈之后，接下来才真正地进入了称得上是"口语"的独立输出阶段。

要顺利到达这个阶段，并且在这个阶段表现良好，那么有两件事非常重要。

（1）第一个阶段的听以及靠跟读打通耳口通路。

（2）第二个阶段的听以及尝试将听到的内容用自己的理解复述。

我在前文中讲过，第一阶段的口头练习可以以跟读为主，认字之后可以转为朗读。

那么，第二个阶段就可以在持续听的前提下做一些模仿造句、替换造句、段落复述、故事复述的练习。并层层递进，逐渐加大难度。

在进入第三个阶段之后，才可以触及"口语学习"的真正核心，才真正地靠已经内化的英语，实现自主自然地自由输出。

第三个阶段的输出又可以细分为三个层级：

第一层级：追求自由自然输出。也就是，你想说的话都是自己自然流出的句子，不是套用刻板句型。

第二层级：在自然流出的基础上说得更到位。此时你的精力更多地花在了怎样巧妙地表达情绪和需求上，而不是绞尽脑汁地拼凑合适的单词和句子。

第三层级：在第二个层级上将话说得更有水平。追求把话说得更有文化水平、更具艺术性或生动性，成为英语语言的驾驭者。

这三个层级都会对你的英语整体水平、条理、逻辑、文化和语法有层层递进的要求。

在第三个阶段，也有很多刻意练习可以帮助提高口语水平，比如话题自嗨法、面壁演讲法（详见本章第 3 节）。但是归根结底，考验的还是你的英语硬实力和整体水平。绝不是单单靠"学口语"就能完成的口语能力。

纵观很多学习者都有这个误区：认为"口语"仿佛可以和英语的另外三项学习割裂开来，成为单独的一个学习项目。

我经常被问及的一个问题就是："老师，我想学口语，您有没有口语课？"或者"老师，我想实现流利沟通，您教不教口语？"

口语可以有刻意练习的教导，但口语好的关键，第一还得是听好听对听够并吸收；第二是要自主开口输出，获得纠错反馈，并让反馈配合输入（也就是听甚至是后面的阅读），进行长期持续的学习。

真正的口语好、口语沟通无障碍并不是靠"口语速成课"就能得到本质上的解决的。

4.2 为什么说"单纯靠上口语课，学不好口语"？

除非你的学习目标是应付出国旅游的一些简单的场景对话，比如登机、过海关、点餐、入住酒店等，否则，真正的口语学习是不存在"速成"的。

如果你的学习目标就是上述需求，那么口语课是有用的。它会快速教你相关场景下的句型和单词，并提供对话练习的方式：你可以和老师或者同学互相扮演角色进行对话，很快就能习得一些固定的句型和单词，供你旅游时在相应的场景使用。

但是如果你的目标是拥有真正流利的沟通技能，那么这样的口语学习就又不能仅靠课堂了。

4.2.1　单纯靠人投喂的"口语学习"，是没有前途的

前面说过，英语是庞大的语言巨库，不仅书面上如此，口头有声语言也是如此。那么仅就这一点来说，靠上课老师投喂口语知识点已经是杯水车薪了，更何况你的口语课一般都是一周一两次，输入实在有限。

如果能有充足的时间进行自我积累，又能有时间去上口语课的话，那么口语课是能起到更好的作用：同学老师的互动、精炼的口语讲解等都可以是有益的。但是，和英语学习的其他项目一样，如果你全身心依赖课堂，觉得口语能力、词汇和表达能全部从课堂中习得的话，那么你的无障碍交流的期望恐怕是要落空了。

因为除去每周几次课的积累远远不够的情况不说，许多口语课的常见学习方式是：讲解场景高频词汇和常见句型。但真实的口语场景是瞬息万变的，用到的词也是丰富多样的。如果你只是学会了上课时老师教的固定句型和单词，那么在真实场景中就会感到特别受限，甚至有时会贻笑大方。

举个简单的例子。如果你是 80 后，你应该还记得过去教材里"How are you？"的回答是"I'm fine，thank you，and you？"然后对方再回答"I'm fine，too."结果有多少那个年代的学习者已经将这个回答模式固化了下来。

另外，当我说口语和听息息相关时，这里的息息相关不仅仅是你能从听中吸收、内化口语输出的内容，更重要的是在真实的交流场景中，你首先要轻松无碍地听懂别人在说什么，才有下一步正确输出的可能。

我曾经有一个学员上了一年的口语课，可一到涉及真实口语场景的时候大脑还是一团糨糊的状态。当别人说"How do you do？（幸会。）"的时候，他的回答却是："I am a salesman.（我是一个销售。）"而当对方问"What do you do？（你做什么工作？）"的时候，他的回答却是："I am talking to you.（我正在跟你讲话。）"

他自己也感到非常迷惑，怎么这些句型这么像，意思又差这么远呢？又怎么才能记清这么多"微小的"差别，并在回答的时候立刻反应过来呢？在他看

来，他的问题是由于英语的句型太相近而自己对句型的判断又太迟顿。

我对他说，请不要再把英语句型当化学公式去背，或者当数学题去做推理了。

即便是你下功夫记住了在课堂上习得的单词、短语和句型，它们的意思以及对应的回答，但拿到真实的口语场景中去的时候，你也会发现大家怎么都"不按套路出牌"？说好的句型呢？说好的高频词呢？怎么很少使用？你准备好了一箩筐优秀的回答，但是如果对方没有问到你在"口语课"上学的句子，你是不是就懵了呢？

要知道，一句话或一个想法要表达出来，其实可以有许多种说法和表达方式，更不要说在瞬息万变的真实对话场景中了。人们很少聚焦极其基础的内容，大多是发散开放性的谈话方式，可以由今天的餐点快速过渡到谈及中东局势、漫威电影或者其他任何话题。如果你靠着一周一两次的口语课所积累的那么一点点固定句型，**课后不积累，不做听的输入**，那么很快你就会变得尴尬。与人口语交流时听得迷迷糊糊，也无法参与任何"老师还没教"的话题。

在谈话中沉默还算好，要是答非所问或者搞出令人啼笑皆非的对话来，就会加重你的"英语社恐"，进入恶性循环。

4.2.2 你真正需要的：自发自主自由输出

"口语"全部依靠课堂习得不靠谱，那应该如何习得呢？

首先，你要明白，"口语"不是一个和英语其他几项割裂开来的单独项目。**没有不涉及听的口语学习。**

第二，你也要明白，真正的"口语好"是一种自发输出。也就是靠自己内化的英语硬实力，实现自发自主自由地输出。

第二点又可以细分成两个方面来研究：

（1）内化的硬实力。

（2）自发自主自由。

如果将"口语课"上老师喂给你的主题单词和句型比喻成老师交给你一颗

一颗的苹果的话，那么自由自主自发地输出就是你自己变成了一棵苹果树。

一袋子苹果吃完也就吃完了，而苹果树的苹果源自自己，是取之不尽用之不竭的。在真实的口语场景中，你不必挖空心思在回忆里找学过的句型来应对他人发起的话题。你也不必思考用什么句型和单词，句型和单词自动就到嘴边了。

这才是真正的口语。

这种口语是靠内化输入的，靠自己的英语硬实力来实现的。而硬实力不仅关乎眼前的口语，还关乎听、读、写。至少，其中的听是不可缺少的。听和读可以提供正确的输入、有水平的表达。而写也可以是一种反馈纠错机制，使输入的内容得到深入内化。听说读写四者相互影响，相互扶持，硬实力就是这样日渐达成的。

所以，开始"口语"学习之前一定要弄明白，你的目标究竟是什么？

是用一袋子苹果应付固定场景的基础对话呢？还是把自己变成苹果树，实现真正的流利沟通呢？

如果是后者，就不要妄想将口语和英语的其他学习项分割开来，也不要幻想只靠上口语课就达成你的目标。

4.2.3　外教课/外教陪练的正确使用方式

外教课对口语学习是不是比普通口语课更好呢？

并不是。

如果是教句型、词汇、固定场景口语的口语课，那么中教和外教的效果都差不多，只是外教发音可能更地道一些。但就学习效果和进步速度来说，如果外教同样是上教材、教材式的口语课，那和请中教来教课的效果差不多。

但如果"外教课"利用好了，却有另外的特殊功能。将外教课作为口语练习的辅助力量，会让你的口语学习事半功倍。

外教课最大最好的功能是实战中的纠错反馈。

那么本着这个原则，在使用外教辅助的时候，尽量不要选择外教上课，尤其是上教材精讲课。如果这样，就又会回到低效的圈子里去（除非你的目的是在自主积累之外，补充一点儿精读精讲。具体详情请阅读第 3 章）。

如果选择外教课的目的就是为了提升口语，那么我的建议是：可以先有一定基础，主要是听的基础，并在家进行了一定量的口头自主训练之后，再找外教辅助。以与外教对话的形式作为口语输出的练兵场。

注意是对话互动，不是被动上课。

对话可以分主题进行。每次一个主题，这个主题可以是和平时的自主输入功课相关的话题。在对话课开始前，建议进行 15 ~ 30 分钟的自我准备，准备好可能要用到的高频词、句型和表达，熟悉一下话题内容和文化背景等。

此时准备的内容当然是有平时输入做支撑的。平时的输入一旦在对话中被用上，你对这些内容就会记忆非常深刻。

如果准备的内容中包含你一直以来的错误表达和习惯，那么好的外教老师就会在对话中进行纠错反馈。这时候的纠错反馈和你羞于开口的阶段不同，此时你收获的将不再是挫败感，而是让你记忆深刻的**提点式反馈**。

准备好了之后，再开始"上外教课"，和外教进行 20 ~ 40 分钟的对话。整个对话过程将会紧凑丰富，学习和获得反馈的效率极高。

而纵观很多学习者，平时鲜少积累，也没有良好的基础，就直接开始上外教课。结果课上都是外教说个不停，自己却少有输出。也正是这个原因，很多时候外教只好照教材上课，不然每节课只能以外教独自"尬聊"结束了。

4.2.4 "亲子英语"并不是孩子口语的终极解决方案

很多家长特别羡慕"别人家的孩子"口语流利，也想让自己的孩子能有同样的表现。因为在很多人看来，口语流利就是英语好的铁证。

大多数时候也的确如此。但是你一定要了解的是，这些优秀的口语表达背后，别人下了哪些功夫？不要光看着别人展示口语时孩子对答如流的表象。

如果家长自身英语不错，也愿意花一部分时间来和孩子讲英语，那么亲子口语是可以进行的。

这就好比，在苹果树长成之前先吃一袋子苹果没什么不好一样。

但是，如果你自己的口语都还磕磕巴巴，还需要现学现卖，或者能用英语覆盖的话题范围非常有限，那么孩子是不能通过这样的亲子口语从根本上实现口语自主自然自由地输出的。如果亲子口语不能做到和母语的输入量、输入面、输入持久性一致，孩子就会逐渐淡忘。换句话说，一袋子苹果总是有限的，终究会有吃完的时候。

如果你一门心思把孩子的全部英语学习都押在"亲子口语"上，花绝大部分时间吃那一袋子苹果，而不是趁早种下苹果树，那么等袋子里的苹果吃完的时候，孩子的英语就会"后劲不足"。

这也是我观察到的很多"亲子英语"开展得很早，在小学低年级很有优势的孩子，到高年级或者初中以后，英语"突然下滑"的现象。还是那句话，哪有什么"突然下滑"，只不过是没有做好真正扎实的基础而已。反而是那些刚开始以听为输入，从跟读到朗读再到口头练习一步步走过来的孩子，后期的口语爆发既扎实又稳定。

为什么呢？因为厚积薄发呗。

所以，想让孩子不再走自己哑巴英语老路的各位家长们，一定要在别人家孩子的优秀表现背后，深入思考和观察。而不是只看表面现象，或者知其然不知其所以然，让孩子走弯路。

比起给孩子一袋子苹果吃，趁早帮孩子种下自主自由自发表达的苹果树才是关键。孩子是不是能早早的口语流利其实并不真的重要。重要的是，这些口语的背后，是孩子发自内化的积累，还是你喂到嘴边的一些表达？你要的是孩子给足你面子，还是孩子真的把英语学好学会？

苹果树要怎么种？本书基本上全程都在讲，那就是"听说读写按顺序来"。踏实做好听的积累，打通耳口通路。让孩子实现井喷式输出，可能才是你最终想要的口语目标。

4.3 告别哑巴英语只需这样做！

前面已经说了很多口语学习的误区，也介绍了真正高效扎实的口语习得路径应该是尽量模拟母语口语习得的路径。

那么本节我们就一起来详细深入探讨口语学习每个阶段要做的具体事宜，并分享一些我经常指导学员使用的高效口语练习方法。

4.3.1 口语学习真正的第一步竟然是它

口语学习的第一步，根本就不是口语，而是"听说读写顺序法"中的听。

如果你或者你的孩子是英语零基础学习者，那么先别着急开口，听够一段时间，有一定听的积累之后再开口也不迟。

这就像是幼童学习母语一样。为什么人不会一开始就说话，而是要经过一段只听不说的沉默期呢？我认为在沉默的这段时间里，大脑正忙着对目标有声语言进行"初始化分析"。

在积累了一段时间的听之后，就可以开始跟读了。

正如前面所说，跟读是打通耳口通路的最佳口头练习，作用重大。它不仅能让学习者养成好的语音语调，还是耳口配合的第一步。

那么**听多久可以开始跟读呢**？

如果是幼童，那么听的铺垫时间可以长一点儿，可以半年到一年。

不必过早要求孩子跟读。有的孩子听两年都不愿意跟读，这也是正常且常见的事。孩子学中文也要经历一年到两年纯听不说的阶段，并且这个阶段还是浸泡在母语的语言环境中的。而学英语，输入得再多再好，也和母语的强度有所差别，所以有沉默期是再正常不过的了。如果你家孩子是低龄段，聆听一两年都不肯开口跟读，也是正常现象。家长不必强行逼迫或者过于焦虑。

孩子也怕犯错，在他们听得更多、更好、更有把握的时候就会自动开口。孩子之间的个体差异也很大，家长一定要多观察自家孩子，顺应他们的个体差异。

比如我曾有两个小学员，小 A 和小 B。小 A 两岁，小 B 三岁。小 A 听了不到半年就乐呵呵地开始跟读了。而小 B，比小 A 还大一岁，按说孩子越大，越容易开启跟读，但是小 B 听了两年，听力水平都超过中考英语水平了还是不肯跟读。突然有一天，小 B 愿意跟读了，并且可以直接跟读难度比较大的句子，而不是从最基础的短语开始。跟读的语音语调还非常纯正，可以说别人花一年的口头工夫，他一个月就赶上了。他的妈妈觉得简直像做梦一样。

所以每个孩子都有自己的节奏，不要过度强求，也不必规定必须听多久以后开口跟读。

但是对于已经有一些基础，只是基础不好又回笼去抓聆听的大童、少年和成年人，则可以很快开始跟读。只需把握一个原则：

跟读的内容应该要比正在学习的内容难度级别低一些。

比如，学习者学习的材料是分级读物——《牛津阅读树》，那么学完《牛津阅读树第三级》就可以开始跟读第一级。这就是所谓的"降级跟读"。

降级跟读的原理很简单。在学习过程中，我们的口头能力会低于听的能力，这是正常的。那么我们也应顺着这样的规律来安排学习。

如果学习者是零基础的成年人，那么也可以按照听一段时间再跟读的原则来学习，比如听上三个月或半年再跟读。如果是本来就有一定基础的成年人，只是基础不太好，再回去抓听的学习者，也可以遵循"跟读难度比学习难度低一点儿"的原则进行跟读时机的切入。

4.3.2　跟读的四种不同方法与功能

跟读是一个看似没什么技术含量，却暗藏很多细节秘籍的口头练习。

跟读可以分很多种，并且每一种跟读的具体方法所对应的学习功能还有所不同。

第一种，交替跟读。

这是一种最常使用的跟读方法，也是我们之前提及的开口说第一步所需要的跟读方法。所谓"交替"，顾名思义，就是原声读一句，暂停，学习者跟着读一句。这样交替进行，直到整个跟读材料结束。这种交替跟读是可以看文字、看图片、看场景的，和后面将要介绍的"裸听跟读"有所区分。

这种跟读的主要功能就是提供时间间隙，以便初学者对原句子进行模仿。模仿语音语调的同时，还可以最直观地将耳朵听到的内容用嘴巴说出来，同步完成耳口通路的贯通协调。

适合人群：初学者、基础薄弱者、筑基阶段配合听的输入的学习者。

第二种，拆分交替跟读。

这种跟读和第一种跟读一脉相承。采用交替的办法（原声一句，暂停，学习者跟读，以此类推），只是在遇到长难句的时候，断句拆分后再进行跟读。尤其适合初学者、听力水平还不够好但是口头练习又进行得比较快的学员。比如前面提到的两岁的小 A，没听多久就主动开始跟读，这样的学习者会因为听的基础还不够好，跟读的能力也受限，从而只能读比较短的句子。那么当短句子的材料使用完毕，也可以逐渐增加长句子的跟读。如果长句子跟读得不好，就可以使用"拆分交替跟读法"了。把一个长句子分成数段，分别跟读。

以《牛津阅读树第五级》中的某个句子为例：

The magic took them inside the little house.

可以根据学习者的能力分成两段进行跟读："The magic key took them""inside the little house."三段："The magic key""took them""inside the little house."或者四段："The magic key""took them""inside""the little house."

再以《牛津阅读树第八级》中的某个句子为例：

The play was going to be held in the park, and the children had to rehearse their scene.

可以根据学习者的能力分成两段："The play was going to be held in the park,""and the children had to rehearse their scene."四段："The play was going to be held"" in the park，"" and the children"" had to rehearse their scene. "

或者更多细分段："The play was"" going to be held "" in the park，"" and the children"" had to"" rehearse their scene. "

适合人群：初学者、低龄学习者、听力积累跟不上口头进度的学习者。

第三种，影子跟读。

这种方法是同传学习者经常用到的跟读方法。也即：先放原声，然后跟读者滞后几秒切入跟读，像影子一样复述原声。

这种方法适合有一定基础，特别是有听力基础的学员使用。

它的主要功能，第一是快速提高听力水平，第二是提高专注力（特别是同传翻译所需要的那种高度专注），第三是提高复述能力。整个方法对听和说的能力已经有一定的要求，所以并不适合初学者或者基础薄弱者使用。

这也是我经常听到咨询者自述"我每天都跟读了，可是语音语调还是很差，口头表达也没什么提高"的原因所在。就是因为很多初学者、基础薄弱者却在使用更适合高阶学习者的影子跟读。

进行影子跟读时，几乎没有时间顾及原声的细节以及自己的发音和跟读质量的好坏。如果基础薄弱，做影子跟读就会有一种被"拉着赶路"的感觉。而初学者更需要的是体会细节，以及耳朵听到自己的发音能及时反馈和纠正。

适合人群：有一定基础、想要快速提高听力水平、练习口头能力的进阶学习者。

第四种，裸听交替跟读。

顾名思义，就是不看书、不看文字、不看图，只用耳朵听原声的跟读。听一句原声，然后暂停，嘴巴跟着原声读的跟读法。

这种方法，尤其适合已经有发音问题的学习者使用。

裸听交替跟读要比普通交替跟读的难度更大一些，但是它对听力和纠音的帮助巨大。如果是初学者，从一开始就使用正确的交替跟读（可以看图看书），那么几乎不会形成发音问题。这样的初学者也是非常需要借助图片和场景来进行跟读的，所以这样的学习者没有必要进行裸听跟读。反而是已经有一定基础，特别是有听的基础，但是因为过去错误的学习方式导致发音有问题的学员，非常适合裸听跟读。

裸听跟读一来可以纠音，二来可以提升裸听专注和裸听本身的听的能力。至于为什么裸听跟读可以纠音？为了纠音而进行的裸听跟读有哪些需要注意的事项？我会在本章最后一节详细说明。

适合人群：有一定基础、想配合听的能力提高的学习者、语音语调需要纠正的学习者。

4.3.3　一个二八定律

跟读一段时间后，就可以开始向朗读过渡。

那么这个"一段时间"是多长？

要回答这个问题，首先你需要明白的是，朗读是有前提的。这个前提就是会拼读、已识字。如果是从一开始就按照"听说读写顺序法"学习的学习者，那么很自然地，在听说之后才开启拼读识字，也就是这时候才开始为阅读做准备。那么这时候配合拼读的进展，开始指读朗读，就是自然而然地从跟读过渡到朗读，时机刚刚好。

而如果已经识字，只是回头弥补听和跟读功课的学习者，就注意把握一个原则：

当你的跟读非常熟练、流畅，很少依赖"拆分交替跟读"的时候，就可以过渡到朗读了。因为此时，你跟读的两个目的基本达到了：第一是打通耳口通路，把听到的即刻说出来；第二是语音语调比较纯正了。

从跟读到朗读的**过渡时期**有一个技巧可以把握，那就是善用"二八定律"。

刚开始过渡的时候，可以花 80% 的时间跟读、20% 的时间朗读。比如每天共 20 分钟的开口时间，跟读 16 分钟，再朗读 4 分钟，朗读的内容可以就是刚才跟读过的。

再慢慢加大朗读比例，花 80% 的时间朗读、20% 的时间跟读。比如每天 20

分钟的开口时间，花 16 分钟朗读，再花 4 分钟把你觉得读得不好的地方适当跟读。

如此这样逐渐增加朗读比例，当你的朗读也流畅熟练之后，就可以彻底脱离普通的交替跟读了。

但跟读并不是告别之后不能再重逢的那种练习。

在以后的任何阶段，如果你感到语音语调不纯正，都可以再次使用交替跟读进行纠音和练习。也可以进一步使用跟读的不同方法，进行不同功能目标的练习。比如利用影子跟读，提高听的专注、练习耳口快速配合等。对英语整体能力的提高都是大有裨益的。

朗读熟练以后，就可以正式开始真正意义上的**口语刻意练习**了。

你可能想问：咦？不是说听好了输入够了，就能自动输出吗？

没错，听好了、听够了、听对了，是会有很大概率发生"井喷式"自动输出的。但是，也会有很多人存在"听得懂却还是说不好"的现象。特别是成年人和大童学习者，没有经过从小的自然输入学习，错过了自然输出反馈期，即使听力有一定水平，也难以有优秀的口头表达。但是这不要紧，只要返回去加强听的积累，同时每天花一点儿时间，甚至一周只做几次口语刻意练习，也能将口语技能最大化。

接下来要介绍的口语刻意练习，是按照难度和进阶的顺序层层递进展开的。第一个刻意练习"鹦鹉学舌法"，是最基础、最简单也最接近跟读的一种口语刻意练习，而最后一个"面壁演讲法"则是自主口语练习中最难的一个。

你可以根据自己英语的整体学习进度和口语实际能力进行口语刻意练习的选择。

4.3.4　鹦鹉学舌法

方法概述：

第一步，找到配音夸张的有声材料。比如动画配音：《海绵宝宝》《小美人鱼》等。

第二步，找到语言难度适合自己当下英语水平的精彩片段。具体说来就是一段里面不要有太多生词，1 分钟的台词里不要超过 5 个生词比较好。

第三步，搞懂文本（台词）意思。可以用任何方式去搞懂，比如看中文翻译、查词典、询问别人、家长给小童进行直接解释等，只要搞懂就行。

第四步，看着文本听熟这个片段。这里的"看着文本"的前提是已识字的情况，如果是不识字的小童，则可以直接看动画片段。总之，就是把文本的意思全部搞懂捋顺，将有声部分和文字（或场景）结合到位。

第五步，模仿夸张的有声表演。越惟妙惟肖越好，它有多夸张你就有多夸张，甚至更夸张一点儿都可以。

这个练习可以专门挑没有人的时候做，或者洗澡的时候做。反正放飞自我，大声模仿就对了。

这是最接近跟读模仿的一个口语刻意练习，但却要求跟读已经熟练的文本，也可以在跟读长难句之后进行。如果是初学者，还可以进行少量合适难度的片段。但针对初学者而言，大部分练习还是建议以普通的交替跟读练习为主。

鹦鹉学舌法的好处是，练习者可以在模仿中非常精准地听到一些发音和语调的细节，对于句子中的停顿、节奏和饱满的发音特点观察得更加细微。而自己也可以将观察到的细节主动说出来，进行潜移默化的内化吸收，对快速形成口语语感有极大的帮助。

这是放飞自我的另类英语学习法，能打破英语学习枯燥乏味的刻板印象，快速提升语感和学习兴趣。值得尝试。

4.3.5　句子扩展法

方法概述：

第一步，找到纸和笔，造出数个简单句。比如：The girl rides a bike. He eats bananas.

第二步，打开录音机录音，开始口头给简单句扩展成分。将简单句越扩越细腻，越扩越复杂。

比如：The girl rides a bike to school. 这是原句。

第一次扩展：The girl rides a bike to school every morning.

第二次扩展：The girl rides a fancy bike to school every morning.

第三次扩展：The girl with blue eyes rides a fancy bike to school every morning.

第四次扩展：The girl with blue eyes who rides a fancy bike to school every morning is my sister.

……

这样以自己的能力扩充句子，一直到自己觉得扩充不了为止。

第三步，将其他简单句也这样逐一扩充。

第四步，回听自己的录音，先找出说得不合理、不正确的地方，并口头改正。

第五步，用 APP 将录音转成文字，再放进可以语法分析并打分批改的 APP 里，实现纠错反馈。

后两步是以纠错反馈为目的的步骤，可根据需要选做。

前面讲过，纠错反馈本身可以通过持续地输入正确表达来自动完成。被动纠错，若有，当然很好，但不是必须通过外力纠错才能学好英语。你只要能完成前面几步的扩充练习，这对口语已经有所帮助。它可以让你逐渐有意识地从"只会使用简单句"的英语小白转变到"刻意丰富表达"的英语老手。也会让你对句子的构成有更加直观的感受。在实际应用口语的场景中，也会更加顺畅地说出表达丰富的句子来。

当然，如果你有时间也可以使用批错 APP，对自己所说的内容进行进一步的纠错。但重点并不是纠错，而是让你有扩充句子的意识和主动尝试的过程。千万不要因为自己犯太多的语法错误而丧失信心，在学习的过程中犯错是正常的。并且，如果纠错 APP 给你提出太多的反馈，你也不必照单全收。只需要每次吸收其中的 1~2 个即可，下一次扩充句子和使用口语的时候稍加注意，也就达到了提高的目的。我这样建议，不仅是因为贪多嚼不烂，还因为这个阶段的犯错问题，并不是靠纠错就能完全解决的，一定还要继续积累正确表达，才能从根本解决犯错多的问题。

4.3.6 关键词替换法

方法概述：

第一步，从你的每日功课中，找到你觉得好的，或者你觉得想掌握却又有些难的句子。不要贪多，1 ~ 5 句即可。

第二步，将这些句子摘抄下来，弄懂其中文意思，并**通读** 1 ~ 3 遍。

第三步，看着文本，开始口头替换句中的关键词。将关键词换成你熟悉的词，并对整个句子进行一点点微调。

让我们还是以《牛津阅读树第八级》中的某个句子为例：

The play was going to be held in the park, and the children had to rehearse their scene.

你可以看着以上文本，想象一个新的场景。比如一个男爵是杀人犯，他的妻子要在别墅里开派对，他不得不赶紧在一天之内把作案现场清理干净。

于是你就看着原句子，口头改动整个句子，你这样说：

The <u>party</u> *is* going to be held in the <u>villa</u>, and the <u>baron</u> *has* to <u>clean up all the mess</u> within a day.

其中画线部分是替代原句子的关键词，而灰色色条部分是因为替换而进行的一些句子微调和改动。

当然，如果你能力有限，可以只替换关键词，少改动原句子。你可以这样改动这个句子，你可以说：

The <u>party</u> was going to be held in the <u>house</u>, and the <u>parents</u> had to <u>clean</u> their <u>house</u>.

这样不仅对原句子进行了关键词替换，还对时态进行了改动。这样简单的改动，就口头刻意练习而言，容易办到的同时对口语也是大有帮助的。

不过说到这里，你是否已经切实地注意到，口语的好坏，确实是与英语的整体硬实力有关？因为"英语好"所以"口语好"，而不是反过来。所以，口语学习脱离不了对英语整体的学习。也并没有真正单独存在的口语学习。

这个关键词替代法能让你在平时的输入积累过程中提炼某些经典句，将它们从输入的汪洋大海中提出来仔细观察，揣摩学习，这是一种直接内化的刻意训练。其功能有一点儿像平时输入中的"精读练习"——研究某个句型，用新的词去替代它。通过这种深入细致的观察和练习，能直接积累要在口语中脱口而出的优秀句子。

每次做这个练习并不需要太大量，哪怕一天 1 个句子，一周 5 个句子，长期积累，你"张口就来"的口语库存也会惊人的丰富。

4.3.7　复述法

方法概述：

第一步，花一点儿时间（2～5 分钟）熟悉你学过的小故事，或者是长故事中某几个情节紧凑的叙事段落。

第二步，花一点儿时间做复述准备（不宜过长，1～3 分钟为佳），可以以任何方式将关键词记录在纸上（水平高的可以省略这一步）。

第三步，限时复述。不看原文，但是可以参考准备时写的小纸条（水平高的也可以不看纸条）。

复述过程注意事项：

（1）重点阐述时间、地点、人物和事件。以完整叙述整个故事为重点。在进阶之后，可以逐渐添加越来越多的细节，但都要在规定的时间内完成复述。

（2）限定的时间是和水平的高低成反比的。意思就是，当你水平不佳的时候，可以多给自己一些时间，比如 5～10 分钟。当你水平提高的时候，则要缩短复述时间，比如要求自己在 3 分钟以内完整复述一篇 1000 字的故事等。

（3）复述的过程中可以录音，初学复述者可以看图复述，再逐渐脱离图画，靠记忆复述。

第四步，复述结束，查看原文，看看刚才想表达却不会表达的内容在原文中是如何表达的。

第五步，（选修）可以回听自己的复述录音，梳理讲错的地方，总结并分析如何能讲得更好。如果还有时间和精力，可以在总结之后再次复述同一内容。

复述法的本质，就是将一个输入的内容进行内化，然后再将这个内化用自己的语言重新组织，最后再讲出来的过程。

复述不仅可以深化对输入材料的理解和吸收，更能实现"输入—输出—反馈"的耳口练习的闭环训练，是不可多得的优秀口语刻意训练方法之一。

复述法适用的学习者年龄范围很广，从学龄前的孩子到已经颇有基础的学习者均适用。

很多听的输入做得充足到位的学龄前孩子，不用做本练习，就已经会自主自发地给父母复述一些他们听过的故事，这就是一种不刻意的自发复述。如果此时再结合一点儿这里讲的复述技巧，就成了一种高效的口语刻意练习。

当然，如果孩子年龄比较小，刚开始有自主发生的复述，此时也不要着急规范他，让他自由发挥就好。让兴趣带他深入学习，注意做好跟读就行。有计划的复述可以等上小学以后再开始不迟。

很多人在刚开始复述的时候，会发现自己嗯嗯啊啊半天也讲不清一个故事，或者一个故事要花很长时间才说得清楚，这都是很正常的现象。而随着积累的增加和复述练习的深入，讲清楚一个故事的速度会越来越快，复述的能力也越来越好，你会体会到渐入佳境的成就感和快乐。

4.3.8 话题自嗨法

方法概述：

第一步，找出你想积累口语表达的某个话题。

第二步，准备时间。找出纸和笔，先在脑中想象这个话题会用到什么词和句。不确定的地方，比如想不起某个词该怎么用，可查阅资料和词典后写下来。这是话题准备过程，这个过程用时 5~10 分钟比较好。如果水平比较高或者备考某些考试（比如雅思），可以将准备时间缩短，比如 1~2 分钟。

第三步，开始自嗨，自导自演。想象一个在这个话题下的场景，既演说话人 A 又演说话人 B，用上刚才准备阶段的句子和词汇。这个过程可以录音。

第四步，说完以后给自己 2 分钟，回顾刚才说的内容。回顾可以先不听录音，凭记忆回想一下刚才说话中卡壳的地方。比如刚才想表达某个意思，却半天没想起对应的词，这时候就可以马上查阅词典和资料，把那个词找出来。

第五步，纠错反馈（这一步选做即可）。可以听录音，放慢录音的播放速度，把自己当成挑剔的考官，来听哪里说错了。或者也可以把录音转成文字后导入纠错批改 APP，对在讲述过程中涉及的表达错误都过一遍。但其实这个口语练习的重点在于对话和模拟真实场景，并不在于大量纠错，所以不必在纠错这一步上花费过多的时间。反倒是，在自嗨之前和之后的准备时间和回顾时间特别重要，它们能弥补你对这个话题的词汇和表达的欠缺。

其实，话题自嗨法是非常接近外教口语陪练课的一种方法。基本上来说，这个练习就是外教陪练的预备版本。无论是准备时间，还是回顾时间，还是自嗨时间，和真实的外教口语对话练习都非常接近。只不过现在是自己来扮演外教那个角色而已。

口语刻意练习一路做到这一步，并且在自嗨中已经有较为流利的表现之后，就可以正式开始找外教进行陪练了。

你可以把每一次的话题自嗨所收集的词汇和表达记录下来。在真实的外教口语对话练习中还可以再次使用。

跟外教口语对话的真实交流过程中，你能更加直接地获得纠错反馈。但是很多时候外教口语对话的纠错反馈和话题自嗨法的纠错反馈一样，并不会做到面面俱到、事无巨细。这是正常的，也是很好的。因为哪怕每次只吸收 1~2 个错误反馈，也是极大的进步。不要指望一次就纠正全部错误。

也正因如此，你在进行话题自嗨法的时候，也不需要太过关注自己的错误。每次集中火力纠正 1~2 个就已经是大步向前迈进了。

4.3.9 面壁演讲法

方法概述：

第一步，假设你是 TED 受邀演讲嘉宾，选择一个你想演讲的话题。

第二步，准备这个话题。可以有演讲稿，但鉴于不是真的登台演讲，只是练习口语，所以建议不要写全文，而是写提示词或者要点句。准备时间可以花 30 分钟。

第三步，预演。拿着提示词和要点句预演，就像你 5 分钟以后真的要登台那样。

第四步，正式演讲。打开你的手机录像或者录音。不要紧张，因为没有真正的观众，你可以面墙，也可以面对手机。嗨起来，别怕讲错，没人真的在听，除了自己。

第五步，听或者看自己的演讲，同时记录自己哪里说错了、哪里说得不好、哪里再添加点儿什么表达就更好了。一边听/看一边"回顾"：刚才有哪些地方可以说得更好，有哪些没想起来怎么说的词汇和表达，通过查阅资料、查阅词典的方式写下来。

第六步，可以尽善尽美，在第五步整理的基础上再来几次同主题演讲，直到自己满意为止（这一步选做）。

你很容易看出，这个方法已经是很高阶的口语刻意练习方法了。所以不用问："啊，看上去好难，说不好怎么办？"如果你设定的演讲是 2 分钟，2 分钟以内你结结巴巴，说了 1 分钟就说不下去了，那么明显就是难了，请回到前面的练习中去。

这个练习和话题自嗨法一样，前面的准备时间和结束后的回顾时间相当重要，是你刻意进行口语表达积累的黄金时间。并且通过演讲表达出来，你更能体会到哪里有缺失，并在结束后立刻学习弥补。这样积累一段时间后，你的口语表达会迅猛提升。当然，前提是你的实力已经到达面壁演讲法的这个阶段，并且有足够的输入积累，可以轻松地从自己的"库存"中找到材料。

以上六种口语的刻意练习，再加上前期的两种口头练习（跟读朗读），和最初阶段的听力练习——整体是层层递进，难度递增的。

💡 小提示

（1）如果实行某一项口语刻意练习的时候觉得困难，那么就请回到上一级别的练习中去。

（2）当你正在使用某一级水平的口语刻意练习法时，也可以随时再次使用前面简单的级别。

比如你的实际水平在"关键词替代法"这一步，如果在做这个练习的时候你觉得难度刚刚好，要再进一步进行"话题自嗨法"觉得有些勉强，那么你就可以持续做一段时间的"关键词替代法"的刻意练习。并且可以随时回到前面的方法中去，诸如句子扩充法、复述法、鹦鹉学舌法、朗读和跟读的口头练习。

（3）在口语刻意练习的进程中，你要时刻清醒地知道：

口语学习的重点是口头表达越来越丰富、越来越有逻辑，用词用句越来越精准恰当，反应速度越来越快，越来越能不假思索地自如表达。

而所有的这一切，就是英语硬实力的全面提高，并不是口语单独的功劳。

4.4 如何习得纯正口音？

学英语，发音和语调重要吗？

重要。但相比你合理地遣词用句的硬能力，又没那么重要。

如果你是有基础的英语学习者，而你的英语口语一直不理想，那么有关你口语的第一关键问题就不是发音问题，而是整体口语水平低的问题。这也是硬实力不足所导致的无法自由表达的问题。

设想 A 和 B 两个人：

A 有口音，发音不地道但是能很好地遣词用句，能用英语自由表达想表达的内容，虽然听上去很难听。

B 刻意练习过发音，花了很多时间和金钱找老师纠音，并且在发音上也有些天赋，一张口，语音很正很好听。但是口语实际水平较低，只能说很简单的句子，用非常有限的单词拼凑出语法错误连篇的表达。

这两个人同时接受口语考试或者出国面对口语环境下的真实生活场景，你觉得谁的口语更好？哪个才是重点？

当然是 A 的口语更好。所以，如果你现在的口语不好，那么重要顺序排第一的还真不是纯正的发音，而是流畅的表达。

你作为外国人学习英语，在和英语母语人士交流的时候，只要你的表达清晰，有些轻微的口音也不是大问题，**只要不影响沟通**即可。

如果你的英语学习从一开始就使用"听说读写顺序法"，在听的输入阶段就配合好跟读模仿，那么你的语音从一开始就不会有什么问题。但如果你没有按这个方法从头学，并且已经在英语学习上走了很长一段路。那么，追求完美发音只是锦上添花的事。你首先要做的事是织好你的那缎锦——也就是内化输入 + 刻意口语练习，让表达更加有水平。再说怎么添花——也就是完善语音的问题了。

当然，如果沟通中你的发音频繁地影响了对方对你的理解，那就是另外一回事了。纠音就不再只是一个选项，而是必修功课了。

4.4.1　这样做：习得地道纯正发音

那么如何做，才能习得正确发音，甚至更进一步，让发音更地道、正宗呢？

这和你反过头去弥补听的缺失一样，想要习得地道、正宗的发音，最基础的方式就是去弥补跟读模仿（交替跟读、裸听跟读或者"鹦鹉学舌法"）。

因为地道、正宗的发音，首先要靠耳朵听，再靠嘴巴模仿，才有可能内化成你自己的发音习惯。

那么在跟读模仿练习里，第一要听正确的发音，第二要跟读模仿，第三就是要大量跟读，让正确的发音习惯代替错误的发音习惯，逐渐让地道、正宗的发音变成你潜意识中的一部分。在你进行自由口头表达的时候，脱口而出的才会是正确的发音。

4.4.2　发音不准，要不要纠音？

你可能很想问，要是跟读发音不准，要不要纠音呢？

这个问题要分人群来谈。比如幼童和成年人，这两类人的发音不准，背后有完全不一样的原因和发生机制。

如果学习者是幼童，那么跟读发音不准是普遍且正常的（多数情况下）。

这就像是你的孩子或者你自己小时候学中文的过程中，也总会发错音一样，是很正常的现象。比如小孩子容易把"老师"发成"老西"，"自己"发成"记几"。很多时候，大人都挺包容，甚至觉得很可爱。根本不会觉得："天啊！这孩子中文发音不准，要不要找个老师给他纠音啊？"但是学英语的时候为什么就容不得发错音呢。"老师啊！我家孩子总是发不准这些音，我们是不是要学习音标啊？"家长们就像天要塌下来了一样焦虑。

　　而成年人，大多数时候的发音不准，就不再是出于耳口脑发育和配合之间的问题了。而是出于从一开始没有进行听和打通耳口通路这个步骤，使得语音错误固化的结果。

　　那么对于幼童来说，99% 的发音错误都不需要纠音。唯一要做的就是持续给孩子输入正确的说法，也就是继续听对的发音。绝大多数发音问题都会自动解决。

　　只有两种情况，幼童的发音错误需要纠音。

　　第一种情况：孩子因为没有看到口腔发音器官的活动现象而产生的错误发音。比如 this、that、those、thick 里的 "th"，其正确的发音是要咬舌的。但由于我们的学习过程是模拟英语母语环境的输入，利用大量看不见真人发音的工具，比如音频或者点读笔来进行学习，那么孩子会有很大可能把 "th" 直接发成其相近的音 /d/，并且不知道要咬舌。

　　这种情况可以在孩子进行了一段听的积累，也进行了一定量的跟读之后，再特意纠正一下。纠正的办法就是看人做咬舌发音的动作，这个过程可以依靠家长，也可以借助视频或老师完成。

　　第二种情况：幼童已经听够 500 ～ 1000 小时并且跟读模仿了挺长一段时间，其他发音都基本准确，唯独某些音有误。这种情况下可以纠音。这里有一个小技巧，就是参照中文发音的正确与否，如果孩子中文发音已逐渐完善，基本没有类似把 "自己" 发成 "记几" 的情况，那么说明孩子的耳—口—脑发育和配合已经到位了。这时候的个别错误发音就是习惯问题，可以纠正。

　　而导致大童错误发音的原因，很多时候和成年人是一样的。别看大童年龄不大，但是错误发音照样可以固化。导致这种错误发音的原因有很多，比如，平时听到的老师的发音并不纯正，或者母语发音对大脑的影响，或者单纯因为只是朗读却很少跟读，甚至连朗读都很少执行。

　　所以大童和成年人的纠音方法基本一致，那就是：回过头去做好跟读模仿练习。当学习者发音问题很多的时候，一定要先暂停朗读。因为没有参照物的自行朗读，不过是一次又一次地重复错误，这只会让错误更加固化。

4.4.3　发音错误已经固化？——不花钱的高效纠音法

如果发音已经因为错误的方法导致彻底固化怎么办？

我曾遇到过许多在发音上令人啼笑皆非的大童和成人学员，即使是给他们正确的音频，请他们跟读模仿，也会是耳朵听到 A 音，嘴巴发出 B 音。不知道正确发音进入耳朵之后，究竟发生了什么，由他们的大脑程序一顿加工下来，说出口的英语就完全变成了另外的音。

这种情况还相当普遍：眼睛看着文字，耳朵听着音频，发出来的音就能完全走样。连跟读模仿练习好像也纠正不了固化的错误发音。

如果你也有这种情况，那么我告诉你一个办法，基本不用找老师花钱刻意纠音。因为即便是纠音了，如果缺乏大量的重复练习，再加上自身英语水平又不那么好，那么在口语表达的时候，脱口而出的还会是错误发音。

那该怎么做呢？

很简单，裸听跟读。

为什么是裸听跟读？因为很多人语音不好、口语差，就是因为他们的英语学习是从阅读、精读、识字入手的。这类学习者，阅读时眼睛对文字非常敏感，但口耳能力则较弱。

固化的发音，其本质就是从眼到口之间神经回路的固化。 请注意，我说的是从眼到口，而不是从耳到口，眼睛根本由不得耳朵插队。什么意思呢？

比如，一个人看见 tide/taɪd/，总是错误地发音为：/tɪd/。那么这个错误的回路，其本质就是：眼睛看见 tide，脑中马上就有了错误的相应发音：/tɪd/。所以当他跟读的时候，虽然音频读/taɪd/，他的耳朵也听见了，但是还没等到耳朵给嘴巴发命令，眼睛—嘴巴的回路就已经给嘴巴下命令了，于是就又读成了/tɪd/。

而如果不看文字，换成纯裸听跟读。那么当这个学习者跟着音频发出 tide 的正确读音时，还很有可能会纳闷："咦？/taɪd/是什么？"如果他这时候翻阅文本就会发现文字形式的"tide"，说不定他还会"恍然大悟"地嘟囔一句："哦，就是/tɪd/嘛！哦，原来这个单词不读作/tɪd/啊。"

所以，裸听跟读就是强制性地让眼睛休息，切断"从眼直接到口"的旧的错误回路。作为纠音的大招，裸听跟读的使用步骤如下：

第一步，选择难度低于你能流畅朗读的水平 1~2 个级别的材料。

第二步，不看文字，只听音频，进行裸听交替跟读，并录音。录音要一并录下自己的音和原音（这里的跟读技巧就是尽量依葫芦画瓢，哪怕没听懂，跟着念成一样的发音就行）。

第三步，看文字，放录音，对比自己的错误发音和正确发音。

第四步，重复以上步骤，直到发音都正确，再自行朗读一遍原材料，记住眼口配合下的正确发音。

4.4.4　英音？美音？……印度音？

另外一个在习得口语的过程中常见的话题就是：我到底该如何习得纯正的美音或者英音？

在回答这个问题之前，我请你先想一下：如果要习得纯正的印度音英语，你要怎么做？

是不是就是听印度人说英语，然后模仿印度音英语呢？

所以答案非常简单：想习得什么系统发音，就专注于那个系统的听的输入，并且进行同样系统的跟读练习。

比如你想形成单纯的美音，那就要听美语发音的材料，并且跟读美音发音的句子。如果想形成单纯的英音，那就要听英音发音的材料，并且跟读英音发音的句子。

但是前面说过，发音纯正与否其实并不是口语最重要的事。

而比起形成单一的纯正发音来说，我认为拥有"能听懂各种口音"的能力更重要。因为真实的口语场景，并不会提供给你教科书式的美音或者英音，一定不会和你平时训练的单一语音输入一致。真实的口语场景就是什么口音都有。英国也有各地口音，哪怕郡和郡之间也会有口音差别。美国也是，南北方之间，不仅仅是口音，连表达也会有很多差异。更不必说，世界各地的人的英语口音了。北京腔的英语、东京腔的英语、印度英语、印尼英语、北欧英语……如果你除了教科书式的美音或者英音外，其他的都听不懂，那么在真实的口语环境中就是"无头苍蝇"。

而你自己的发音，也一定和你平时听得最多的发音接近。这也是为什么很多学习者英音美音混杂了：因为我们的很多学习资料就是英音美音混杂的。

我对习得某种正宗发音系统的需求有以下两种建议方案：

第一种方案，你可以以一种主要发音的音频作为输入素材，并且锁定用这个主要发音来进行跟读模仿练习。但是其他种类发音的音频也要兼听，只要不作为主要输入音，不进行跟读模仿即可。

第二种方案，你也可以来者不拒，先混乱发音一段时间，把口语学习的重点放在提升表达内核的质量上，也就是说话的内容水平上。在有一定基础之后，再锦上添花，专门习得某一系统下的纯正发音。

要知道，很多权威的口语考试，比如雅思、托福，都不会考查你的发音是美音还是英音；就连英美母语人士自己，也没办法做到统一口音。你用任何一种发音，只要发音正确——也就是发音符合单词的发音特征，并且表达准确，不影响听话人的理解，就能拿到语音方面相应的得分。

常见问答

问：颜老师您好，您说亲子英语像一袋子苹果，亲子对话的输入久了不用就会淡忘。那么用听说读写顺序法种下一棵苹果树所积累的内容就不会淡忘了吗？

答：说亲子英语像一袋子苹果而不是苹果树，是指亲子口语场景有限、话题有限，哪怕是你英语口语极好，分一半本该和孩子说中文的时间去和孩子说英语，也达不到母语输入的强度。而如果你要舍弃中文，全程和孩子说英语，我并不太赞成，因为中文也是需要学习的语言，你确定全部生活用语都要用英语和孩子交流的话，那会错失很多其他东西。

即便你能在生活中全程和孩子说英语，孩子对英语话题的积累和场景依然不足。这就像你和孩子的亲子中文对话固然很好，但是如果他不阅读、不听故事、不在大量输入的材料中去积累更多的语言素材，他的语文也好不了是一样的道理。

这也是很多孩子从小读国际幼儿园，但小学英语还是不好的原因。

第一我们毕竟生活在国内，外教说英语的场景非常有限。中教（如果有的话）老师、家长、同学都说中文，这样的环境依然不够一门语言的庞大的语言现象库存的积累。

第二，很多从小就上国际幼儿园的孩子的家长，会误以为学英语就靠上国际幼儿园学就可以了，殊不知如果孩子不大量地听故事、阅读，只限于校园生活听说的话，那么英语一旦上了难度，还是会捉襟见肘。这和语文学习是同样的道理。

而我说的种下一棵苹果树的意思，就是从一开始就要有大量输入的意识，不能只靠亲子英语那为数不多的几袋子苹果来支撑孩子的英语未来。

问： 老师您好，我想学习英语口语是因为我在工作上亟须用到英语口语。您说的方法听上去确实很有道理，但是我时间不多，不能从听开始，然后去弥补跟读，再做那么多口语刻意练习。请问到底有没有办法能让我快一点儿搞定工作所需的口语能力呢？

答： 其实这个问题和前面"一袋子苹果 VS 一棵苹果树"有异曲同工之处。你的意思是："我没有时间种一棵苹果树并等着它长大结果，我就想要几袋子现成的苹果，要怎么做？"

可以这样做：去找属于你的专业领域的话题下的学习材料。比如，你的领域是与金融相关的，那么去找与金融相关的原声演讲音视频、座谈、采访对话等。

第一步，找到这些音视频的文本，花时间吃透，弄懂意思，厘清长句和专业术语。

第二步，看着文字听对应的音频，把音频和文字对上号，再次熟悉文本意思。

第三步，裸听音频，反复听，听到耳熟能详。刚开始会有点儿懵，不要紧，懵的地方再查看文本弄懂。

第四步，跟读/朗读听过的材料，读到非常熟练。

第五步，用你学到的这些专业术语、句子和表达来进行口语刻意训练——话题自嗨法。想象自己在职业场景中，同时扮演角色 A 和 B，在自嗨前后，把要点记下来（具体操作请回看"话题自嗨法"）。

这就是最快得到职场英语那几袋子苹果的方法了。

但是，这样的方式终归是有限的，几袋子苹果总有吃完的时候。只要句型、表达不是你自主自由自发的，你就会受限于那些学习材料。如果你刚好没有学习到真实场景中产生的表达需求，你就还是不能顺畅地沟通。所以，吃几袋子苹果不要紧，如果想彻底从本质上解决英语口语的输出问题，不管是什么职业口语，其基底都是真实力和真基础——也就是苹果树的养成。

所以，要不要考虑一下，吃几袋子苹果的同时也种下一棵苹果树呢？

问：老师您好，我想请问一下，您说外教课最好是在有了基础之后，作为口语对话练兵时上。那么，如果我们一直跟着外教上课，学的是原版教材，每周上 3~4 次课甚至更多，能达到输入的效果吗？上外教课，直接让外教来进行输入好不好？

答：很多上国际幼儿园、国际小学，或者双语幼儿园、双语小学的孩子，如果离开学校环境没有课后充足的积累，那么很多孩子都会面临不同程度的英语"下滑"或者"优势并不明显"的问题。因为哪怕就是跟外教直接生活在一起，其涉及的英语话题、场景也是非常有限的。

所以，外教精读课哪怕是每天上也还是不够的。但这并不是说外教精读课的教学质量不好，而是英语学习本就不能只靠精读课。无论老师是外教还是中教。

第5章
搞定阅读和
完形填空

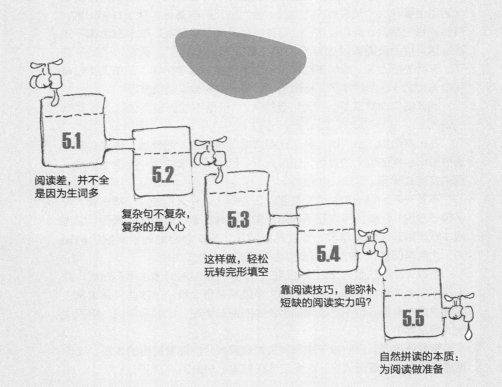

5.1
阅读差，并不全
是因为生词多

5.2
复杂句不复杂，
复杂的是人心

5.3
这样做，轻松
玩转完形填空

5.4
靠阅读技巧，能弥补
短缺的阅读实力吗？

5.5
自然拼读的本质：
为阅读做准备

很多老师都强调阅读非常重要。

的确，阅读非常重要。但是，在阅读之前，听的输入更重要！

如果过分强调阅读的重要性，而忽视了第一阶段听的输入的重要性。那么，阅读就会出现很多问题：比如一上难度就卡壳，每一个级别的阅读学习都进行得很困难。学习者很难在阅读中找到顺畅的感觉，那么也就难以从阅读中获得乐趣。一旦无法获得乐趣。任何事都会变成苦差事。纵使阅读再怎么重要，也无法轻松做到大量积累。如果无法大量轻松积累，那么，阅读重要性所对应的巨大成果也就难以获取。

所以，本章在介绍学习者在阅读中的相关问题时，依然绕不开"听说读写顺序法"中的听和说。因为很多时候，你的阅读现状不理想，往往并不单纯是阅读技巧有问题，而是综合问题。而综合问题的一大部分问题，都是由听说能力的欠缺导致的。

可是，当下我们太多人的英语学习都是从一开始就直奔阅读而去的。

很多孩子一开始就学习 26 个字母，然后学拼写、学单词，接着就是句子、语法……不是说单词和句子不应该学，而如果你的单词和句子一开始就是以文字的方式进行的，那么阅读这件事就会很难，就会成为你英语学习路上要花大力气去解决的问题。因为缺乏听的基础，缺乏耳词积累，就算能拼出单词、会指读句子，可读出来是什么意思呢？很多意思都不知道！这又得大费周章地去背单词和发音。单词记住了，凑成句子又不会了，又得去抠语法、捋句子结构……学语言搞得像学化学（背单词类似背化学方程式）、学数学了（抠语法、捋句子结构类似逻辑推理）。

阅读确实非常重要，因为它是输入。但是不能光谈阅读输入不谈听的输入。

在筑基阶段，听的输入甚至比阅读输入更重要。而阅读，也确实是英语进阶所必需的输入的类型。如果光听，后期不阅读的话，英语也就难以摆脱文盲式学习。

不要一听到说听和阅读都重要就压力很大，呼天抢地："都重要，说了等于没说！"你大可以在不同阶段做好该做的事。如果基础薄弱，或者根本就是刚起步的初学者，那就踏踏实实、安安心心地先积累好听的输入，之后再阅读。彼时的阅读也会非常流畅，进步飞快。

所以，读到这里的你应该能明白，很多时候你的阅读水平不理想，并不是你以为的那些原因，比如生词太多或复杂句太难……这些只是表象。要解决这些表象，也不是要用你想象中的那些手段，比如背单词、用语法厘清复杂句……

那具体该怎么办？接下来我就来为你深入分析现象背后的本质。让你彻底弄明白：想要阅读好，究竟应该在哪里下功夫？

5.1 阅读差，并不全是因为生词多

5.1.1　为什么单词都认识，一句话还是读不懂？

对于这个问题的答案，前文已经有介绍。你还记得吗？

大部分英语学习者在做英语阅读的过程中，都还远远达不到扫读的程度，都还在默读的阶段。那么在默读的阶段中，头脑中依然会有一个"不出声的声音"。而这个声音的连贯性、断句的直觉和对句子的节奏的把握，在很大程度上决定了你的阅读速度、节奏和理解。

简单地说，就是语感不够好。

而"语感好"，这看似轻飘飘的一个形容词，背后却是如山般的积累。因为语感的本质和其建立的基础，就是大量的积累，其中包括了对断句、停顿和节奏的经验的积累。

5.1.2　阅读的四大阶段：指读、诵读、默读、扫读

在前面介绍听的好坏影响阅读的时候，我就提出过，阅读实际分为四个阶段：指读、诵读、默读、扫读。

关于这四个阶段的具体说明，可以回到第 3 章第 1 节详细阅读，重点阅读"3.1.3 听力是如何影响阅读的"小节的内容。

在这里我再次提出阅读的四个阶段是想强调：很多人是跳阶段进行阅读的。

比如很多人并没有经历第一个指读阶段，就直接跳入了朗读阶段。当然，这不是很要紧。但对于很多哑巴英语学习者来说，朗读阶段都还没有经历，就

直接进入了默读阶段，这就很要紧了！

虽然阅读的四个阶段并不是必须走过一个阶段才能进行下一阶段，但是，如果没有听的输入配合跟读/朗读的阶段，默读阶段的阅读能力就会极大受限。

而大多数英语学习者都被要求用默读进行英语文章的阅读。

默读虽然是不出声的阅读，但却是在眼睛看到和大脑理解之间，依然有一个"不出声的声音"存在的阶段。

而你现在如果没有使用扫读的技能阅读本书的话，那么大概率就是在使用"不出声的声音"默读本书。这个声音不一定要像朗读那么完整，那么面面俱到，它可以是跳跃的、不完整的、非常快速的，甚至发音错误的，但是它是存在的。

在阅读英语文章时，如果这个"不出声的声音"经验丰富，直觉强劲，它就会自然自动地替你处理长句子的结构，也就是靠断句和节奏来实现拆分，让大脑快速理解其意思。而不需要你动用"理性逻辑"去拆分解析语法结构句子成分。

而如果这个"不出声的声音"是一个小白，没什么经验，不知道哪里要停顿，不明白哪里要断句，那么你的阅读能力恐怕就不敢恭维了。

5.1.3 听一听：你脑中那个默读之声是否正常？

如果世界上能有一种机器，先把大家默读时脑海中的"不出声的声音"录下来，然后再真实地播放出来，那么估计很多人听了自己的默读之声都会脸红到脖子根去。

错误的发音，毫无来由的断句，更别说句子节奏了，能在默读过程中眼睛不胡乱跳行就算不错了。

你若有心，现在可以暂停阅读本书，去找一段你阅读得不那么流畅的英语材料。试着默读的同时观察自己的"默读之声"，观察那个声音是否流畅？是否正常？

请注意，这里并不是说默读的时候要像朗读一样，逐字逐句默不出声地在脑海中"朗读"，而是要注意"默读之声"的节奏和断句，观察其直觉是否准确。再强调一次，默读之声可以是跳跃的、不完整的、非常快速的，甚至是发育错误的，但是**理想的"默读之声"应该在关键转折处、断句处、你的脑海中自动、自然、自主地高亮出来。**

比如下面这句话（我已经把可能的生词标记出来了，不要纠结生词）：

Unlike most of the world's volcanoes（火山）, they are not always found at the boundaries（边界）of the great drifting（漂移的）plates（板块）that make up the earth's surface（表面）; on the contrary（相反）, many of them lie deep in the interior（内部）of a plate.

如果你不是初学者，那么可以试着读一下这段来自大学英语六级阅读的一个所谓长句子。听听你的"默读之声"是否流畅，是否能在关键处用节奏和断句来自动帮你重点强调句子结构和成分。

如果你的"默读之声"有很好的直觉和经验，那么它就会这样跳节奏，为你自动断句：

Unlike most of the world's volcanoes（火山），

they are not always found

（at）the boundaries（边界）of the great drifting（漂移的）plates（板块）

that make up the earth's surface（表面）；

on the contrary（相反），

many of them

lie deep

in the interior（内部）of a plate.

经由这样的自然断句，大脑就更能分块地理解句子大意：

Unlike most of the world's volcanoes（火山），不像世上大部分的火山，

they are not always found（at）它们不会（在……）被找到，

at the boundaries（边界）of the great drifting（漂移的）plates（板块）在……漂移板块的边界（被找到）

that make up the earth's surface 构成地球表面的（板块）；

on the contrary（相反），

many of them 它们中的许多

lie deep 深植于

in the interior（内部）of a plate. 一个板块的内部。

所以，一个优秀的"默读之声"起到的作用，就像是一部自动切割机，自动替你分解句子，让你的大脑更好更快地理解句子意思。不需要你靠大量时间进行"理性逻辑分析"，拆解句子成分，再分析主谓宾。

那么，在阅读刚才这个句子的过程中，你头脑中的"默读之声"帮到你多少？还是毫无作用？抑或是帮了倒忙？

现在你也多多少少能体会到阅读不好的关键原因之一了吧？——并不是仅仅是单词不够，甚至也不是语法不好。

5.1.4 阅读高手的秘密：断句与节奏

而真正的阅读高手，不仅仅是在过去的积累中解决了大部分的生词问题，更关键的是他们的"默读之声"要比阅读困难户优秀得多。

他们阅读速度飞快、理解能力超群的秘密，就在于他们的"默读之声"断句直觉精准、节奏老道熟稔。

在真实的阅读中，他们的"默读之声"在很多地方都逐渐趋向沉默，而在关键点断句处、转折处和句子关键结构处却是"高亮"的。

正是因为默读不需要真正读出声，不需要逐字逐句读稳读全读好，他们的"默读之声"在脑海中就被释放开来：跳越非重点，省略句子中间的叙述。经过一系列加速，最后就变成"眼睛—大脑"的直接转换，即：眼睛看到，不需要"默读之声"就直接被大脑理解，这就是进入了拥有扫读能力的阶段。

扫读是阅读能力和速度的最高境界。也就是一目十行，看到文字直接转化为理解，头脑中省去了默读的声音。

想一想，你状态好的时候，读中文材料会不会实现扫读？文字对你而言非常熟悉，反应速度不到半秒就知道意思。

这就是扫读，无限趋近于母语人士高效阅读时的水平。

但是在这之前，几乎没有谁可以不经过默读的阶段。即便你扫读中文，能一目十行，却依然在小时候经历过中文的默读阶段——并且时间还挺久。

想要快速达到扫读的水平，就要更加熟练地掌握默读，让默读的断句能力和节奏直觉更加给力，才能逐渐让这个默读之声只在关键处发声。

这就是阅读高手的秘密。

这个秘密的背后是英语硬实力的综合体现，尤其是对语感、直觉力和经验的积累。这样的积累最好不要离开有声输入。

虽然你身边可能有不少阅读能力不错的"哑巴英语"学习者，他们的"默读之声"如果播放出来也很吓人，但至少他们的默读之声在断句方面应该是不错的。

这样的断句能力，如果是通过有声输入获取的，会比通过常年死磕阅读而获取要快得多。意思就是，如果一个哑巴英语学习者花了 10 年的纸上功夫，得到的阅读能力有 10 分的话，那么他完全可以经由有声输入只花 4~5 年，甚至更短的时间，就能达到同样是 10 分的阅读能力。

5.2 复杂句不复杂，复杂的是人心

5.2.1　阅读差，怪不得复杂句或"语法差"

像前文提到的那个大学英语六级阅读中的长句子，只是一个粗泛的例子。你可能会因为当下所处的水平阶段不同，而对这个句子的难度感受不同。

很多学习者在各自不同的学习阶段都会遇到"在没有太多生词的情况下，依然难以理解句子意思"的情况。

大部分学习者在面对这种句子的时候就非要慢下来，靠着学过的语法要点，一点点给句子做拆分和解析，才能摸着点儿头脑。更多的时候，即使这样做了，也还是难以理解整句话的意思，非要有老师讲解才能理解。甚至有时候老师讲解了还是觉得模棱两可，再次出现类似句子时能理解也会感到非常不自信。

关键是在真实的阅读考试中，如果许多句子都这么分析下来，也根本没什么答题时间了。

这种靠拆分解析来的"不自然的阅读感"，很多人都已经体会到了，但是很多人却误以为，这种不自然感只是因为自己语法不够好，或者运用语法来处理句子结构还不熟练。幻想着总有一天，自己的语法更加过硬了，这些难处就都自动解决了。

如果你也这么以为，那么现在请你想象一个流畅的中文阅读情景。比如你在读某个公众号文章，或者在阅读微信群里某个朋友的大段发言，或者阅读领导/老师布置的任务长文。

在这些中文阅读的过程中，你有没有涉及"快速完成的语法分析"？没有吧？

所以第二个误区也该澄清了。那就是：阅读差有时候也不能怪语法不好。等你把语法学成了半个专家，你还是有可能阅读水平低。

5.2.2　看听法：快速提高阅读水平

那么说了这么多，除了回头去弥补听的缺失和口头练习的缺失，就没有别的更高效的办法让已经落后的阅读水平快速提高吗？

答案是：有的。

那就是"看听法"。

"看听法"是一种双向调节的刻意练习方法，不仅可以提高阅读水平，也可以提高听的水平。更可以将听和阅读结合起来，给无声的阅读材料赋予声音，强制性地让你的"默读之声"得到优化，强制性地为你注入对断句、节奏和停顿的经验。

关于看听法，在前面介绍听的进阶技巧时就已经讲得非常详细（第 3 章第 3

节，重点阅读"3.3.5：听的进阶形态：看听法是开挂的前奏"）。这里唯一需要特别讲述的一点就是，在学习的过程中你可以利用"二八定律"为"看听法"分配好占比。

什么意思呢？

假如你每天有 1 个小时的阅读时间，其中包括自主阅读，也包括用看听法进行的阅读。那么看听法下的阅读在每日的功课中占比多少合适呢？

我的建议是根据你的阅读水平来决定。

如果你的阅读水平还很弱，那么多使用看听法，让音频带动你的阅读节奏和速度。这时可以安排：80% 的时间用于看听法，20% 的时间用于自主阅读。

如果你的阅读水平很不错，只是在长难句上有些吃力，那么可以多安排自主阅读，看听法只是起到类似于"做出示范"的作用即可。这时可以安排：80% 的时间用于自主阅读，20% 的时间用于看听法。

这个比例不是固定的，你可以根据自己的进度将这个比例差慢慢缩小。

随着阅读水平的提高，你可以减少看听法带动阅读的比例。

比如看听法的比例从 80% 减少到 60%，而自主阅读的比例则从 20% 上升到 40%……直到你的阅读水平再进一步提高，你就可以实现这个比例的反转：让自主阅读的比例多于看听法辅助下的阅读比例。直到 80% 的时间你都可以进行自主阅读，只用 20% 的时间做看听法来进行辅助。

在训练的过程中，尽力不要 100% 自主阅读，也不用 100% 使用看听法。二八开的比例差应该是最大限度。

注意我说的是在训练的过程中，而一旦阅读水平达到你的目标水平以上，就可以脱离看听法这个拐杖，全部自主进行自由的阅读了。

这个二八定律，还可以复制到很多功课安排的比例上去。

比如，听和阅读之间的比例安排。

如果你的阅读水平才刚起步，听的积累已经做得不错了，那么可以用 80% 的时间进行阅读，用 20% 的时间进行裸听。

如果你的阅读已经有了一定的水平，缺乏的是过去应该积累的聆听，那么你可以用 80% 的时间进行裸听输入，用 20% 的时间进行阅读。

并且，也可以根据听和阅读二者之间逐渐缩小的水平差，来相应地缩小功课安排的比例差。比如用 40% 的时间裸听，用 60% 的时间阅读，再渐渐反过来。

讲完了看听法以及如何合理安排看听法在阅读功课中的比例问题。接下来我会花一些篇幅为你讲述：如何选择合适的阅读材料进行阅读训练。

5.2.3　虚构类与非虚构类：再一个"二八定律"

二八定律还可以用在对材料选择的比例上。

还记得之前讲选择聆听材料时，我说过要将虚构类和非虚构类的材料做合理的结合吗？那么同理，在为阅读选择材料的时候也要注意虚构类和非虚构类的比例安排。

首先，要选择难度合适的阅读材料。

对于初学阅读的学习者而言，可以直接使用某一套分级读物入手。因为大部分的分级读物都是很好的阶梯性材料。由简至难，由浅至深，前面简单级别学习的内容会自然地成为后面级别的垫脚石。

而对于已经有基础，想要提高阅读水平的学习者而言，就可以使用前文提及的"五指法"来判断材料难度。即：出现一个生词数一根手指头，一页中不要数超过五根手指头。也就是一页的阅读材料中，以不超过五个生词为佳。

第二，在合适的难度材料下，要对内容进行甄选。

比如，学习者是更喜欢虚构类还是非虚构类？可以按喜好来安排大部分学习内容。比如学习者 A 喜欢虚构类胜过非虚构类，那么他对阅读材料的选择，就可以以 80% 的虚构类为主，20% 的非虚构为辅。而学习者 B 喜欢非虚构类胜过虚构类，就可以以 80% 的非虚构阅读材料为主，再另外安排 20% 的虚构类，作为非虚构类之外的补充。这又是一个"二八定律"的应用。

只有虚构类和非虚构类的结合补充，才可以保证做到阅读范围广泛、涉及话题充足，以应对将来各种考试和真实的阅读场景的需求。

但兴趣也是非常重要的参考项目。只有学习者对阅读的内容感兴趣，才能持续阅读、轻松阅读、愉快阅读，自然吸收才会顺畅发生，成就感和乐趣才会支撑学习者继续前行。

所以，无论是初学阅读者在选择合适的分级读物的时候，还是已有基础的学习者在挑选更高阶的阅读材料时，都要注意考量以下 3 点：

（1）学习者对阅读内容的偏好。

（2）材料难度。

（3）虚构类和非虚构类的合理比例。

如果再加上"看听法"刻意练习的二八比例，那么就产生了第 4 点：

（4）结合音频听读与单纯独立阅读的合理比例。

5.3　这样做，轻松玩转完形填空

除了传统阅读，还可以有很多其他的阅读形式。比如国内学习者常见的"完形填空"就是其中一种。

还有一些国内学习者不常见的，但在别的考试中会出现的阅读形式。比如阅读全文，然后补全横线部分、给乱序的文章重新排序、给同等意思的句子配对等。针对阅读的考法可以说是五花八门。

这么多阅读形式的考试，有时候并不是单纯地考查阅读能力，而是考查综合英语实力。

5.3.1　听说你的完形填空也很差？

"完形填空"考查的其实是两部分内容：

（1）阅读能力。

（2）对词句细节和语言现象的积累。

你不仅要有通读文章、厘清上下文逻辑的能力，还要对一些语言现象的细节有所把握。这里的细节包括但不限于：单词的正确使用、语法的正确使用，以及所谓的"固定搭配"等。

所以，完形填空可以说是综合考查英语能力最难的一道题，也是绝大多数学习者丢分最多的地方。虽然有时考查的细节很"刁钻"，但论之以理，连我也找不出什么理由来批判这种考法：它就是可以既"刁钻"又合理，完全可以作为分流考试中最拉差距的题型之一。

首先，好的完形填空能力，需要好的阅读能力。这就需要"默读之声"替你断句，把握阅读节奏和上下文逻辑。

第二，好的完形填空能力，需要你对单词的把握不仅仅停留在阅读时能认得出，还要求会灵活使用。

第三，好的完形填空能力，需要你积累大量的正确的语言现象。

我把诸如动词、介词之类的搭配，比如是用 in、at 还是 on，以及一些惯用的短语都叫"语言现象"。

其实就学习的角度来看，"固定搭配"和单词的性质一样。最自然的习得方式就是在平时的功课中积累，而不是死记硬背。

第四，好的完形填空能力，还需要你有正确运用语法的能力。

综上所述，当你觉得自己"完形填空"很差的时候，你就知道这并不是一个靠单独补"完形填空"、靠老师讲解就能从本质上解决的问题。

当然，刷题可以使你熟悉考点，熟悉考官们喜欢挖坑的那些点。但是如果要从源头提高完形填空的能力，则还是要抓英语整体硬实力。也即，使用正确高效的方法入手英语学习，使每一步功课都包含综合能力的习得。而不是把综合能力分割到每一项去学习或记忆，比如背单词单独做、学语法单独做、背"固定搭配"单独做、阅读能力单独练习等。这样不仅耗时费力、低效艰辛，还很难提升综合实力，很难学出效果。

5.3.2　这样做，完形填空轻松得高分

其实，如果你的英语学习从一开始就是按听说读写顺序法进行，并且有大量的积累，那么完形填空根本就不会是难题。因为：

第一，足够的听力积累和好的耳口配合，会提高阅读能力。原理就是前面讲的"默读之声"自动帮你断句、解析句子结构。

第二，从大量听的输入到大量的阅读输入，大输入量 + 重复刺激就等于是对许多语言现象、语料的自然积累。积累了什么呢？

（1）积累了词汇和其用法。

（2）积累了"固定搭配"。

你不用思考为什么就能脱口而出，什么情况后面跟什么介词，是 at、on 还是 in。因为在大量的语言现象库中，你有太多例句可以参考。比如你的中文积累很好，考试时让你选择一个正确的说法：A 晒太阳，B 太阳晒，C 被太阳晒，D 被晒太阳。你会毫不犹豫地选择 A。这种中文的固定搭配，根本就不用死记硬背，也不用分析语法，直接积累即可。

（3）积累了语法现象。

大多数情况下，国内考试涉及的语法细节也不需要你去推理语法，而是自然地就能选择正确。原理同前面"晒太阳"的例子。即使到了高阶，涉及更复杂的语法现象时，你也能因为大量的语料和语言现象的积累而对课堂上老师的语法讲解一触即通。你会有恍然大悟的感觉："啊，原来这里这样倒装是因为这个语法现象！"通过先积累现象，再学习对现象的总结，语法学习也会内化更快，学得更好，大大提高完形填空的语法正确率。

所以，靠"听说读写顺序法"这种学习方式，就已经覆盖了英语学习的各方面综合实力，即使是很难的完形填空也不在话下。

一句话总结：**想要完形得分高，大量积累少不了，听说读写按顺序，扎实轻松还高效。**

5.3.3 一个专用本：搞定的可不只是完形填空

如果你对提高"完形填空"能力的需求很紧急，又因为种种原因，没有时间从听说开始弥补积累量，或者等不及看到积累从量变到质变的转化。有没有什么办法能帮助解决一部分完形填空的问题呢？

答案是：有的。

办法总是有的，但是在交给你之前，我要再次强调：无论是什么"临时抱佛脚"或者"短期见成效"的办法，都只是权宜之计。如果你真的想把英语学好学会学透，那么一定要从本质抓起，做好积累，特别是听说积累。这个才是本书多次强调也不为过的、最重要的关键。这就好比人生病了可以吃药，但要身体从本质上好起来就要改善饮食、运动规律、调整情绪和作息等。不然你的英语就会一直处于"亚健康"状态，疲于应付每一次考试，每次考试时都像是一个病人。

我这里的确有一个权宜之计，可以帮助你在短期内提高一部分完形填空的能力。并且这个办法能提高的不仅仅是完形填空的能力，还可以是词汇量。

那就是"阅读专用本法"。

在看听法的帮助下，请再准备一个专用本。

第一步，一边"看听"一边勾画生词，勾画出自己不熟悉的短语和没有读懂的句子。

第二步，"看听"告一段落的时候，再去研究这些勾画出来的内容。生词、短语和句子都弄懂意思。

第三步，拿出阅读专用本：

（1）挑选高频词、重点词，记录在专用本上，一天不超过 5 个为佳。

（2）挑选你觉得不熟悉的"固定搭配"（若有），一次不超过 2 个为佳。

（3）摘抄你觉得写得很好的复杂句或复合句，一天最多 1 ~ 2 个（这一步是结合写作刻意练习进行的，如果还没有学习拼写，也没有学习写作的需求，或者阅读刚起步，这一步就不需要做）。

第四步，定期复习，快速浏览这个阅读专用本。复习方法不是死记硬背，而是回忆单词在原文中的位置，回想在什么情节时用了这个词。

以上四步还有一些注意事项：

（1）所谓"高频词"，就是在一份阅读材料中反复出现，且于你而言又是生词。

（2）所谓"重点词"，就是在一份阅读材料中，你不认识但又影响你理解原文意思的词。这类词以动词优先记录，然后是名词，最后是形容词。

（3）专属名词、地名、人名、专业术语不需要刻意记录。顺其自然，直接用大脑记，不用记录在专用本上，能记住就记住，记不住也没关系。

（4）每一次的记录一定不要贪多，贪多嚼不烂。如果一次记录了 5 个（包括生词和短语），能最终记住并吸收 2～3 个，就是理想进步状态了。

这种刻意从每日阅读材料中抓取个别细节的方法，其实也是阅读中的一种精读训练。更多关于精读的讲解和细节，在前面讲精读的时候已经讲过，有需要的读者可以重读那一章。此处不再累述（第二章第 3 节，重点阅读"2.3.4 教材精读课的平替：自主精读 4 则"）。

5.3.4　阅读的迷思——精读、泛读都不可取？

所谓精读，并不是非要等老师分析材料、解析语法、讲解单词才算精读。只要自己从学习材料中抓出细节进行重点学习，就算是一种精读（3.1.3 听力是如何影响阅读的）。

有关精读和泛读，在第 3 章第 3 节（重点阅读"3.3.3 裸听不等于泛听"）有详细阐述，这里不再累述。

那么，你认为"看听法"辅助之下的阅读算不算泛读呢？

我的答案是：不算。

因为"看听法"下的阅读有一个很重要的步骤，就是要理解全文意思。而理解全文就是强调在"看听"过程中抓取和勾画生词、生僻短语和读不懂的句子。"看听"一段停下之后，是需要回头扫清生词、生僻短语和读不懂的句子等障碍的。

这一步强调的就是"理解性输入"。

而进一步使用"阅读专用本",扫清障碍的过程中甄选一些高频重点记录下来，以便复习使用。这一步，更趋近于"精读"，但又比传统意义上的精读要简化，节省时间，提高效率。

很多学习者也知道过度精读不利于积累，于是就奔向了自以为的精读的反面——泛读。泛读太泛，虽然对提升阅读速度、练习"无声之声"的断句直觉方面有很大的帮助，但由于过于匆匆，不利于持续大量地积累生词和重点语言现象。

所以，要在精和泛之间找到一个平衡。既不反复死抠材料做过度的精读，也不走马观花做太匆匆的泛读。在看听法的辅助下，做好理解性输入的同时，突出重点高频语言现象，就能既得到精读——积累细节的好处，也能得到泛读——训练"默读之声"的断句直觉和提升阅读速度的益处。

5.4 / 靠阅读技巧，能弥补短缺的阅读实力吗？

很多"阅读课"真正有效的地方是技巧的教学，而不是阅读能力的教学。阅读能力并不能靠教学达成。

虽然你所接触到的"阅读课"普遍都会以精讲阅读材料作为课堂内容的载体，但靠听精讲获得阅读能力几乎是 mission impossible（不可能完成的任务）。因为精讲下的阅读：

第一，特别慢，特别细。在真实的阅读考试或者实际运用场景中，不可能有那么多时间精细研究文本。

第二，属于马后炮似的学习方式。当初自己阅读时读不懂的地方，靠阅读课进行马后炮似的事后解说，虽然懂了眼下的内容，但这并不能保证下一次遇到新单词、新长句时就能读懂。即便是同一个单词，在不同的语境也会有不同的意思。

第三，全靠句子拆解和语法讲解。一个长句子读不懂，老师把句子拆分得细细的，用语法讲解后，你懂了。那这个拆解能力是你的还是老师的？对某个特定句子的拆解能力并不是"一招鲜吃遍天"的定式。遇到不同的句子结构，你是否还能自己拆解？又或者你有能力慢慢拆解每一个句子，但考试时间是不是早就消磨殆尽了？

所以，所谓的阅读专项课，很多时间都在进行类似教材精讲的过程。你可以把这样的讲解当作一种"单次少量积累"进行理解。这样上课当然也有益处，但别指望靠这样的"少量积累"能大幅度地提高自己的阅读水平就是了。

在阅读课上，真正对阅读能力起帮助作用的，并不是这些类似精读的讲解，而是老师就考试答题技巧做出的讲解。比如，面对找细节的题，要如何在原文中快速定位细节位置？又比如，面对概括中心思想的题，要如何抓住原文某段的首尾句进行快速概括？

也即：阅读的技巧。特别是阅读考试中的技巧，才是"阅读课"最值得学习的内容。但是否值得花大量的时间学这些技巧，又是另外一回事了。

5.4.1 治标不治本？阅读技巧到底重不重要？

阅读技巧，特别是考试中的答题技巧是重要的。但是，它远不及你拥有阅读硬实力重要。

这句看似废话的句子里，其实又藏着一个"二八定律"。

技术高超的刷题班确实会教授你精湛的阅读题解题技巧。你会掌握诸如用 3 秒判断出每道题的类型的技巧。是细节定位题，中心思想概括题，是非判断题，还是立场询问题？然后再用"关键词回溯定位法"之类的技巧，快速定位原文中的相关词句，进行快速答题。

但是，如果光有这样的技巧，即使你掌握得再熟练，也还是难以拿到阅读高分。

我曾经有一个成人学员，准备考研英语两年了。他的应试阅读技巧可以说是炉火纯青到比教考研英语的老师还熟练的地步。由于他的听力和写作基础太差，靠技巧已经难以再进步了，他就把所有宝都押到了阅读上。因为他觉得阅读分值大，也是他最能"把握"的题型。但他的实际阅读能力并不好，和听力和写作一样糟糕。按他的原话说：

"有时候我把一整篇阅读题都做完了，还是不知道原文到底说了什么。"

正因如此，他的考研英语分数总是在一个固定分数范围内徘徊，难以提高。

要我说，他用两年的时间刷题搞技巧，都完全可以把阅读硬实力翻个番了。

而在阅读硬实力的基础上再加答题技巧才是拿高分的公式：

阅读硬实力 × 阅读答题技巧系数 = 阅读高分。

可是，如果阅读硬实力的满分是 100 分，那么阅读答题技巧（包括刷题）的满分却只有 5 分（阅读答题技巧系数可以理解为阅读答题技巧除以 5 得到的数值）。

这位考研学员的技巧已经满格，达到了 5 分，可是阅读硬实力却只在 40 分上下徘徊，结果就只有 200 分左右（这里只是比喻，不是真实的考研得分），怎么也提高不了。但是如果他肯在提升阅读硬实力上花时间，让阅读硬实力达到 80 分，这样他很快就能得到总分 400 分的结果。

在考试中，阅读技巧和刷题经验固然重要，因为它是公式中乘号后面那个数。但是如果不提升阅读硬实力的话，即便答题技巧和刷题经验值拉满格，也只能得到有限的分数。

5.4.2　普通的阅读技巧该怎么习得？

所谓普通的阅读技巧，是针对区分考试阅读技巧而言的。也就是平时实际应用中阅读所需的技巧。

这种阅读技巧并不用刻意追求。特别是当你的阅读水平还处在初级的时候，千万不要舍本逐末，不关注阅读能力本身，而去追求阅读技巧。

初学阅读者不要追求技巧，基础薄弱者也不必刻意追求技巧。

技巧的提升其实是自然而然发生的过程，它发生在由浅入深的阅读水平进阶过程中。在达到可以流畅阅读篇幅较长的故事或文章的时候，你的阅读能力会因为大量练习而变得娴熟。而娴熟的结果，则是导向自然的技巧习得。比如跳读、速读、精准地抓住重点词句等。

如果你的阅读水平已经不错，但在阅读过程中有些"太过谨慎"或"太过老实"，倒是可以有意识地运用一些技巧来提升阅读速度和抓重点的效率。

如果你是为了娱乐而读，比如读小说，那么在技巧方面可以随意一些，你可以选择性地跳过或者快速扫读类似描写天气或心情的冗长段落，再选择性地详细阅读重点情节的部分。其实小说作者在写作的时候也会把握行文的节奏，有时候故意放慢叙述，有时候又加快节奏。

如果你是为了了解某些信息而阅读，比如阅读报纸，那么你可以先当"标题党"，挑选你心中的重点文章进行阅读，并在阅读过程中详细阅读你所需要的信息或感兴趣的部分。只要是信息收集类的阅读，比如阅读杂志，或者阅读科普类、社科类书籍，都可以以这样的方式/技巧进行阅读。

先看目录，确定重点所在，扫读或者略读不重要的部分，重点精读重要信息。

这就不单纯是英语阅读技巧，而是放之四海而皆准的普适性阅读技巧了。

5.4.3　考试中的阅读技巧该如何习得？

其实并没有一套适用于所有人的阅读考试技巧。

也就是说，技巧是因人而异的。有些人非常适合先读阅读题的问题，再定位到原文中去找信息；而有些人则喜欢快速将全文读下来，然后直接做题。

比如我，如果要用技巧先读题，判断出这个题考查的是什么类型，然后根据这个类型题目的答题技巧，在题干中找出关键词，再带着关键词去原文中定位，我就会很难受——我喜欢先快读全文，再直接做题。但有很多学习者，如果要求他们读了全文再做题，有可能就没有时间做题了；或者做题的时候依然要花很多时间回原文定位关键词,这样就无法应对考试了。这种个体差异和阅读习惯、阅读速度都有关系。

所以,就如何习得考试中的阅读技巧,你可以参考各大论坛中技巧达人的分享,也可以听有经验的老师针对不同的考试进行不同的技巧秘籍讲授。

但是,这些所有从他人那里学来的技巧,都一定要经过一定量的实操,确定哪些是最适合自己的技巧,再将它巩固下来。并且,不要只听一家之言,要兼听多听,然后再对那些觉得有道理、听上去又很适合你的方法进行落地实操。再根据自己的学习习惯和接纳程度,形成一整套属于自己的应试阅读技巧。

5.5 自然拼读的本质:为阅读做准备

在本章的最后,我还想和你谈谈自然拼读。

拼读其实应该放在本章的第 1 节讲的,因为拼读的本质是为阅读做准备的基础铺垫工作。但我却把它放到本章最后来讲,就是为了降低它在你心中可能有的"神圣地位"。

但很多人把拼读和"自然拼读"直接混为一谈,并且误把"自然拼读"当作神坛上的一颗明珠,认为学英语的必经之路就是"自然拼读"。甚至把许多英语能力的不足都归于"自然拼读":"因为还没学自然拼读……""因为自然拼读学得不扎实……"

如果你本来就是按照听说读写顺序法进行学习,那么拼读本就应该是非常简单、轻松、自然到几乎是水到渠成的一件事,真没那么神秘,也并没那么多"神奇的功效"。

5.5.1 走下神坛的"自然拼读"

在此,我会为你剥开洋葱的皮,露出"自然拼读"的真实面目,让你更加深入地理解"自然拼读"的本质和功能。读完此小节之后，你可能会发现"自然拼读"正式地走下了你心中的神坛。

先一起跟我来看一个真实的案例：

有一个读小学一年级的孩子，其母亲发现她在拼写英语单词的时候总是出错。于是她来问我：

"老师您好，我家孩子不会拼写单词。我觉得她是不知道怎么读。我们生活在三线小城市，以前给她报的自然拼读课，学了 14 个月后，很多单词还是写不对。那个拼读补习班主要教的是字母和字母组合的发音，因为她没有学过'数音节'，所以遇到多音节单词还是不会读。最近我还看了很多其他机构的教材，自然拼读的规则都讲得很详细、很复杂。您看现在怎么办？我要再另外报一个自然拼读的网课吗？还是买点儿这种书回来我自己教？"

我问宝妈："孩子能自主阅读吗？"

宝妈说："孩子可以自主阅读，《牛津阅读树》可以自主流畅阅读 Level 6 或者 Level 7，《红火箭儿童英语分级读物》黄盒高阶也基本都可以读。"

好，问题我已经抛出了。我想邀请你来帮我分析这个孩子到底是哪里出了问题？假如你是我，你要怎么解决？请你花一分钟时间判断一下，这个孩子是不是"自然拼读"出了问题导致的拼写易错和无法读多音节词？

你的答案是什么？

我的答案是：这根本不是"自然拼读"的问题。

自然拼读最主要的功能和本质就是解决认字的问题。而认字是为阅读做准备。仅此而已。

当然，自然拼读的规则对拼写有一定的帮助，对发音也有一定的帮助，但都只是帮助而已。你要清楚地知道：拼写问题和发音问题都不是靠学好自然拼读能解决的问题（具体是因为什么问题？拼写请参考：第 6 章第 2 节；发音请参考：第 2 章第 4 节和第 4 章第 4 节）。

举个简单的例子你就明白了。"星期三"对应的英语单词是什么？

如果你知道发音，那么按"自然拼读"的规则来进行拼写，就会有以下几种可能的写法：

（1） Wensday

（2） Wenzday

（3） Whenseday

（4） whenesday

（5） Wenseday

但不好意思，以上五种拼写都是错的。正确的写法是：Wednesday。单词中的第三个字母 d 就是出现得既莫名其妙又堂而皇之。

如果你的孩子写成以上五种拼写中的任意一种，你都要表扬 TA 自然拼读学得好。因为按自然拼读总结的那些规律来拼写，TA 拼写得一点儿也没错。

错就错在你把自然拼读的地位放得太高，觉得孩子学了就能解决所有的拼读、拼写和发音问题。

我刚才举的例子还是在孩子有耳词积累，知道 Wednesday 的读音的情况下。如果耳词积累不足，根本不知道星期三对应的英语怎么读，那拼写的时候就只能拼命回想 Wednesday 该有的"形状"了。而大部分初学者对单词外形还没有敏感度，那么可想而知孩子的试卷上一堆拼错的单词到底是怎么来的了。

刚才说的都是自然拼读不能搞定拼写的情况，为你破除了对自然拼读的第一份"迷信"。

现在再来说说拼读的情况，为你破除对自然拼读的第二份"迷信"。

如果反过来，当 Wednesday 这个陌生的单词摆在孩子面前的时候，你让孩子拼读，会发生什么呢？

可能会出现两种情况。

第一种是聆听先行。在耳词积累丰富的情况下，孩子会尝试着拼读，然后会发现虽然有点儿奇怪，但这个单词应该读作"星期三"——/'wenzdeɪ /。

第二种是孩子没有耳词储备的情况。那么 TA 就只能靠"扎实的自然拼读基础"将其拼成：wed + nes + day（/'wed //nes //deɪ /）的奇怪组合读音了。即使读出这种并不存在的发音，孩子也全然不知情。因为对 TA 来说，拼出来不知道对错、也不知道意思的词太多了。

由此可见，听说读写按顺序学习，在拼读前做好聆听和积累耳词的功课，实在是太重要了！

还有一些人不仅把拼写不好、发音不佳归为自然拼读的问题，还把阅读不好也归结为自然拼读的问题。

有一些高年级的孩子，早就认词识字了（英语），家长却还是觉得："我们以前没学过自然拼读，什么时候补？""我们现在阅读丢分多，什么时候再把自然拼读巩固一下？"

这些都不是自然拼读能解决的问题。对于已经认（英语）字的学习者，非必要的情况下不需要再学自然拼读。

导致这些误区的原因，是很多人从一开始接触英语就是从自然拼读开始的，所以他们的学习路径就是"拼读—单词—精读—阅读—语法"。也难怪会理所当然地把拼读理解为英语学习的基础了。但这个路径本身才是造成阅读推进困难的主要原因，而不是拼读有问题。

相反，很多人把自然拼读学得无比扎实，看到符合自然拼读规则的词就能正确拼读出来。但是拼出来也不知道意思，或者知道了意思，将其放在句子中不理解句意的情况比比皆是。

这能是自然拼读的问题吗？显然不是。

5.5.2　自然拼读不自然

我告诉这位宝妈，孩子的问题是拼写不过关，这个问题是需要靠听写来单独解决的（关于听写的详细讲解请见第 6 章第 2 节）。

听写涉及听音拼写没错，也涉及发音规律没错。但有些单词孩子拼写不出来，却恰恰是因为**只学了自然拼读**造成的。

原因很简单，早在第 2 章第 4 节讲解自然拼读无法也不必代替音标的时候我就说过了。那就是：自然拼读不自然。

英语这门语言里有很多不规则的现象，以及很多外来词导致拼写和拼读出现例外的情况。多到真不是你把自然拼读的规则抠得多细，背再多规律就可以解决的。何况如果你有背那么多细则的工夫，你都可以直接靠读音和拼写过关的方法解决这些单词的拼读和拼写了。

通过我建议的听写训练，那位宝妈的孩子后来终于解决了拼写易错的问题。这位宝妈的认知，也从一开始对"这不是自然拼读能解决的问题"感到百思不解，到后来认为"哦，原来自然拼读也就那么回事"了。

5.5.3 自然拼读 VS 拼读自然

我强烈建议本书的读者，把市面上流行的自然拼读仅仅看作是**拼读的一个助力**。这样就可以避免很多就"自然拼读"产生的误区。

何谓拼读？如果你是成年人，那么大概率在你很小的时候还没有"自然拼读"的概念。但是你也可以把单词拼出来，进行诸如朗读、阅读等学习。

这就是拼读。也是现如今炒得火爆的"自然拼读"的本质。

我称它为"拼读自然"，以作为和"自然拼读"的区分。

简单地说，你可以把"自然拼读"看作是有人先把规律总结好了喂给你，让你按规律去认字。而我们曾经的拼读方式，也就是"拼读自然"，则是自己直接看着单词进行拼读识字，随着拼读越来越熟练，拼读的量越来越多，最后自己总结出了规律和经验。

乍一看，好像有人直接喂规律更高效一些。但实际呢？

实际上，学习一门系统规律，这个动作本身就是需要投入很多时间和精力。好比学音标一样，音标这套系统本身就得下功夫学、下功夫记。而学"自然拼读"这套系统的难易程度在我看来，和"拼读自然"要下的功夫已经相差无几。

但你学的规律都还只是规律而已，要把规律套进现象里去才行。且不说当遇到不规则的现象时，学过的规律还不奏效的情况。

就像我前文所说，"自然拼读"的规则可以是学习"拼读自然"过程中的一个助力。但不要把拼读全部的宝都押到"自然拼读"的规则上。而是要把"拼读自然"作为拼读学习的主线，然后再考虑是否需要用"自然拼读"的规则来帮助这个进程。

如果对这里还理解得不够清晰的读者，可以返回第 2 章第 4 节，重点阅读"2.4.4 自然拼读不自然？"一节的内容。

前面那位宝妈说孩子学"自然拼读"花了 14 个月，我并未对此做任何评论。但是我清楚地知道，如果选择"拼读自然"路径并加以正确的练习，大概率在 4 个月以内就能学会拼读。这里的"4 个月以内"和有些"自然拼读 2 个月速成课"大相径庭。这里的"4 个月以内"，是拼出来能知道意思的 4 个月，是学习者能直接上手自主阅读的 4 个月，是从起步级别的拼读能力到几乎能流畅阅读较高级别阅读材料的 4 个月。

并且，经过这 4 个月的拼写学习之后，遇到不规则的规则也能从容面对。也不会因为"这家自然拼读培训班没有教怎么数音节"就"不会拼读多音节词"。

下面，我就送你一份高效无痛的"拼读自然"的秘籍教程。

5.5.4　送你一份秘籍：无痛高效会拼读

如果你或者你的孩子是按照"听说读写顺序法"进行英语学习的。那么在开始拼读学习时，应该已经有一定的聆听积累量和耳词库存量了。

这时候，只要利用耳词库存直接和文字进行**结合功课**——也就是把耳词和眼词结合起来学习——就会非常迅速地搞定拼读识字。

针对拼读功课，你可以充分利用很多分级阅读材料。因为分级阅读本身就是由简到难，由极高频词、核心词到更多词汇做进阶的材料。

这里就以"红火箭儿童英语分级读物"为例进行方法讲解。因为红火箭本身就是特别适合学拼读使用的分级读物。（关于更多主流材料功能的介绍，请阅读第 8 章的 8.2 节内容）。

还记得阅读的四大阶段吗？——指读、诵读、默读、扫读。

而现在拼读的学习，就正是好好利用"指读"的阶段。

步骤一，翻到红火箭每一册封三的"关键词"部分。用音频播放或者大声朗读这些关键词。学习者同步用手指指向相应的单词，并进行 1 ~ 3 遍指读跟读。也就是指着单词的同时进行跟读。指读和跟读速度同步。

步骤二，回到红火箭正文部分。用慢速播放音频，同时用手指指向音频所对应的单词。

步骤三，同样是红火箭正文部分。用慢速播放音频，跟读的同时用手指指向音频所对应的单词。

步骤四，脱离音频，独立指读正文。如果有"本册关键词"以外的词，学习者有指读困难的情况，可以跳过，或者家长辅助（家长直接帮忙拼出困难单词即可，学习者的重点是内化"关键词"）。

这是学习拼读的普通步骤，也是正式步骤。你还可以在正式拼读之前，安排一个预备功课。让毫无拼读概念的学习者——比如幼童——对拼读建立起直观的概念。

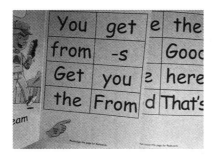 

这个预备功课可以是利用"高频词"的词卡先熟悉一下，也可以利用一些视听材料来辅助进行。

关于视听材料，我推荐 BBC 出品的英文动画片《字母积木》（*Alphablocks*）。该动画片讲述的是一群拟人化的字母，彼此互相拼在一起就会"变"出所拼单词对应的东西。片中的字母人就靠这些东西进行各种各样的冒险。这部动画片的优点非常明显，我总结了以下几点。还有很多优点要等你自己去观看的时候发现哦。

（1）"字母人"的发音以"拼读发音"为主，而不是"字母发音"。比如字母人"c"发的音是/k/，而不是 c 本身的字母音/siː/。

（2）每个"字母人"都有和这个发音相关的口头禅和鲜明的个性。洗脑般地让人印象深刻。

（3）动画片里载歌载舞。语言一旦加上韵律对大脑记忆就非常友好，容易实现无意识吸收。

（4）情节抓人，是很多孩子的"心头好"。爱看的孩子会爱得不想关掉，可在娱乐的同时进行极佳的拼读启蒙。

你可以先安排观看一段时间的《字母积木》，甚至还可以买到配套的字母人卡片，以游戏的形式对每一集"字母人"拼过的单词进行还原式拼读/拼写。

在进行了一段时间预备功课之后，就可以按照前面介绍的步骤，利用诸如"红火箭儿童英语分级读物"等材料，进行由低级别进阶到高级别的拼读学习了。

但需要注意的是，这里给的秘籍（正式拼读）是适用于一般情况的学习者，比如已经上小学一、二年级的大童。当然还有很多学习者有不同的个性化识字需求，这就要根据个体情况进行调整了。比如，一个学龄前小童第一次接触拼读，就会需要稍麻烦一些的步骤和方法了。但依然是在"方便上手，好操作"的基础上的方法。类似的个性化拼读需求，这里因为篇幅原因就不逐一展开详细讲解，有需要的读者可以通过微信搜索公众号：颜小鹅英语，获取更多相关帮助。

5.5.5　拼读时机贵如油？

在本章最后，我还想讲讲有关拼读的最后一件相当重要的事。

那就是：拼读学习的时机问题。

到底什么时候学拼读比较好？

按一般规律而言，孩子的识字敏感期确实是 4 ~ 7 岁。这个敏感期无论是对中文还是对英文，都是一样。但是如果你的孩子英语聆听的积累还不够，在 4 ~ 7 岁开始拼读就是低效的作法。不管再怎么处于敏感期，拼出来不知道意思也还是无效的。

所以，关于添加拼读学习时机的建议是：

（1）在聆听积累到一定量之后再进行拼读学习。

（2）如果积累够量，那么可以在 4 ~ 7 岁学习拼读。

（3）如果已经超过 7 岁，没有关系，只要积累够量，随时可以开始拼读学习。

以上三点建议看上去挺简单，但其中却还有两个需要重点注意的事项：

（1）虽然识字敏感期的一般规律是 4 ~ 7 岁，但也一定要看孩子的个体差异。如果有些孩子在 4 岁开展拼读时，发现其进展非常困难，吸收也很缓慢。这就是个体性的识字敏感期还没有到。这时候就不要强求孩子在 4 岁马上开始拼读，而是要耐心等待，不时试探。找到自己孩子的具体敏感期，才会事半功倍。有的孩子甚至 5 岁都还很难接受拼读识字，但一到 6 岁就明显开窍。这种情况就不必在孩子 4、5 岁的时候过多地学习拼读。

（2）这里的"聆听够一定量"并不是一个固化的量。而是可以根据具体情况具体分析的。

比如，有的孩子已经上小学，学校里有很大的拼读压力，虽然刚开始聆听不到一年，但也可以根据压力程度提前学习拼读。但尽量多积累再拼读。即使添加拼读功课，也可以找寒暑假这样时间充裕的阶段进行。这样就可以做到在基础知识积累不停滞的情况下，额外添加拼读功课。如果在学期中学拼读，你的孩子大概率就没多少时间积累了，可别捡了芝麻丢了西瓜哦。

常见问答

问： 为什么读中文材料好好的，一读英语材料就无法集中注意力，是不是有阅读障碍？

答： 如果阅读中文没有问题，那就不存在阅读障碍，只是英文水平不佳。因为在面对大量晦涩难懂的文字时，人就是难以轻松地集中注意力。你可以拿一篇很难的、没有注释的文言文试试，如果你的中文水准还达不到轻松阅读文言文的水平，那么你读这篇文言文时，也会"无法集中注意力"。

问： 为什么阅读材料稍微变难就读不下去了？

答： 因为你缺乏大量的耳词积累，缺乏对"默读之声"的断句直觉的培养。你每上一个阶段的难度，都会遇到大量生词。这些生词你拼出来也不知道意思的，或者知道意思也不熟悉其用法，或者就算知道用法，但在长句子里也难以快速给出正确的断句。于是你就得背单词、学语法、分析句子结构、精读、做练习……即使这样非常辛苦地付出，获得的效果却和努力不成正比。

所以，阅读材料每增加一点儿难度，都会有巨大的工作量在等待着你。有时候难度上升太快，你就会完全跟不上节奏。很多小学低年级学生升到高年级时，或者小学生升入初中后就会出现这样的情况：低年级时英语能考 100 分、99 分，当难度突然增大时成绩"下滑"得厉害。现在你应该明白了，哪有什么突然"下滑"，不过是没有力气上去而已。这个力气，不是拼命背单词，而是做好前面的积累，特别是听的积累和耳口通路的建立。

问：您介绍的"看听法"听着还不错，我可以用"看听法"来代替听的积累吗？

答：这就好比你问我："我看着字幕看电影，算不算我靠英语看懂电影了呢？"

"看听法"就好比看着字幕听音频，总归是有提示和依赖的。一旦有提示和依赖，真正要锻炼的耳朵就提不起精神。而大部分的英语学习者已经是"文字的眼睛"非常敏感、"有声的耳朵"十分迟钝。你在使用看听法的时候，虽然有音频作为辅助，但是其辅助的主要是阅读中对节奏和断句的提示、阅读速度的提升和语感的提升。你的眼睛比耳朵敏感得多，耳朵并没有单独接受应有的训练。

所以，"看听法"不能完全代替听的积累，除非你在"看听"之后，在理解全文意思的基础上，对音频进行反复裸听。这样的积累是有效的。

问：用了"看听法"进行阅读，但为什么考试时遇到长句子还是读不懂呢？

答：首先，无论你用哪种方法进行积累练习，积累本身是需要循序渐进的。

你可以对比一下自己平时学习的材料和考试的难度是不是一致的？如果不一致，你根据自身当下水平安排的学习材料比考试内容简单得多，那么考试时遇到长句子读不懂就是正常的。

如果你平时的学习材料难度和考试难度一致，那么就要看一下，是不是你平时学习的材料并没有按照自己的实际水平甄选，而是为了考试而安排同等难

度？如果是这样的话，那么你在平时
学习中的吸收率一定有限。因为过难的学习
会导致你的学习进度太慢，而一次在材料中需要和理解
记忆的内容，比如生词、生僻短语、长句子太多的话，一定会出现贪多
嚼不烂的情况，反而会降低学习效率。

问：关于"看听法"里，您说的"圈生词"，圈出来的生词是要全部听完再研究它们的意思呢，还是听一段时间就暂停，研究一下再往下继续呢？

答：后者。如果阅读对象是比较简短的章节书、桥梁书，那么可以在一章或者是半章结束之后，停下来研究没弄懂的地方，弄懂以后再继续下一章。如果是长篇材料，则可以是自定义的进度，比如读三页就停下，回头去研究没弄懂的地方。

追问：如果一页里就有很多弄不懂的地方怎么办？停下来研究吗？这样就没有了阅读的整体感，感觉又偏向精读了？

答：如果你按照正确的方法选择合适难度的材料，就不会出现上述问题。如果在阅读过程中，短时间内就出现太多不明白的地方：生词也好，生僻短语也好，长句子也好，那就是选材有问题！

难度选得合适的材料，读起来会有一种恰好可以顺利前行，又稍有一点点微阻力的感觉。这个顺利前行的感觉是正确的难度基调，它支撑你获得满足感和乐趣，愿意把阅读进度往下持续推进，这非常重要。

而稍有一点儿微阻力的感觉，则是你要学习吸收新的语言现象的动力。通过解决这些阻力和疑惑，并把它们一点点积累起来，你的阅读水平和整体英语水平就会明显提高。所以，微阻力感也很重要。

因此，在开始阅读练习前，找准难度，找好材料，甚至找好内容的有趣度，做好对虚构类、非虚构类比例的把握都挺重要的。因为它们综合起来，就能直接影响你最后的学习成果。

问：我在家给孩子刷 RAZ，为什么刷得鸡飞狗跳？生词很多，孩子也越来越抵触。

答：RAZ 这套分级读物，大部分册别都是非虚构类的内容，而它的虚构类册别的故事又并不是故事性非常强、非常吸引人的那种，你确定你的孩子喜欢这

类故事胜过情节抓人的故事吗？

大部分孩子都喜欢虚构类读物胜过非虚构类读物。比如更喜欢故事、小说、动画片，这些都是虚构类内容。请记得选材时，关于虚构类、非虚构类的"二八原则"。

另外，RAZ 作为非虚构类内容成为 20% 的补充材料是非常好的，因为其中的非虚构册别数量不少。这对快速提升词汇量等大有帮助，但是方法如果使用不当，也会造成孩子抵触，效果不佳。

至于这些执行和学习过程的细节，可以关注我相关的系统规划实操细节课程。

问：我在"看听法"下的阅读专用本上，记录了太多的生词内容，在复习的时候拿出来大部分都忘光了，怎么办？

答：在我做老师的这些年里，经常看见有一种学生，在阅读材料上密密麻麻地做满了笔记，甚至把写不下的内容用便签粘贴在一旁的空白部分处，笔记做得非常认真，但以我的观察：往往这种笔记记得多的学生，反而记不住太多所学的内容。

你可能想说，当然啦，英语不好才需要把很多不懂的地方记下来嘛。

但真相却是，不动脑筋思考学习技巧的学员往往学得辛苦，效果还不好。

首先，再次强调，使用阅读专用本时，不是把听读过程中的所有生词、生僻短语、长难句都照单全收！而是一定要筛选高频的、重点的内容。如果你认为自己把握不好哪些是高频的、重点的内容也不要紧，按你的直觉记录，但一定在一天中只记录 5 个以内。

第二，这 5 个生词也好，短语也好，不需要查阅词典将其所有词性、用法和释义都记录下来。只需记录其在文本中出现时的意义和词性就行。

第三，**贪多嚼不烂。这句话应该成为每个英语学习者在进行类似精读功课时的座右铭**。每天记录 5 个，如果能吸收三四个，你算算，一年下来是多少词汇量了？哪怕一两个，也是多少了？比起你一次弄太多内容，伤了兴趣还容易忘，是不是细水长流、稳扎稳打来得更高效呢？

问：我使用了"看听法"进行
听读并进，但是我现在独立阅读的速度已经很
快了，看听法中的音频语速太慢，影响我的阅读速度，
可以不用看听法了吗？

答：如果你的阅读综合实力已经很好，读得快，理解准，"默读之声"
非常给力，那么可以不再用看听法了。看听法只是一个辅助，就像孩子的学步
车一样，学会走路就不再使用了。

但是，如果你的阅读综合实力还不是很好，"默读之声"依然支离破碎不太
给力，你还是靠分析句子结构、语法结构或者靠技巧来解答阅读考试题，那么
"看听法"依然能为你提供帮助。

如果你嫌音频太慢，可以倍速播放。先是1.25倍速，再是1.5倍速1.75倍
速乃至2倍速，来和你已经提高的阅读速度相对应。

当然，普通的"看听法"使用者也可以使用这个方法进行阅读提速的辅助。
试试看，非常给力。

问：我家孩子马上要上小学一年级了，既学拼音，又学自然拼读。孩子会
不会混淆啊？

答：会混淆。只是混淆程度多少而已。所以我会建议我的学员尽早积累英
语，尽早搞定一样再去学另外一样，这样混淆的程度就会轻很多。如果英语拼
读和汉语拼音同时学，恐怕互相混淆的地方会很多，对孩子的学习效率没有
好处。

追问：那么我家孩子现在是先学拼音还是先学拼读呢？

答：看情况。如果你的孩子在学拼读这一步之前，英语聆听量和耳词非常
丰富，那么可以先学英语拼读，把拼音的学习任务留给学校。但如果英语并没
有聆听先行，或者听得不够，那么可以先学拼音，让英语听的积累再先行一阵
子。这样两项错开进行。

第6章
写作：从拼写易错
到艳惊四座

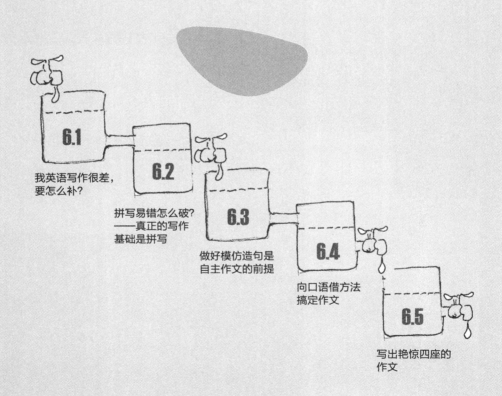

6.1

我英语写作很差，
要怎么补？

6.2

拼写易错怎么破？
——真正的写作
基础是拼写

6.3

做好模仿造句是
自主作文的前提

6.4

向口语借方法
搞定作文

6.5

写出艳惊四座的
作文

英语高手8堂必修课

6.1 我英语写作很差，要怎么补？

这是另一个我常被问及的问题。

你可以先暂停阅读，猜猜我要怎么回答上面标题中的这个问题？

想必读到这里的你，多少都能猜到我的回答了吧？

写作，是"听说读写"按顺序中的最后一项，也是最难的一项。写作的好坏跟前面三项——听、说、（阅）读都有密切关系。**写作，是将大量输入内化后再输出的产物。**"写作好"与"口语好"类似，得有大量的输入积累（特别是阅读积累，当然听的积累也要算数）。并在此基础上，还应进行写作的刻意练习。写作的刻意练习比口语的刻意练习还要难一些。因为当你的输出要落在书面上，那么书写的逻辑性、严密性、遣词用句的准确性和"高级性"都会要求更高。

没错，你已经猜到了我的回答，那就是："写作的硬实力，并不是一时半会就能'补'起来的。"

你猜到了开头，却没猜到结尾。

6.1.1 写作：实力重要还是技巧重要？

在写作这个项目上，除了刚才说的，我还会说："硬实力很重要，但写作技巧几乎和硬实力同等重要。"

特别是当你的写作目标是搞定应试写作的时候——那么写作硬实力和写作技巧等重。

正因为写作硬实力的提高和前面三项——听、说、（阅）读有密切的关系，所以写作硬实力不是短时间内能明显得到提高的，写作水平和学习者的积累量和内化率都息息相关。

也正是因为提高写作硬实力比较难，所以写作技巧的提高显得尤为重要。特别是对那些马上要面临考试，却没时间回头筑基，或者在筑基路上还没实现量变到质变的学习者来说。

写作技巧确实可以在短期内能快速提高——你可以学习怎么搭建作文框架，学习使用作文模板；或者就特定类型的话题进行写作练习，甚至是背范文、背常用句、背常用词。

凡是以短期考试为目标的字词句的写作练习，我都把它们归结为应试写作的技巧类学习。

和上一章提出的阅读公式一样，写作的硬实力和写作的应试技巧的关系也有一个公式：

写作硬实力×写作考试技巧系数=写作得分。

如果写作硬实力的满分是 100 分，那么写作考试技巧系数的满分则是 5 分。

假如 A 的写作硬实力只有 50 分，写作考试技巧系数有 4 分的话，那么应试作文能拿到 200 分。

而 B 的写作硬实力有 90 分，和同样是技巧系数 4 分的 A 相比，B 能得到 360 分。

这说明写作的硬实力非常重要，因为是前面那个"大基数"决定了总分高低的绝对走向。

如果两个人硬实力相同，那么写作考试技巧就显得尤为重要了。

假如 C 和 D 的写作硬实力都有 80 分，但是 C 的写作考试技巧系数是满分 5 分，而 D 的只有 3 分。

那么，C 的成绩是：$80 \times 5 = 400$，而 D 的成绩则是：$80 \times 3 = 240$。二者仅仅因为写作考试技巧的差别，最终成绩却相去甚远。

这说明写作考试技巧在考试中确实非常重要，因为它是"大基数"后面的那个"系数"。

那么你可能更加困惑了：都重要？那到底抓哪个？

我的建议是，如果你时间紧迫，应试压力迫在眉睫，那么抓紧提升写作技巧是王道。该背模板背模板，该背句型背句型。

如果你时间充裕，不要着急写作技巧。先好好积累，做好写作刻意练习才是王道。技巧是考前该做的事情。**技巧容易获得，硬实力才是难啃的硬骨头。**

英语学习的本质目的是应用无碍，并不是应试。所以，从这个层面来看，写作的硬实力依然比考试技巧更加重要。不然，背一堆模板和句型，也不过是纸糊的框架，搭建不出过硬的内容。

但这里有一个非常值得你注意的点，那就是：

什么情况是应试压力迫在眉睫？什么情况算是时间充裕？

大部分人都把这两件事弄混淆了。

6.1.2　你明白了吗？真的吗？请答题

试看下面几位咨询者曾向我提出的问题。

请你判断一下，哪些咨询者是需要马上学习写作技巧的？而哪些咨询者又是应该老老实实做好积累和写作刻意练习，抓写作硬实力的？

（1）我家孩子小学五年级了，平时考试 80 多分（满分 100 分），也开始在按您说的多听了，但是现在学校考试要考写作，她每次考试写作几乎只能得 6分、7 分（15 分满分），请问您有没有写作课，我们要怎么抓一下写作？

（2）我明年 1 月之前要申请美本（美国本科），3 个月以后就要托福初考了，但是模考写作只有 17 分（满分 30），请问要怎么提高写作分数呢？

（3）我家孩子现在初一，以前小学低年级的时候英语一直都很好，考试 90多分，但从四年级开始就有 80 多分的时候了。现在上了初一，有时候 80 多分，有时候才 70 多分。老师说他的写作特别差，让我们自己好好想办法补一下。我想请问一下写作怎么提高呢？

（4）我半年后要考职称英语，要考过要求的分数线才能评上想要评的职称，但是英语写作一直不过关，上次考试就是卡在写作上了，请问怎么提高写作成绩？

（5）我家孩子现在上高二（下学期），英语成绩一般，平均得分在 110 多分（总分 150 分），有时候得一百零几分。写作扣分最多，请问怎么提高写作？

你可以先自己想一想要怎么回答，再继续往下读我给出的判断。

（1）老老实实积累。

解读：正是因为积累不到位，考试才会只得 80 多分。小学英语很简单，如果做好了积累，轻轻松松考 95 分以上都不是难事。尽管孩子看上去已经五年级离小升初考试不远了。但离比如中高考等考试，还有好几年的时间。现在不抓基础、不抓硬实力，什么时候抓？当然是老老实实积累啦。积累到了，写作就水到渠成了。而且小学初中的写作要求，几乎还谈不上使用什么写作技巧，主要考查目的以用词造句为主。

（2）抓技巧。

解读：这位咨询者马上要考托福，时间紧迫，抓硬实力时间并不充裕，所以当下应该以抓技巧为主。

（3）老老实实积累。

解读：初一不积累，等初三再着急吗？小学低年级的英语"好"，都是熟悉了简单的考点和教材知识点之后的假象，并不能说明英语基础已经足够扎实。而高年级之后开始"下滑"就是真相毕露了：缺的积累都是要补的。

（4）抓技巧。

解读：这位咨询者的需求不是学英语本身，而只是为了考试而抓英语，并且写作是短板，这种情况当然要围绕应试展开学习了。

（5）抓技巧 + 在真题上练习。

高二下学期和初二下学期几乎就进入了应试期。这时候需要以应试为主要目标展开学习。所以这位咨询者也应该以抓技巧为主，但是要在真题上练习技巧。具体方法请看本书最后一章专门讲如何快速提高应试技巧的内容。

希望你读完本小节，不要再因为孩子期末考试要考写作，就心心念念地找地方"补"写作了。请你把心思都花在平时的积累上，积累到位写作成绩自然就提高了。硬实力是大山，不容易，写作技巧是小溪，很容易，但是只迈过小溪，还是翻不过写作这座山。

没有硬实力的技巧，就像骑马时只有鞍没有马，还是去不了任何地方。没有硬实力，就连技巧的提高也是艰难的。试想，如果硬实力的满分是 100 分，你的硬实力只有 30 分，写作技巧是满分 5 分又怎样？

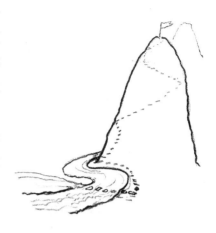

那么，就英语写作本身而言，要如何循序渐进地增加硬实力和写作技巧呢？

这就要从写作最基础的一件事说起。那就是：拼写。

6.2 拼写易错怎么破？——真正的写作基础是拼写

写作最基础的技能是拼写技能，拼写技能又和拼读技能息息相关。所以，阅读和写作的关系是非常紧密的：你只有见过别人怎么写，你才知道怎么写。就好比听和说之间关系密切一样：你只有听过别人说，才知道自己要怎么说。

但是很多人拼写能力并未过关就匆匆往下赶进度了。到了英语学习的后期，开始要求写作文，并且当要求较高的时候，早期拼写不过关的漏洞就展现了出来。且不说写作的文章是否精彩、结构是否合理、逻辑是否通顺、遣词用句是否高级，仅是拼写就错一大堆，那么"写作好"也就是空中楼阁，无从谈起。

解决写作的**首要**任务是拼写过关。

6.2.1　山不过来你就过去：拼写是要靠刻意练习解决的

拼写过关其实是我在本书里讲过的所有学习内容里最没有技巧的一件事，是需要靠硬功夫落实过关的一项功课。

虽然拼读会在很大程度上帮助拼写，但是拼读——特别是自然拼读，并不能解决拼写出现的所有易错问题。

很多人——特别是大部分家长，都有这样的误区，认为孩子拼写错得多是因为拼读没有学好。他们总是说："拼读要是学好，按规则拼写就不会出错了。"也有一些成年学习者都学到需要在考试中写篇幅较长的作文了，拼写还是搞不定。跑来问我："老师，我拼写错得多，是不是要学一下小朋友的自然拼读？"

自然拼读对拼写确实有帮助，但是这个帮助并不彻底。不学自然拼读也一样能做好拼写。

很多 80 后、70 后甚至 60 后的英语学霸根本就没有学过自然拼读，但也照样能拼读、阅读，照样能做到拼写正确率 100%。

原因很简单，"拼写易错"中的很多错误，都不是按拼读规则就能搞定的。比如 Wednesday（星期三），第三个字母 d 不发音。如果按自然拼读的规则来，拼写出来的单词就可能是：wensday，whenseday，wenseday，whenesday。如果硬要按自然拼读总结的规则来的话，你怎么也想不到这里 e 和 n 之间要加一个 d。

类似这样的例子还非常多。这就是英语的特点：有很多不规则的现象，有很多"例外"，让你不能靠一套死板的系统来解决所有问题。

那么这些问题要怎么解决？

靠积累。

就拼写而言，就是硬性过关，没有太多花招。

这里讲的积累，一是你看得多，对单词的外形足够熟悉。比如你经常看到 Wednesday，即使在拼写错误的时候，你至少能意识到："哎呀，我拼得不对，星期三不长这样。"

二是要将那些"不规则的""例外的""拼了 N 次还在错"的单词进行拼写

逐一过关的功课。

在时间充裕的情况下，自然拼读当然也可以学。我说了，它是一份助力。但千万不要把全部希望押在学习自然拼读上。更不要指望学过它，就一劳永逸地解决了拼写问题。

拼写问题是一场硬仗。这场硬仗是英美的孩子都绕不过的。至于这场硬仗能否打得轻松，战斗结束得是否快速，就要看你积累的拼写经验和拼写的敏感度了。

6.2.2　听写是解决拼写错误的最好办法，没有之一

拼写过关的最好方法就是听写。

因为在听写的过程中，学习者能听到单词的发音。根据发音，一边拼写一边根据记忆来调整拼写。

很多家长逼着孩子拼写过关，就是让孩子拿着词汇表，a-p-p-l-e, a-p-p-l-e, a-p-p-l-e，这样机械重复地背诵。这种方法几乎没有什么效果，即便是背会了也是转身就忘。

拼写过关是硬功夫没错，但不至于"硬"成那样。其实只要做好听写，并把听写出错的词再多次重复巩固过关就行。

6.2.3　为什么听写句子强过听写单词?

拼写过关虽然没有太多技巧而言，但是听写却是有技巧的。

首先，听写的时候，**尽量把易错单词放在句子中听写，而不是单独听写单个单词**。

为什么这样做? 原因和好处如下：

（1）当单词在句子中出现时，就自然提供了单词的上下文——也就是单词的意思和用法。在听写的过程中还顺便加深了对单词运用的理解。

（2）听写句子的过程，也是一种配合听的输入更加深入的过程。锻炼听句子能力的同时，能对有声句子的观察更加深入细化，有助于理解平时精读课

（比如学校的英语课）中的细节。

（3）听写句子，可以一次性听写更多单词，并可能会发现更多易拼错的词。

这样做，就把一个相对枯燥、功能单一的功课变成了高效的综合学习过程。仅是自然习得单词的灵活用法这一点，就加倍受益。且不说还能学习句子、深化经典句型等诸多好处了。

如果单独听写单词的话，那么学习者很有可能就听到什么写什么，写出来的单词是什么意思、怎么用，都可能完全不过脑子，仅仅是在应付拼写过关而已。

6.2.4　听说你一个单词听写了十遍还是错的?

许多家长曾向我抱怨说，自家孩子"笨得要命"：一个单词听写了十遍还会错!

遇到这种反复写反复错的现象，请自查三件事。

第一件事：检查你的听写方法。

是在句子中听写的，还是听写的单个单词?

第二件事：要做好听写错词的订正。

也就是：听写出错的词要再"过"一遍。"过"的方法可以是：一边抄写一边大声将这个单词读出声。不用抄写太多次，只要有意识地把读音和拼写联系在一起就可以了。

第三件事：要做好听写错词的复习。

只要涉及调动记忆的学习，基本都是要做好复习才能得到好效果，并且需要及时复习。比如每天听写 5 个句子，其中囊括了 8 个拼写易错词，在听写过程中错了 3 个，那么这 3 个就要单独拎出来，准备及时复习。

何谓及时? 比如一周中的 5 天，每天都有 2 ~ 3 个拼写出错的词，那么累积到一定量，比如 10 个，就可以复习了；或者到了周末，把前面 5 天的错词一并复习一次，这就是"及时"。而不是听写错了就错了，不管它也不订正，十天半个月又在另外一个句子里听写出错……这样别说听写 10 次，听写 100 次也是有可能还要写错的。

那么对于真的用心了，还反复出错的单词怎么办呢？

我的办法是**集中听写**，你可以这样做：

第一步，收集容易反复出错的"老大难"单词。

第二步，给它们分类，比如"单词中间莫名杀出个程咬金的"（如 Wednesday，listen，whistle），再比如"两个字母合并只发一个音的"（如 fascinate，ascend）。

第三步，想办法把这些单词揉进一个句子里。如果办不到，可以在集中听写的时候听写单个单词，做好中文解释就行。把这些"老大难"单词进行集中听写、订正和复习。

常见问答：

问：老师，您说的集中听写，给"老大难"单词分类，那其实我们是不是学更细致的自然拼读就可以了呢？比如有的自然拼读总结得很细，几个单词就可以有一个分类，如您说的 fascinate，ascend；也有总结这种两个字母合并在一起只发一个音的。我们学这个可以吗？

答：从前，有两只鸭子。一只是从小靠自己找鱼吃的野鸭，一只是关在笼子里的填鸭，即使有鱼从它眼前游过，它也不吃，只吃人喂的饲料……后来，野鸭子展翅高飞自由自在，填鸭即使逃过了烤炉，跑出了围栏，也不知道如何靠自己的力量生存下去……也许比喻不恰当，但你要明白我的意思。自然拼读就是鸭饲料，吃吃就好，别当成赖以生存的唯一主粮。

6.2.5 听写的两种方法和不同功能

听写单个句子的进阶功课，就是听写段落。段落是句子的组合。

听写段落更有利于语感的提升，并为以后的写作实战做准备。

要知道，拼写过关就是为写句子、写段落，乃至写文章做准备的。所以哪怕是在最基础的"拼写过关"阶段，也可以在功课中有意识地带入对写作的学习。

那么，这个学习就是从听写单个句子，进阶到听写段落甚至听写成篇的短文来实现的。

在听写段落时，有两种基本方法可供选择。

第一种，间隔停顿听写法。

具体方法：一个句子，用正常的语速念三遍，每遍之间停顿，等待学习者听写。三遍之后，学习者将整个句子听写完整。如此这样，直至听写完整个段落。

第二种，正常速度听写法。

听写段落时，句子之间不停顿，用正常语速全部一次性念完，这样一共反复三遍。听写者快速写下听到的内容，至于没有听到的或者来不及下笔的，可以先空出来，等着第二遍和第三遍的时候补全。

由这两种方法又衍生出两个变种方法：

（1）间隔停顿听写法下的慢速版。也就是按第一种方法，但是把语速放得更慢，慢慢念。

（2）正常速度听写法下的两遍版。也就是按第二种方法，但是把三遍变成两遍，听写者只靠两遍就补全全部内容。

很明显，以上四种听写方法的难度顺序是：

间隔停顿听写法（慢速）—间隔停顿听写法—正常速度听写法（三遍）—正常速度听写法（两遍）

其中，间隔停顿听写法下的慢速版和间隔停顿听写法适合初学者和基础薄弱者。

正常速度听写法三遍版和正常速度听写法两遍版，更适合有基础的进阶学习者。很多学习同传的人，在练习听力和速记的时候都会用这个方法来训练自己。甚至到最后，还有正常语速一遍版。就是按正常语速一次性念完一整个段落，听写者先用速记的方法在草稿纸上做记号，然后再把整个段落补写完整。如果你有意训练自己走上同声传译的职业方向，就可以尝试一下这个方法。

那么不同的听写法都有什么不同的功能呢？

（1）间隔停顿听写法，其主要功能就是训练拼写：写单词、写句子。

（2）正常语速听写法，其主要功能除了训练拼写，还有加强听力能力的功能。如果你听力能力不佳，又没有太多时间从头开始训练听的耳朵，那么多多尝试这个方法，它会让你的听力在短时间内提升。

所以，英语学习的听说读写从来都不是各自割裂开来的，听说读写是互相影响互相制约的。而听—说—读—写，越是排在前面的项目对后面的制约和影响就越大。

当然，正常语速听写法提升的只是对听的敏感度和这个过程中所积累到的耳词。如果你想要扎实地全面提高听的能力和输入的量，还是要走好循序渐进的听说积累之路。

6.2.6　不积跬步，无以至千里：听写功课要做多久？

虽然拼写过关看上去挺枯燥的，但好在这件事并不用一直做下去。

你可能对此很疑惑，英语单词不是浩瀚无边吗？

没错，英语单词确实很多，但需要会拼写的也主要是初学者要硬性过关的基础词汇。

这是因为：首先，英语写作——特别是你作为外国人来学习的英语写作——所要涉及的写作词汇并不如阅读词汇那么多。尽管以后你会步入或者已经步入了某个专业领域，要靠英语写专业文章、学术论文等。但涉及的写作词汇依然是有限的。越往专业领域走，所需要的专业词汇范围越是有限。

第二是因为英语拼写这件事，不仅是一种**经验的积累**，也是一种对单词外形愈加**敏感的过程**。

也就是说，刚开始不熟练的时候要刻意练习拼写过关，但真的等到你的英语水平上去以后，对英语拼写方式会更加敏感，敏感到基本上多看几遍就能知道要怎么拼写的程度。

如果你是初学者，那么这句话你听着可能觉得不可思议。但是我以过来人的经验告诉你，事实就是这样。到学习后期，你可以完全不用刻意背单词，也不用刻意记单词的拼写方式，直接就是在阅读中多次见到、理解了意思、知道了用法之后就直接记住了，就能认、会拼、会读，还会用。

那么这件听上去颇为神奇的事，为什么在一开始学英语的时候办不到呢？

这就好比你学中文一样，刚开始需要刻意学写字。比如小学教材里就是不仅要求看到某些字词能认，还要书写正确。但是到了后期，你的中文水平很高之后，你就不用刻意去记某个字要怎么写，只要某个字跟你"够熟"，你就能把它写出来。

况且中文不是拼读文字，而是象形文字，要书写出来难度还挺大的，远远大过英文拼写。英语是可拼读的系统。如果你水平够高，只要知道要写的东西怎么读或者见过，就会知道怎么写。随着拼写经验的日渐丰富，你的拼写正确率也会越来越高。

这些后期"魔法"的基础，都是来自最初阶段一定量的扎实的拼写功底。

所以当你还是初学者或者还处于基础不扎实的阶段，那么拼写过关就是一件必要且需要长期做的事。

至于拼写过关的练习，比如各种版本下的听写，究竟要做多久？

答案是：因人而异。

当你的基础词汇——也就是从零基础到中考英语相应水平的这个阶段——基本都能拼写正确过关，那么进阶学习的时候就可以不再进行间隔停顿法下的听写功课了。

有些人记忆力好，对英语文字也天生更加敏感一些。这些人的直接表现就是拼写不容易错。哪怕是初学，也不易拼错。那么这类学习者就可以减少，甚至省略间隔停顿法下的听写。但这类学习者依然可以做正常语速听写法，因为这个方法训练更多的是其他方面而不单是拼写。

有些人记忆力欠佳，对英语不那么敏感，再加上听说基础薄弱，拼读还有困难。这些人的直接表现就是平时一落笔就拼错很多单词。那么，这类学习者就需要增加，甚至每天都应积累间隔停顿法下的听写练习。毕竟，间隔停顿听写法主要解决的就是拼写问题。

第二种学习者就要把听写功课持续做下去，做到基础词汇基本没拼写错误才能结束。这个基础做扎实了，无论再怎么对英语不敏感，进阶学习中的拼写也都会是顺利的。因为经验的积累和对英语的熟悉度，都在逐渐的积累中得到了质的变化。

6.3 做好模仿造句是自主作文的前提

写作和口语在很多地方都极为相似。

第一，同样作为一种输出，写作和口语一样，都要在输入的基础上做刻意练习。

第二，写作的输出过程也和口语非常相似，都是遣词造句，表达自己要表达的。只不过口语的输出要求更加迅速，但遣词造句不用太高难。而写作落在笔头上会慢一些，有更多的思考时间，但是对遣词造句的书面要求要高一些。

可以说，**写作就是深化了的、慢下来的口语。而口语则是一种简化的、快速的写作。**

所以在英语写作的学习上，有很多方法是和口语练习方法相通相似的。比如，和口语练习的核心要点一样，首先就是要学会模仿。

6.3.1 没吃过猪肉，还没见过猪跑？——语言学习贵在模仿

要想口语好，先听。听说得好的人说的话，然后模仿他们说的。想要写作好，先看。看写得好的人写的内容，然后模仿他们写的。

所以，和口语刻意练习起步时的练习一样，写作最初的练习也是模仿。

你可以从模仿造句开始，逐渐延伸到模仿整个段落，乃至最后模仿整篇文章。

只不过，模仿句子、模仿段落和模仿文章的功课之间，模仿的重点是不太相同的。

最开始的模仿造句是关注精彩句的结构和惯用表达，学习的重点是单词和句子。

模仿段落的时候，则更近一步，除了模仿遣词用句外，还要注意模仿句与句之间的逻辑，学习阐述的艺术。

到了模仿整篇文章的时候，就是一个综合模仿的过程了。除了对原文遣词用句的学习，还有对原文好在哪里的分析，段落之间的转承、呼应、逻辑、说服力、描写等更多更深入的写作内涵和技巧的学习。

虽然高阶的优秀文章看上去写得非常好，但任何高峰都是从基础起步的。莎士比亚也是从写好每一个句子开始的。

所以，写作模仿的刻意练习的第一步：模仿造句。

6.3.2　模仿造句：选什么样的例句？

模仿造句的第一步就是选择合适的例句。这里的"合适"有两层意思。

第一层意思：难度合适。

最好的例句是从你甄选过难度的每日功课——比如阅读——中直接产生的。这样不仅省去另外选合适难度例句的麻烦，还能更好地内化每日的功课。

第二层意：例句具有"可学习性"。

即例句是你掌握得不太好的句型，并且例句写得还挺精彩。模仿这样的句子进行写作练习才会更高效。

举例说明。假如你正在进行第二阶段"看听法"支持下的阅读学习。你当下所用到的材料是《神奇树屋》的某一册。那么在某天的具体学习中，你觉得下面这句话有些长，理解起来有些难度，于是你把这句话画线标记出来，

Jack and Annie ran through shadows and light until they came to the tallest oak.

"看听法"下的阅读告一段落时，你回过头来梳理并理解了这句话的意思：

杰克和安妮跑过阴影和光亮（根据前文，这里指林中的阴影和光束），直到

他们来到了最高的那棵橡树前（才停下）。

此时，如果你刚开始自主阅读不久，写作还处在"拼写过关"阶段，那么你可以通过将这句话朗读熟练来实现对这个长句子的内化。

但如果此时的你已经有学习写作的需求，并且也确实经过了拼写过关的练习，就可以对勾画出来的这句话进行"模仿造句"的写作刻意练习。

我们一起来看看这句话要怎么模仿：

Jack and Annie ran through shadows and light until they came to the tallest oak.

这句话里主要就是通过 until 把两个句子整合成为一句。重点就在这个 until 上。

那么学习者就可以对原句子做一些替代：把 Jack and Annie 换成其他人，比如 The twins，再把 ran through 改成 swam across，把 shadows and light 改成 streams and rivers，until 可以不变，把 they came to 改成 they reached，把 the tallest oak 改成 the edge of the Swamp Kingdom。

整句话模仿下来就变成了：

The twins swam across streams and rivers until they reached the edge of the Swamp Kingdom.

双胞胎游过小溪和河流直到他们到达沼泽国的边境。

这个模仿出来的句子就很像是某个奇幻童话故事里的一句。

在模仿的过程中，学习者可以运用自己的想象力来脑补上下文，然后对原句子进行改造。改造的过程要注意：

（1）保留原句子最经典最重要的结构。

在上面的例子中就是 until，由 until 衔接前后两个完整句子变成一个长的复合句。

（2）最好是保留原句子的时态。请注意再造的新句子也要和原句子的时态一致。

比如在例句中，原句子是过去时，具体体现在动词 ran 和 came 上。而改动后的新句子也保持了过去时，具体在动词 swam 和 reached 上体现。

（3）单复数最好也和原句子保持一致。

比如原句子的主语——Jack and Annie——是复数，那么在改新句子的时候，也最好用一个复数主语，比如 The twins。这是因为，模仿写作练习本身就是初学者的练习方式。而初学者很可能会在新改的句子中用错单复数形式和动词的搭配，这样徒增难度。所以要尽量保持原句子的时态和单复数来进行改写，这样也能在很大程度上保证仿写句的正确率。

（4）尽量替换原句子的动词，将句子尽量改成完全不同的一个新句子。

不要太过谨慎，几乎原封不动地重现原句子，这样就达不到仿写练习的目的。

（5）仿写后的新句子和原句子，都可以通过再次大声朗读来加深加快内化吸收。

在今后真实的写作需求中，类似原句子和仿写句的新句子就会很流畅地自然输出。

6.3.3 模仿造句的延伸练习：扩充造句

当你模仿造句的练习做得比较熟练时，就可以进行下一个进阶延伸练习了。那就是：扩充造句。

还记得我介绍口语刻意练习时，有一种方法叫"句子扩充法"吗？这里的"扩充造句法"和它非常相似，只不过"句子扩充法"是口头的，而"扩充造句法"是笔头的。

写作的扩充也是从简单句开始。先写下几个简单句。

比如：The twins ran.

然后开始进行一步一步地扩充，每扩充一次，都落实在笔头，把句子写下来。确保每一个扩写之后的句子都是完整的句子。比如：

第一次扩充：The twins ran through the forest.

第二次扩充：The twins ran through the deep dark forest.

第三次扩充：The twins ran through the deep dark forest where the mushrooms grew.

第四次扩充：The twins ran through the deep dark forest where the poisonous mushrooms grew.

第五次扩充：The twins ran and ran，they ran through the deep dark forest where the poisonous mushrooms grew until they were stopped by a huge boulder.

第六次扩充：The twins ran and ran，they ran through the deep dark forest where the poisonous mushrooms grew until they were stopped by a huge boulder with a sign on it.

第七次扩充：The twins ran and ran，they ran through the deep dark forest where the poisonous mushrooms grew until they were stopped by a huge boulder with a golden shiny sign on it.

这样就由最开始的，"双胞胎跑。"变成了最后的，"双胞胎跑啊跑，他们跑过长着毒蘑菇的黑暗森林深处，直到被一块巨石拦住去路，巨石上有一个金色的发光标记。"

这就是写作的本质，从简单地讲述一个事实，到丰富这个事实的过程。

这样练习，不仅能提高写作能力，还能激发学习者的想象，让写作过程变得自由并充满乐趣。

6.4　向口语借方法搞定作文

前面介绍了有关句子的写作练习方法。那么再往下进阶，就是从句子过渡到段落，再到成篇的作文了。

6.4.1　写作高手的秘密武器——段落仿写练习

对于段落的写作习得，你也可以通过模仿精彩段落来实现。只是模仿的对象由之前单一的句子转为句子的合理组合——也就是段落。

和任何功课开始之前要做的事一样，段落仿写也是从选择合适的作为模仿对象的段落材料开始的。

这里和选择合适句子时的要求一样，一共有两个要点：

（1）难度合适，最好出自你每日的阅读功课。

（2）有可学习性，也就是说这一段原文写得精彩，值得模仿。

我们在模仿的过程中，一定要意识到我们究竟在模仿什么。

就句子模仿而言，显而易见地，我们模仿的是句子精彩的结构和经典的表达。但是在模仿段落的时候，我们的注意范围就需要更大一些：这个段落是如何组织起来，以什么样的语序来进行叙述的？其中的长句子是怎样和前后句呼应的？如此种种。

我们还是举个例子吧。

There was a sharp tap on the instep of Jocelin's shoe; and as he looked he saw a wet star there with arms to it and tiny globes of water that slid off the dubbin into the mud of the yard. Impatiently, he let out his breath, and looked round for something to say. But the sunlight on stone drew his eye upward, to the empty air above the crossways, where the battlements of the stump tower waited for the master builder and his men. He remembered the workmen breaking up the pavement below the crossways and his irritation vanished in a return of excitement.

这是摘自诺贝尔文学奖得主 William Golding 的长篇小说 *Spire* 中的一段。

这一段描写极具文学性，毫无疑问具有十足的"可学习性"。难度也许因人而异，但是我们着重来看如何从这一段中学到我们仿写段落时应该学到的东西。

第一步，理解全文意思。这一步可以使用任何工具，查词典也好，看中文翻译也好，请高人解释也好。这段话翻译过来的大意就是：

乔斯林的鞋背发出一声清脆的"吧嗒"声，当他看时，他看见鞋面上有一颗生着许多手臂的水星以及许多细小的水珠。水珠从鞋面的防水油上滑落，跌进了院子的泥里。他不耐烦地吐了口气，四处张望着，想要说些什么。但落在石建筑上的阳光吸引了他的目光。他往上方望去，望向十字走廊上方那空荡荡的空气。那里树桩塔似的墙垛还尚待施工，还在等待着建筑工头和他的工人们。当他想起来工人们已经把十字走廊下面的人行道打碎时，他的愤怒在兴奋的回归中消失了。

第二步，分析段落的安排。本段第一句话，首先描述了一个刚刚开始下雨的场景，描述了第一滴雨水滴到鞋背上的细节。然后开始描写这个被滴到雨水的鞋子的主人：不耐烦地四下看，想找点儿话来说。接着很自然地，因为他四下张望，所以就被上方落在教堂石头外墙上的阳光所吸引。于是他向上看去。紧接着这里有一个复杂句，描述了尚未动工的教堂上半部分——这里侧面描写了乔斯林主教的焦虑。正焦虑呢，他又想起教堂下方一部分人行道已经开始动工了。于是他的恼怒被转移，对施工计划的兴奋又回来了。

以上每一句话都自然地引出下一句话，生动地描述室外场景的同时，还兼顾了对人物情绪的叙述，以及教堂施工进度的陈述。

第三步，分析段落中的细节。也就是回归到分析遣词造句的精妙之上，学习长难句和经典表达。这一段中有三个句子都写得非常有文学性。

（1）There was a sharp tap on the instep of Jocelin's shoe; and as he looked he saw a wet star there with arms to it and tiny globes of water that slid off the dubbin into the mud of the yard.

（2）But the sunlight on stone drew his eye upward, to the empty air above the crossways, where the battlements of the stump tower waited for the master builder and his men.

（3）He remembered the workmen breaking up the pavement below the crossways and his irritation vanished in a return of excitement.

这段话总共只有四个句子，而其中有三句都很精彩。那么我们在具体学习的时候，可以根据"贪多嚼不烂"原则，只对其中一个句子进行更加深入的揣摩和学习。比如，你可以选择第四句的后半句：…and his irritation vanished in a return of excitement. 句子不长，表达却精悍有力。主要学习对象可以是 in a return of 的使用。简单好记，一旦学会就可以运用到很多地方。

因此，你可以把这句话单独提出来做模仿造句的练习。模仿造出 2 ~ 3 个句子，练习"in a return of"的用法。

比如，你的模仿造句可以是这样的：

She found nobody staring at her scattered bills and her embarrassment vanished in a return of arrogancy.

她发现没有人在盯着她那些散落的账单看，她的尴尬在自大的回归中消失了。

第四步，开始全段模仿。

这一步可以直接根据第三步做的模仿造句来进行场景的延伸。

刚才在第三步时，我们有了模仿后的新句子，并且这个新句子是根据原段落中的最后一句模仿而来的。那么我们可以根据这个新句子的场景，继续想象，补全前面的场景，使前面的句子层层递进，自然推进到最后一句。

比如，你可以想象有位女士飞扬跋扈，非常自大，然后突然摔倒，导致未支付的账单散落一地。她觉得有些尴尬，但是当她发现并没有人注意到那散落一地的账单时，她便从尴尬又转回了自大。

模仿时用上原段落的精彩之处，并尽量用上原段落的句子结构：第一句依然可以用 There was 开头；第二句以副词开头；第三个句子用 But 进行转折；最后一句用上 in a return of。

我们再来看看原文，我将重点要模仿的地方用黑体字标注出来。

There was（**1**） a sharp tap on the instep of Jocelin's shoe; and as he looked he saw a wet star there with arms to it and tiny globes of water that slid off the dubbin into the mud of the yard. **Impatiently**（**2**）, he let out his breath, and **looked round for something to say**（**3**）. **But**（**4**） the sunlight on stone **drew his eye upward, to the** （**5**） empty air above the crossways, **where the**（**6**） battlements of the stump tower waited for the master builder and his men. He remembered the workmen breaking up the pavement below the crossways and his irritation **vanished in a return of**（7）excitement.

　　然后根据这些需要重点模仿的黑字体部分，进行属于你自己的仿写练习。

　　以下是我仿写的段落，你也可以自己仿写一个。

There was（1）a loud bang echoing in the hallway when the lady with a folder under her arm stepped onto the toy and fell over. **Angrily**（2），the lady cleared her throat，and **looked round for someone to blame**（3）. **But**（4）the papers that fell out from the folder **drew her eyes downward**, **to the**（5）floor **where the**（6）unpaid bills spread out all over. She found nobody noticing these details and her embarrassment **vanished in a return of**（7）arrogancy.

　　一声巨响在走廊里回荡，那位在胳膊下夹着一个文件夹的女士踩到玩具摔倒了。这位女士气愤地清了清嗓子，四处张望找人责备。但是那些从文件夹里掉出来的文件吸引了她的视线向下看去，她看到地板上未付的账单散落一地。她发现并没有人注意到这些细节，于是她的尴尬在自大的回归中消失了。

　　原文一共有 7 处关键点，这 7 个关键点可以看作是定位原文段落结构的标志点，以及一些针对原文的精彩之处进行的突出模仿：比如（3）、（5）和（7）。仿写段落时，确保自己的仿写段和原文段的关键点一致。与此同时，确保仿写段落的逻辑也是通顺的，这就达到了仿写模型的训练目的。

6.4.2　模仿作文：逻辑、转承、谋篇

　　模仿段落的功夫做到一定程度，就可以开始模仿整篇作文了。

　　其实，仿写整篇作文反而并不是整个写作过程学习中最难的一步。仿写作文只是在仿写段落的基础上，注意段与段之间的转承、逻辑和谋篇的整体结构。写作练习中最难的一步，其实是上一步——仿写段落。也就是在仿写练习的过程中提升遣词造句、用词的精准和高级以及用句的语法正确，做到表达清晰，能适当地使用复杂句和长句等要点。

在模仿写作的时候，尤其是仿写 essay 这种文体（也是很多考试比如托福、雅思、GRE 要求的主要作文形式）的时候，一定要多注意其整体谋篇的结构。在这类文体中，结构要非常清晰。市面上很多考试作文指导书，其中的文章模板多是基于这种文体给出的技巧性文章架构。

要掌握固定文体的一些常见的技巧性文章架构并不是难事。在前面模仿句子和模仿段落的基础之上，研究一篇作为模仿对象的范文，只要做到以下几点，就能快速厘清文章架构。

（1）依靠段落的开头和结尾，快速梳理整篇文章的逻辑。

比如第一段是总体阐述现状，第二段可能是说某个现象的好处，第三段可能是说某个现象的第二个好处，第四段可能是说某个现象的坏处，第五段可能是说某个现象的第二个坏处，第六段则可能是综合比较好处和坏处，第七段可能是总结或者表明自己的态度等。

（2）深入看看每个段落用到的叙述策略。

比如第三段说某个现象的坏处的时候，作者引用了某位专家的一大段话，并引用了一些相关数据来支撑专家的观点。

（3）重点关注并突出结构性关键词。

诸如 first of all, to begin with, but, as 等最能体现文章结构、明确观点、指出段落大意的关键词。

（4）运用每一段中好的叙述方式，可以打乱顺序进行模仿。

比如第三段引用了专家观点，并用了几个数据支撑；而第四段用了一个反问来对专家的话进行质疑；第五段用自己的经历叙述某个事件。你可以用到这些叙述策略，也可以打乱顺序，比如在第二段先用自己的经历叙述某个事件的发生，以及人们对这件事的普遍看法；第三段质疑人们的普遍看法；第四段借用数据和专家的观点来为另一种可能的看法做支撑。

我们来看一个非常典型的例子。这篇作文摘自沪江英语网站，咱们先不管这篇作文本身的优劣，你甚至都不用仔细阅读它，我只是邀请你和我一起来看看它的架构。

请重点看我用黑体和色条标注出来的部分。

Nowadays, leaders the world over are busy mapping out blueprints for a new age with environmental protection high on their agenda. Sustainable development hits headlines almost every day. It is of utmost importance to restore the harmonious balance between man and nature , given the damage we've already done to it.

First of all, we must realize that man and nature are interactive. **To begin with**, we derive everything from nature. Among other things, I'm sure you've all tasted natural produce that is otherwise known as green food. And you must have noticed that nearly all beautifying products boast of being natural creams, natural lotions or natural gels. For man, nature has an irresistible appeal.

But on the other hand, we must also realize that nature can be unruly. Nature is indeed like a riddle, some areas of which are beyond the reach of science and technology, at least in the foreseeable future. **Nevertheless**, the advancement of science and technology will still characterize the next millennium. The coming new age will provide many opportunities, **but** it will be likewise run of challenges. **For instance**, United Nations' demographers predict that global population could soar from its current 5. 9 billion to as many as 11. 2 billion by 2050. This will aggravate the current scarcity of natural resources caused by environmental degradation. More conflicts over this scarcity may occur with the ghost of nuclear wars always hiding in the background. To prevent this nightmare from coming true, governments need to work closely with each other and back up their verbal commitment by actions. **However**, it is not enough only to ask what governments can do to achieve the harmony between man and nature. We must ask ourselves what we as individuals can do .

Can we all be economical with food, water, electricity or other resources? **Can we**, or rather, some greedy ones among us, stop making rare plants and animals into delicious dishes? **Can we** stop using the unrecyclable style of lunch boxes? If not, one day they may bury us in an ocean of white rubbish. **After all**, the earth is not a dustbin; it's our common home.

　　如果不细读全文，只是看我标黑体的这些关键词，你是不是也能大致知道这篇文章的基本架构？

　　第一段，用 nowadays（现如今）开篇，应该是讲述了一个现象或者事实。什么事实呢？大致扫读一下，抓到了关键词 environmental protection、man and nature，看来是讲人与自然、环境保护的。

　　第二段，用 first of all 开始，应该就开始讲作者对人与自然的第一个观点了。用 to begin with 开始深入探讨这个观点中的第一个小点，这也间接说明，为了阐述第一个观点，后面还有几个小点都在这一段内。

　　第三段，用 but on the other hand 开头，应该就是作者开始讲与第一个观点相悖的第二个观点了。后面又用了 nevertheless（不过）、but（但是）、for instance（举个例子）和 however（无论如何），这些都说明作者对第二个观点进行了深入的探讨。一会儿一个反转，不断推翻前一句论述，并在其中进行了举例说明，举例的策略是利用数据说话（看画线部分的数字就知晓）。而至于作者在这一段中到底持什么观点，看最后一句的关键词 not enough、governments can do、individuals can do 就能猜出是讲仅靠政府努力不行，个人也要做些什么（环保上）。

　　第四段是总结段。这一段的叙述策略很明显，就是用反问 + 排比。一共连问 3 句：Can we…? Can we…? Can we…? 最后来个 after all 做总结。

　　如果你稍微有一点儿英语水平，也能看出这一篇文章的水平较之上面 William Golding 的写作水平，实力相差甚远。但是作为学习文章结构和议论文的成篇方面是可以借鉴的。并且看了这篇文章，你也应该有信心：我们作为外国人学英语，考试的要求其实并不太高，写成这样就已经是不错的了。

　　所以当你在"拜读"范文的时候，可以将重点放在文章结构和谋篇上。学习范文是如何用一些常见叙述技巧，结合结构性很强的文章架构，来完成议论文写作的。

　　当你实战仿写作文的时候，可以用与原文完全不一样的话题展开写作，也可以用和原文完全不一样的观点进行阐述。我们模仿的则是范文中的主要架构和叙述策略。

这也是一种写作技巧习得的捷径。

6.4.3　半自由作文：口头复述学习写作方法

如果你以为仿写作文就是写作刻意练习的最高进阶的话，那就错了。

在仿写成篇的写作之前，还有一个有趣的练习，我称它为"半自由作文"。

这是走向彻底的自由写作之前，最后一个刻意练习的方法。而它的难度和自由度都是高于前面四种方法的。

你可以把"半自由作文"看作是我们向口语刻意练习之"复述法"借来的方法。它是一种类似口语"复述"的写作练习。

还记得之前讲口语刻意练习的时候，"复述法"的具体内涵吗？就是根据一个已有的材料，比如故事，进行内化后的重新加工，用自己的语言重新把故事讲一次。

"半自由写作"和这个方法类似。其过程就是针对一份阅读材料，比如一个故事或者一篇议论文，进行阅读。阅读内化之后，再重新加工，用自己的语言重新把故事或者议论文进行"书面复述"——也就是复写一次。

比如很多经典的童话故事，你们应该听过或者读到过各种不同的版本。那么，你也可以做同样的事。只是在"书面复述"的时候请注意以下几个要点：

（1）如果原文是故事，那么你在"半自由写作"的时候要留意，复写的内容里应该包含时间、地点、人物和事件。

尽管原故事可能并不是按顺序叙述的。原故事的行文顺序有可能相当文学化。比如从描写春天入手，再描写小红帽是如何喜欢吃外婆烤的面包，再叙述一下外婆的面包让她回忆起童年在原野上奔跑的快乐，最后才开始讲述大灰狼和其他你也都熟悉的场景。那么你在叙述的时候，也可以这样，用自己的叙述顺序，但要注意把故事完整地讲述出来，这其中就包含了时间、地点、人物和事件的完整信息。

（2）如果原文是议论文，那么你在"半自由写作"的时候，要注意你所写的观点要和原文一致。

你可以用到原文提及的数据和专家理论做支撑，甚至也可以直接照搬原文中使用过的叙述策略。比如你打算复写上一小节中来自沪江英语网站的那篇文章，那么你也要表达清楚人和自然是相互作用的，人们受益于自然，但是自然也对人类造成了困扰；虽然人类的科技还在发展之中，但是环保还是必不可少的等同样的观点。你甚至也可以在文章的最后连发三个反问，引出结论作为全文的结束语。

（3）可以用到原文中用到的词汇、句子和任意表达方式。

前提是：你是用脑子记住，然后用笔再写出来。切忌"开卷作文"，不要照着原文摘抄了事。

那么，以上三点注意事项，也就衍生出了我们在做"半自由写作"的复写练习时的具体步骤：

第一步，找到理想的原文。难度合适，具有可学习性。

第二步，详细学习原文，弄懂全文：理解生词，梳理长难句。

第三步，分析原文结构，并有意识地记忆原文的用词用句。这一步可以记笔记，但切忌整句照抄。

这第三步很像口语复述前"花点儿时间做准备"的那一步。在正式开始"复述"或"复写"之前，把觉得会用上的关键点记录下来。那么复写开始前可以记录的，不仅仅是词句和表达，也可以是原文的数据，或者针对原文结构做出的分析简要记录等综合笔记。

这一步准备工作和口语复述一样，也需要计时。不能无休止地记录下去。你可以根据原文的长度和难度来酌情计时5~10分钟。

第四步，半自由写作。可以参考准备时间里记下的笔记，进行半参考半自由的写作。

第五步，参照原文，进行自我修改或外力批改。并对写作中出现的错误和没有表达到位的词句进行二次学习。

这就很像口语复述练习结束后的那几分钟整理学习时间。口语复述结束了，你需要回听自己的录音，回想刚才在复述时想说却不知道怎么说的表达，查阅和完善这些没能表达好的点。

复写也是一样。复写结束后，你可以思考一下：刚才想表达的某个内容，原文是怎么表达的？对照原文的表达，检验自己的表达。这样可以加快写作能力和积累，乃至整个英语硬实力的提高。

6.4.4　自主学习：模仿练习后如何快速获得纠错？

本书一直强调，自主积累是学英语最高效的方式。写作的自主积累也并不例外。原版材料中无数精彩的句子就可以是你的老师。哪怕仅仅是做好模仿造句和句子扩充练习，你都能大受裨益，大幅提高写作能力。

但有件事可能会困扰很多人："在没有老师的情况下，要怎么知道我写出来的句子有没有错呢？"

还记得讲口语那一章，我建议大家可以善用录音设备，给自己的口语练习录音，并利用现代黑科技转成文字，再用批改 APP 进行迅速而全面的纠错吗？

写作纠错当然也可以如法炮制，还省去了口语中将语音转文字的这一步。很多黑科技可以直接扫描识别手写文字，还有很多 APP、学习机都带有语法解析功能，能把你犯错的地方高亮出来的同时给予正确的语法讲解。

我不担心 APP、AI 技术、学习机的纠错功能是否强大，我担心的反而是学习者在过于强大的纠错功能中被带偏方向。我担心的是学习者不把重点放在模仿和练习的过程中，反而把重点又放在了看大段的语法详解、单词的其他词性和其他释义的详解。我在前文讲过，这些都会拉低学习效率，并不是重点所在。

所以我不得不提醒你注意：不要过度纠结批改后 AI 给出的大段语法解析，你只需要知道自己错在哪里，而正确的应该是什么就可以了。也不要因为拼写错了一个单词，就大费周章地一头扎入 AI 的单词讲解中去，沉迷于单词的其他词性讲解和其他释义。你只需要知道你写的单词是否用对地方、是否拼写正确、时态变形是否写对，这样也就基本达到了我们模仿写作和扩写练习的目的。

当然，写作练习过程中产生的句子、段落和文章也可以直接给老师看，请老师批改。有老师能随时批改纠错固然很好，但很多时候老师很忙，要照顾的学生众多，或者老师也会有批改疏漏。这种情况下，一定记住善用现代黑科技来提高学习效率。

6.5 / 写出艳惊四座的作文

6.5.1 背课文到底有用吗？

有人说，搞定英语写作，直接背课文就行了。

那么背课文到底有没有用？

当然有一定的作用。

但是，通过背课文实现对英语能力明显提高的前提，是大量背诵。

你想想，要是就背那么一两篇课文，对英语各方面能力也不会有什么实质改善，对不对？

其实，"背课文有用"的根本原理，还是：靠大量输入来实现输出的提高。

单纯背课文来提高写作，在我看来：太低效，太枯燥！

如果再辅以大量有效听读下的自然刺激，就能获取更好的学习效果，为什么非要单纯地去背下来呢？

而且听读的自然输入，还可以让学习者更灵活地选择对他们更有趣、更容易完成的材料。还记得吗？"兴趣 + 成就感"才是可持续发展的学习之道。

曾经有一位家长带着孩子来找我咨询学英语。一上来就跟我说，孩子已经背完了新概念 1～3 的全部文章，可以随意考。但令家长百思不得其解的是，为什么孩子把新概念背得这么熟了，英语水平还是上不去？于是我随手找了一篇新概念 2 的文章，孩子果然飞快地就背完了。且不说没有断句节奏，我简直觉得他连口气都没有换就背完了。家长脸上流露出一丝满意。但我却突然重复了这篇文章中的某一句话，然后问孩子是什么意思。孩子一下子愣了，想了半天却说了那句话前面一句话的意思。我就把书合上推回给家长，说："这就是水平提高不了的原因。"

我讲这个例子是为了说，很多人——特别是孩子，背课文是不求甚解，甚至是敷衍了事的。

因为，背课文是极其枯燥和机械的学习方式。

也正是因为如此，背课文还有另外一种潜在的风险——让学习者丧失对语言学习的兴趣。

而一旦失去学习兴趣，那就是最得不偿失的事情。

只有兼顾了兴趣的学习方式，才是可持续的。

所以，对于通过大量背课文来提升写作，甚至提升英语整体能力，我是持保留意见的——虽然有些非常经典而优美的范文也确实值得一背。但如果你有背课文的时间和工夫，不如把目标范文听熟读熟，也能达到类似背诵的效果。

如果你一定要背一些范文来提高对某些经典表达的记忆和理解的话，那么也应该选择那些能打动你，让你产生背诵欲望的内容。

还记得我上大学的时候，因为专业课的考试要求背过不少散文。但这些"被迫"的背诵全都被我忘得一干二净，也并没有内化成我写作能力的一部分，或者说内化得很少。但我还记得自己主动背过的那篇散文，《未与你共度的一切》(*All This I Did Without You*)，是英国作家、物种拯救家杰拉尔德·达雷尔（Gerald Durrell）写给夫人的情书。也就是后来抖森（Tom Hiddleston，英国演员）在《见字如晤》中朗读的那首情诗（读者要是有兴趣，可以上网搜索一下抖森的朗诵视频，体验一下这封情书的真挚和美好）。

倒是这封主动背诵的情书中的许多表达，让我在后来的写作中会经常模仿和使用。这就是兴趣的力量。

6.5.2 用词太低级？用句不地道？怎么破？

如果你认为背课文能够被动习得一些地道的句子和高级词汇的用法，那其实也不必非要通过背课文来实现。

用句不地道、不会使用复杂句、用词翻来覆去总是那几个"低级"的、不会使用高级词汇等，几乎是每个英语学习者在学习过程中都会遇到的阶段性的问题。

针对这些问题的解决之道很简单，就是在自然积累的过程中加上两个字：**用心**。即用心积累。

本书前面几乎所有的篇幅都在讲如何"自然积累"，那么"用心积累"是什么意思呢？

如果用行动来诠释的话就是**常记录**。

接下来我要介绍的也许都不能称作方法，但可以称之为一个好习惯。

这个方法也好、习惯也好，几乎是所有英语"学霸"都会用的。无论他们是有意为之，还是无意为之。

那就是准备一个专用本，记录你在学习过程中遇到的那些经典表达、地道用法或者高级词汇。无论是因为它们让你眼前一亮，还是让你曾感到费解，还是让你觉得幽默而会心一笑，都可以记录下来。

这些在平时学习的自然积累过程中被单独拎出来的短语、单词、句子和表达都是你的宝藏。因为它们恰好是能打动你，或者是你英语学习中薄弱欠缺的地方。这样的本子可以长期拥有并使用，记录满了一本可以再来一本。

关键是一定要复习自己的"宝藏本"，不然很多精彩的东西就止步于记录这个动作了。

下面画重点：

复习笔记本非常重要，但复习方法可以很简单——直接看一遍当时的记录即可。而复习的节奏则可以按照艾宾浩斯遗忘曲线来安排。

如果严格按照艾宾浩斯遗忘曲线的话，会比较复杂，应该在学习后的 5 分钟、30 分钟、12 小时、第 2 天、第 4 天、第 7 天、第 15 天复习。但是我们可以用改良版来进行一个有节奏的复习。

例如：

（1）当天的记录内容可以在晚上睡前快速看一遍。因为睡着以后就没有后摄记忆的影响了，睡前复习当天的笔记会记忆深刻。

（2）在一周结束的时候，将本周所有积累起来的内容快速再看一遍。

（3）有时间就翻看，比如坐车、等人都可以翻看。

（4）一个月来一次大复习，把一个月积累的笔记再通看一遍。

再烂的笔头也强过超好的记性。常复习笔记可以为平时的自然积累锦上添花，强化你对经典表达的内化和记忆。

但贪多嚼不烂，这句话再怎么重复也不为过。切忌一次记录太多内容。每天记录下来的"宝藏"不需多，哪怕一天 1 个，甚至一周 3 个，长期下来也是惊人的积累。而这样**少量的积累会让你的记忆没有负担，更容易复习并记住**。只要内化了就是好样的，比你密密麻麻记一堆却没记住几个要高效很多。

注意，"笔记本法"更适合高阶学习者使用，也就是有不错的听的基础，也有一定的阅读能力和自学能力的学习者使用。如果学习者处于筑基阶段，就好好完成听的积累和打通耳口通路，不必着急使用这个方法，因为耳词是不需要小本记录的。

6.5.3　小学低年级的作文之道

在筑基阶段，我是不建议太快上手写作的。因为按"听说读写顺序法"学习，写作是最后一项。当前面的积累都做好，写作可谓是水到渠成的事情。

但有很多读者的情况是：读到本书的时候，孩子已经上小学了，错过了学龄前就开始的听说积累，虽然也打算按照本书的建议开始在家积累听说，但学校已经开始要求写作了。

那么问题来了：在听说读的基础都还很弱的时候，要如何满足学校的写作要求，跟上写作进度呢？

首先，我的建议是：既然学校有要求，那么学校应该就有教学。跟好学校的教学，听课即可。课后还是什么水平阶段做什么阶段的事。把握好自己的节奏，不必在筑基阶段该大量听的时候去"补"写作。

所谓"补"，应该是有基础有漏洞才叫"补"。 如果孩子根本就没有基础，又哪里谈得上"补"呢？ 要"补"也是"补"基础，而英语的基础又怎么会是写作呢？

其次，我的建议是：趁低年级，抓好真基础。也就是积累，特别是听说积累。如果硬要抓写，也应该先抓好拼写。在拼写过关的情况下，可以循序渐进地按照我们前面提出的写作刻意练习进行练习，从仿写开始进行写作的学习。

其实，**低年级的写作其实算不上真正意义上的写作，而更像是造句×N（多个句子的组合）**。那么，如果硬要在这个阶段抓"写"的话，重点抓好拼写和造句，就能满足低年级甚至一些中高年级的写作需求了。

6.5.4 究竟何时开始写作练习？

依照我的建议，在筑基阶段都是不应过早着急写作的。那么究竟什么时候开始写作练习比较好？

我的建议是在会拼读之后，开始慢慢走上自主阅读之路的时候，就可以开始拼写过关的练习了。随着阅读的深入和阅读能力的提高，再开始写作的刻意练习。

总结一句话就是：**写作，要比阅读慢着半拍，甚至大半拍。**

还记得前面介绍过的"影子跟读法"吗？当原声开始朗读，跟读者滞后几秒跟读。而写作练习的时机和阅读的关系，就有点儿像是"影子跟随"。阅读在前面走着，写作在后面跟着。阅读的进度要大于写作。至于这个间隔距离多长合适，就看你从拼读到自主阅读要花多少时间了。这个时间因人而异。

如果学习者是幼儿的话，可以在 4 岁之后开始一些控笔训练。但是不用着急，这些都不是重点，重点是按阶段的积累。积累做好了，一旦会拼读能拼写之后，写作能力就会直接爆发。

第7章
临时抱佛脚的正确姿势：论高效应试

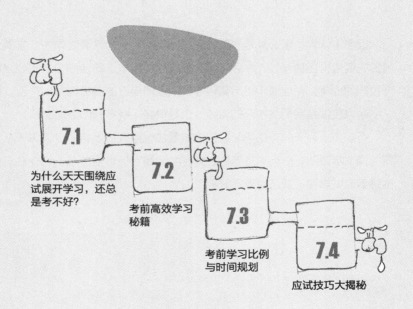

7.1
为什么天天围绕应试展开学习，还总是考不好？

7.2
考前高效学习秘籍

7.3
考前学习比例与时间规划

7.4
应试技巧大揭秘

很多人认为，考试才是学英语的"刚需"，认为只要是学生，学英语就首先要应付各种考试，然后才是实际应用的需求。即使学习者已经是离开校园的成年人，也通常想用某种考试来证明自己的英语能力。

所以应试是我们绕不开的话题，也是很多人绕不开的艰难课题。

有多少人每天的英语学习就是围绕着应试展开的？有多少人每天都会背单词、学语法、分析句子结构、做各种习题？但奇怪的是，为什么天天围绕着应试学习，却还是考不好呢？

7.1 为什么天天围绕应试展开学习，还总是考不好？

7.1.1 我们学英语就是为了应试啊！

其实原因就出在这个认知上——认为学英语就是为了考试才学的。

一旦这样认为，你的英语学习就走上了误区。因为考试要这样考语法，所以我要做这些语法题；因为考试听力分数占比少，所以我要把重点放在阅读上；因为考试时我阅读做不动，所以我要背单词、研究句子结构……最要命的是，因为考试要考英语，所以我才学英语。

而读到这里的你应该已经明白，这些认知所导致的学习思路和方法，会把学习者的英语学习带到多么低效、枯燥的路子上去。而低效和枯燥的学习直接导致学习者越来越厌恶英语，让英语学习难以为继的同时，即便非常努力也无法获得满意的成绩。

7.1.2 最高效的应试策略竟然是它

如果你日常的英语学习一直都是围绕应试展开的，那么你的听力积累大概率是不够充分的，因为应试学习中听的练习其实并不多，就算是有针对听力考试的训练，但与"大量听的积累"相比，也是杯水车薪。前面说过，大量的听，是整个英语学习的最大基础。而听的缺失或不足，就会导致英语学习每走一步，都相对坚难。

原因之前已经讲述了很多，那就是，没有足够的自然积累，没有在日常的学习中扩充英语语言的现象巨库，那么一旦考试难度升级，就要死记硬背单词和语法。但你也已经明白，死记硬背即便是 100% 吸收，有些技能也无法通过这种吸收来实现提高。比如阅读能力，即便是一个句子里的单词都懂，但串起来却还是不懂。

这也是很多孩子在小学中低年级的时候英语分数看上去挺不错，但一上难度，成绩就明显下滑的原因。

按照我的经验，孩子们在英语学习的过程中有几个明显的节点。一个是小学四年级，一个是初一，一个是高一。这三个主要节点就是英语课堂难度和考试难度突然加大的地方，也是孩子们的英语学习可能"明显下滑"的节点。

有些孩子年纪很小的时候，就表现出了明显的语言天赋。

模仿能力强，也喜欢英语，甚至单靠一本教材，每周一两次课就能输出得相当不错。

低年级的时候也能在学校获得高分。

但很多这样的孩子，后来高考英语也就 110 多分（满分 150）。在我的经验中，这类孩子占比非常大。

为什么呢？因为"单靠一本教材"的积累是不够的，也自然就无法厚积薄发。

如果是日常学习就注重积累，并且把听和阅读的课外基础做得很扎实的孩子，即便是"没有天赋"，也能持续发力。哪怕这个积累做得相对较晚（比如小学四年级才开始），小学阶段的成绩优势还不太明显，但只要肯扎实积累，做好有效的听和阅读，也终会超越自己，获得最终的高分。

围绕应试展开英语学习，其劣势不仅仅是没有按照英语学习的底层逻辑进行，不仅仅是效率低且效果不好，最要紧的，是这样学习可能会让英语了无乐趣。一件事一旦没有了乐趣就成了苦差事，任何一件苦差事，再怎么拼命努力，都不如一件乐事进行得顺畅给力。

明明可以靠改变方法变成甘之如饴的学习，为何一定要弄得苦不堪言呢？

谁说快乐学习就等于应试不力的呢？

要知道，最高效的应试学法就是提升硬实力。

7.1.3 80％的硬实力 +20％的应试能力 = 高分

我曾遇到一位前来咨询的家长，说孩子上小学四年级，之前英语还挺好，都是 98 分、99 分、100 分。但一上四年级就考不了 90 分了。也报了各种培训班，买了各种原版教材，投入到英语的时间越来越多，孩子越来越辛苦，分数竟然还在一点点往下滑。怎么办？

当我了解到孩子的所有英语学习都是围绕应试展开的，比如背单词、背课文、默写句子、做语法题、写句子分析、做阅读题、听精讲等，我就建议孩子在课后，花时间弥补听的基础和阅读——特别是听的基础积累。趁还在小学，时间还相对充裕，赶紧铺好基础，把英语真的学好学会学透。

结果家长一听就惊呼："我们不能不应试啊！"说得好像"抓硬实力"就会害孩子"应试不力"一样。

你和孩子的中文一定很好吧？如果把你们送去国外学中文的学校去，你们哪怕是不围绕着中文应试展开学习，中文考试应该也难不倒你们吧？

就算他们的中文考题再难，你们也比那些"只背中文词语，只学中文课文，只刷中文考题"的同学更有优势。

因为你们的中文能力，是着重听说读写实际运用的"硬实力"。

而只围绕应试展开学习的"应试力"，终究是敌不过实际应用的"硬实力"的。特别是当你们在有了"硬实力"之后，再花些时间去研究考题，也能比别人更快地获得同等程度的"应试力"。

对于应试来说，技巧和经验当然也是很重要的一部分，但无论它们怎么重要，其重要性都不应该也不会超过提升硬实力的重要性。

请记住下面的公式：

  80％的硬实力 +20％的应试能力 = 高分。

20％的应试能力，是指应试的答题技巧、答题策略和刷题经验。

硬实力足够好的时候，这 20％甚至还可以进一步缩减。而 20％的应试技巧和经验就算是做到最好，也只能到 20%。可是如果在考前完全不关注这 20%，要考顶尖高分也会有难度。其实当学习者已经拥有 80% 的硬实力，那么 20% 的应试能力很快就能获得。也就是花点儿时间刷刷题，总结一下掉坑经验，体会一下出题套路而已。如果你实力强劲，但完全不关注这 20% 的临门一脚，就还挺"不划算"的。

一个长期持续积累的学习者，裸考也能轻松达到 80% 的分数。

比如高考英语满分 150 分，这样的学习者裸考就能拿到 120 分以上的分数，甚至 130 分以上。但是要靠纯硬实力考 140 分还是有一些难度的。因为每一种不同的考试，都有其独特的规律和特点。我们在有实际运用一门语言的能力的同时，考前依然应该熟悉目标考试的规律和特点。

你可能会听周围的朋友亲戚说过，有些长期在英语国家学习的孩子，回来参加国内的中高考，依然会得不到满分，甚至考不过国内学霸。这种现象既常见又真实。因为国外回来的孩子，英语虽然有硬实力，但在对考试的套路完全不熟悉的情况下，得分率在 80%~90%，也就是 120~135 分，离顶尖学霸们的 140~149 分甚至满分，还是有差距的。

所以，平时长期的学习围绕硬实力展开，是明智且高效的。而最后的考前冲刺，即便是牛娃，我也建议刷刷历年各地真题，熟悉题型，做与目标考试相关且有针对性的学习和练习。

我强烈建议你：平时抓好硬实力，考前再抓针对性的应试能力。

这个建议，不仅对要面临中高考、各种等级考的孩子们有效，对任何一位要参加其他类型的英语考试的成年人也一样有效。

7.1.4　裸考得分率低于 70%，别搞应试，除非……

那么，硬实力提高到什么程度，可以开始抓应试呢？

我的建议是：看目标考试的裸考得分比例。

例如，一个孩子按"听说读写顺序法"学习，平时注重积累，学习效率很高，家长想让孩子参加某种标化考试，比如小托福或者 KET，来以考促学或者给孩子增强信心，或者为了增加择校竞争力。那么，此时是否应该抓抓"考前应试能力"呢？比如刷真题、做针对练习等。

我的建议是，可以在不准备任何应试内容的情况下，先做一份真题，模拟考试全过程。如果得分率在 70% 以上，那么可以报考，并花一定时间进行考前训练。

但如果考试不是为了真实用途（比如考私立校或国际学校），而仅仅是想看看孩子的水平，那么最好不要为考而考。因为应试是要额外花时间的，有这个时间不如多积累，把实际的硬实力功课做得更快一些。

即使你忍不住非要想孩子也考一个，让大家心里舒坦，我也建议等孩子裸考也有 80% 以上得分率的时候再去应试。

但如果裸考得分率不到 70%，这项考试又不是必须要面对的，那就暂时不要纠结考试，继续积累，持续平时的学习。

其实，模拟真题的考试已经能说明问题，如果你真的只是为了测评一下孩子阶段性的学习成果，大可以只看模拟考试的成绩。就像你在旅行途中看 GPS 定位一样，知道自己在哪里，大概什么水平就好。除非真的有升学需要，其实都没有太大必要报名考试。时间宝贵，有时候为了某种考试做的应试训练，对硬实力的提高帮助并不大。

只有在一种情况下，裸考得分率不到 70% 也可以"抓应试"：距离必需的考试时间不多，又来不及抓硬实力。

比如距离中高考只剩下半年一年的时间，这时候再从头抓基础、抓硬实力就来不及了。无论裸考得分多少，都只能抓应试了。

不过，即便是"临时抱佛脚"，也可以一边抱一边提升英语各方面的水平。运用考前冲刺学习技巧，来实现尽最大努力提升硬实力的同时，最大化应试能力。

这就是接下来我要交给你的，就是"抱佛脚"的秘籍——如何在考前进行高效学习。

这份秘籍虽然很有用，能挽救很多基础弱又急于提高分数的学习者。但我始终希望你能在距离考试还有好几年的时候就幡然醒悟，好好实践"听说读写顺序法"，早日逆风翻盘，把英语真的学好学会学透。

而不要等到考试临近，再用我的考前大法来"救命"。

7.2 考前高效学习秘籍

7.2.1 出题人的脑回路就是考前应试的底层逻辑

如果你面临一个非常重要的英语考试，而你又发现自己的硬实力完全不够用，要抓硬实力又完全来不及该怎么办？

这种情况下，你应该把你的所有英语学习资料全部换成真题。

如果说抓硬实力的底层逻辑是听说读写按顺序的话，那么**应试学习的底层逻辑，就是出题人的脑回路。你所有要背的单词、要记的短语、要做的阅读练习、写作练习、要听的材料都应该来自真题。**

请注意，是真题，不是教材，也不是模拟题，甚至都不是各种打着考试名号的词汇书。

因为这时候的备考逻辑就是出题人的逻辑。而出题人是依据各种大纲、考纲挖空心思安排各种难度、考点的题。其实研究真题，就是最高效的研究目标考纲、考点的路径。

不管老师说了什么考纲范围，也不管专家说了什么考点范畴，一切都应以真题为准。**考前的训练就是"依题不依人"。**

因为如果你花了大把的时间背考纲单词，听人讲解考点，最终你会在真题中发现，这不是考纲中的呀，或者，我怎么没有学过这个考点？

真正的考试才不会管你有没有学过某个考点，某个单词是不是你考纲中背过的。所以，真题才是真相。请在考前让所有的学习都围绕着真题展开。因为出题人的脑回路到底是什么样的，真题才是白纸黑字的真相。

7.2.2　刷题！刷题！刷题！重要的事情说三遍！

要熟悉真题，搞懂出题人的脑回路，最直截了当的方法就是：刷题。

刷历年各地真题。做到见多识广，你才能汇聚各种"天坑"，收集到考点下的各种考法。要知道，出题人每年都要绞尽脑汁安排一些"拉分题"时，也会翻看历年各地的真题，看看其他地区的出题人的思路，互相借鉴，互相学习。

　　　　所以，刷题是考前最重要的学习内容，没有"之一"。

并且刷题尽量要多，尽量提前开刷。比如备考中考，可以提前半年到一年刷题。备考高考至少提前一年刷题。学校老师的教学进度"还没结束"也没关系，这并不影响你直接从考试倒推出还没有学习的内容，直接解决自己不懂的知识点。

以上建议其实都不难理解，也不难操作。关键是，有很多硬实力实在欠缺的学习者，因为基础太弱，根本刷不动真题。有的甚至连题都读不懂，这种"水平距离目标考试相差太远"的情况又该怎么办？还有救吗？这种类型的"佛脚"又该怎么抱？

答案是：既然如此，那么对真题的学习也要"听说读写"按顺序来。

首先从听力材料作为切入点。因为听力材料的文本，是整个考试中最简单的。下面我将为你详细介绍。

7.2.3　如何刷听力题？

俗话说，半夜吃桃子，专挑软的捏。

那么听力，就是大多数考试中最"软"的部分。基础较弱的应试者，就要从听力下手切入。

你可能会感到很奇怪，因为我在前文中说过，听力的硬实力是最不容易在短期内提高的一项能力。它现在怎么又成了考试中最"软"的部分了？

没错，听力确实很难短时间内大幅提高，但这并不意味着我们对于考试的听力完全没有办法。而我说它是考试中最"软"的部分，说的是它的文本。**听力文本相对阅读文本来说，确实会简单得多**。那么利用听力的文本再结合听力的训练，就可以走上一条应试急抓的捷径。

如果备考时间不是特别紧张，我们依然可以靠学习方法的技巧，在短时间内大幅提高听力能力。并且在听力的短期提升训练中，一边利用应试急抓，一边也提升一些硬实力。应试阶段的硬实力是提升多少算多少，**咱们要尽量在临门一脚的阶段，做一箭双雕甚至一箭三雕的事**。

这个技巧方法的步骤如下：

第一步，模拟听力考试，尽自己最大努力去听，并做题。

第二步，研究听力题的文本，将每句话、每个单词弄懂。

第三步，对照文本再听一遍考试音频，做到把耳朵听到的内容和已经理解的文字对应起来。

第四步，大量裸听。把听力考试音频当背景音乐听，如果听到还有不懂的，就再看看文本弄懂。弄懂之后再听，直到你可以在不太专注的情况下也能轻松听懂原声音频为止。

第五步，在已经熟悉文本的基础上，再把那些不熟悉的单词揪出来，进行"背单词"的工作。

为什么**要先背听力的单词**？不是应该背阅读中出现的单词吗？

因为听力考试大多数都是听对话或者听小型演讲，听的内容是口头语言。极少有考试会拿一本小说的有声书，甚至朗读科普学术文章的某部分来做听力考题的。所以听力题的音频涉及的基本都是口头语言，或者稍微严谨一些的口头语言，比如介绍某个建筑、某段历史。那么既然是口头语言，那么所涉及的句子就不会有太多长难句，**其用到的词汇也都是常见的、高频的、重要的基础词汇**。

所以，**考前抱佛脚，先搞定听力里的词汇，比直接背什么单词书都高效得多**。

并且，这些听力词汇是在你听熟悉之后背的（背单词是最后一步），是耳词转眼词，又是你熟悉其用法的词汇。这样背下来，不仅提高了听力的能力和水平，又增加了基础词汇，还能在写作和口语中直接用上。可以说绝不止一箭双雕，而是一箭四雕了。

但要注意的是，这样的练习最好是一组一组地进行。

比如 3 套真题听力合并，作为最近一段时间反复聆听和吸收的对象，吃透了再学习新的真题听力。而不是每一套听力都匆匆听一遍，但都没做到"不太专注也能听懂"就往下进行新的内容。这样做吸收率不会很高。

7.2.4　考前怎么急抓阅读？

在很多英语考试中，阅读都是分数占比很重的一项，也是考试时间最多的一项。所以在考前重视对阅读的备考训练，也是备考学习的重点。

那么如何在不长的备考时间里，快速提高阅读应试能力呢？

首先，要掌握一套属于你自己的阅读答题技巧。

先弄懂出题的模式和种类，再根据种类拟定一个答题策略。比如，针对所有的传统选择题，你可以先读题判断题型，再根据题型的特点挖掘关键词，并在原文中锚定关键词等。

关于这种技巧的学习，你可以去各大论坛收集"考霸"们的经验，**并对这些经验进行逐一实践，从中找出最适合自己的技巧。然后将答题策略定下来，以便在以后的答题的过程中直接使用**。

这是答题技巧问题。

另外，针对短期内的阅读能力提升，这里还有一个办法，能让一份功课实现一箭多雕。那就是将**阅读文章有声化**。

还记得之前我们在讲阅读能力如何提高的时候，讲到阅读能力很大程度上跟头脑中的"默读之声"的节奏和断句有关吗？所以，想短期提高阅读水平其实是很难的。

虽然急抓背单词会有一定的帮助（因为新背的单词还没来得及忘光，就直接拿上考场使用了），多阅读、多刷题也有一定帮助（毕竟这也是让应试者熟练阅读感和增加经验的办法），但很多无关单词和刷题的阅读硬实力——比如快速读懂长难句的能力——即使是强迫多读加刷题经验，也没有办法帮助其真正提高。

这时候，如果备考时间还相对充裕，你就可以做"阅读文章有声化"的工作。

第一步，想办法将阅读文章有声化。

这一步可以请求英语高手帮助朗读并录音，或者直接使用 AI 转化（虽然 AI 转化有时候发音比较机械，但是现在有的 AI 技术已经非常给力，能做到许多合理的断句和声调的把握。一些 APP 也有此功能）。

第二步，用"看听法"带动阅读，听着音频阅读一遍原文。

也就是听着音频看文本，用音频的节奏、速度和断句来带动阅读的速度和节奏。在这一遍中，顺便把不懂的生词、长难句勾画出来。

第三步，弄懂文本中每个句子、每个单词的意思。

如果你拼命理解也读不懂某些长难句，就直接参考译文。现在市面上出售的真题合集，大多都有详细的翻译和讲解，可以重复利用起来。或者将句子输入翻译 APP 获得大意。

第四步，用"看听法"再次阅读 3 遍以上。

这一步是为了把音频和文字对应起来，并且熟悉音频的节奏。每一遍"复习"都可以根据自己的吸收情况酌情加快音频的速度。比如第二遍用 1.25 倍速，第三遍用 1.5 倍速。以在倍速的带领下也能轻松"读"懂原文为佳。

第五步，将已经熟悉的"生词"摘抄下来（英文和中文意思分开写）。

注意这里**摘抄不要贪多**，摘抄关键词和高频重点词，每篇文章哪怕只摘抄10 个以内（备考时可以比平时积累时的每日记录量多一些。还记得吗？平时功课的每日单词记录量是不超过 5 个），积累一小段时间，数量也会非常可观。最后再对这些单词进行循环复习。复习方法也很简单，就是遮住单词的中文意思，回忆它在文章出现的位置就可以了。如果忘记了，就看一下中文意思进行自我提示即可。

如何你的基础特别弱，距离考试要求的能力还挺远，那么就先做听力的文本学习（见上一小节）。等听力文本的学习结束，积累了一些基础词汇后，再开始"阅读有声化"下的学习和训练。

7.2.5　写作备考这样做

前面说过，听力是最难短期提高的一项能力，因为它很难靠技巧来实现分数的提升。或者说，听力技巧对听力分效果不大。

所以，听力好不好，得分高不高，终究还是要拼硬实力的。

而写作的硬实力，也和听力一样，难以在短期内得到实质性的提高——因为它非常考验写作者听说读写的综合积累和综合实力。

但是，写作的技巧——特别是应试写作技巧，却是能在短期内实现大幅提高的。

也就是说，在考前，通过提高写作技巧来提高写作的得分，是非常值得尝试的事。

前文说过，写作技巧——特别是应试写作的技巧，几乎是和写作硬实力同等重要的。

那么你的首要任务就是弄清楚写作真题中都有些什么考法，涉及哪些话题和写作题型。

然后再在这个基础上，收集每种考法、题型和话题下的高分范文。市面上有很多与考前写作相关的书籍都替你做好了这件事，你只需要从中挑选合适自己的范文即可。

你也可以对写作范文进行"有声化"的学习。一切文字内容，一旦"有声化"，都会让你的学习实现"一箭多雕"：训练听力、积累节奏和语感、增加词汇量、充分利用二手时间等。

但是，不要因为将写作范文"有声化"了，就忽略了其书面上的结构。

许多英语写作考试的评分系统都对答题者的行文结构有着相当高的要求。特别是对 essay——议论文这种文体而言。

行文结构好，往往能帮助文章获得更加清晰的条理，是考官评分时比较看重的一项内容。关于文章结构的习得，可以参见前面讲写作刻意练习有关成篇写作的学习建议（第 6 章第 3、4、5 节）。

虽然我并不建议大家背写作模板和句型，但如果应试时间紧，自己水平又远不到能靠自己梳理好结构和书写出高质量句子的情况下，还是可以在考前熟悉一些经典结构和经典句型，方便考试的时候套用。

习得经典模板的最佳办法就是对范文的学习，而不是一开始就脱离范文，直接背那些中间被挖空的模板结构。

即便你的备考时间紧张到不行，没有时间做任何范文"有声化"的功课，只能直接背模板，那至少也要仔细阅读某些模板下的完整范文，再背模板。

其实，只要不是火烧眉毛的那种紧迫，你都可以做范文"有声化"的功课。你可以针对每种话题或每种模板相应的范文进行"有声化"功课。

比如，托福考试会涉及的几种议论文的考法。你可以在每一种考法下面都找到 1～3 篇你觉得结构分明、方便记忆也乐于向其学习的范文，再将这些范文"有声化"。

具体操作步骤如下：

第一步，想办法将写作范文有声化。你可以请求英语高手帮助朗读并录音，或者用 AI 转化。

第二步，用看听法＋查词典的方法，吃透文本。也就是完全弄懂全文，并高亮转折部分的关键词和结构性的词或者短语，高亮经典长难句（参考第 6 章第 4 节，有关写作刻意训练之作文成篇的方法）。

第三步，对高亮出来的经典长难句，做关键词替换仿写练习（参考第六章第 3 节，有关写作刻意训练之仿写练习的方法）；

第四步，用"看听法"反复看听经典范文，并在看听的过程中着重注意其中的框架。就好像练就一双 X 光眼，能轻松透过血肉看见骨头一样。

第五步，仿写整篇文章（如果考试时间特别紧迫，这步可以有选择性地做）。

以上的操作步骤，同时达到了以下 5 种效果：

（1）记住经典写作模板框架。

（2）记住经典长难句模板并练习填充写作练习（仿写练习和关键词替换仿写都是这个目的）。

（3）靠看听法，相对轻松地直接记住写作常用的高级词汇。

就是那些刚开始你不认识的生词。如果还是记不住（反复看听后这种情况少有出现），你也可以将这些词摘抄到本子上，并进行复习。并且这些词不仅要看见能认识，还要在听力中出现时也能认识（因为你用了看听法）。

（4）顺便训练了听力和阅读能力，积累了节奏感和语感。

（5）进行了完整的写作模拟和成篇练习。

越是临近考试，越要让一份功课包含多种训练，才能实现效率的最大化。而不是说：哎呀，要考试了，我先花几个月背单词吧。等你背完后面的，前面的都忘光了。即使还记得十之八九，那也才只解决了部分词汇的问题，还有听说读写的其他方面等着你准备。所以这样做的效率实在是低。

那么接下来我再详细介绍如何快速增加应试冲刺的词汇量？

7.2.6 放大招：短时提高词汇量的秘密方法

很多人一说起考试的第一反应是："我的词汇量不够，我得背单词！"诚然，当你连有些题都读不懂，阅读也是满眼障碍的时候，你确实会不假思索地觉得当务之急是要背单词。但是背单词这件事，在前面的章节中（第 2 章第 1 节）就已经讲过，如果脱离场景、脱离文本单独背，即使你记忆再好，也是非常低效的。

还记得英语单词有四大属性吗？听的耳词：听到要能听懂；说的口词：自己要能在口头自由运用；读的眼词：阅读的时候能认出，不假思索就知道意思；

写的笔词：自己也能运用到笔头上，知道用法，能精准使用。

如此这样，一个单词四大属性都搞定了才算真正获得一个单词。

但很多人背的备考单词，都只是记了眼词和意思。有时候背过的单词在文章中出现，还是半天想不起来，或者把意思记错了；又或者即使想起来，也只能作为眼词认识，听到的时候还是一脸懵，更不会自然地用在口语和写作中。口语和写作也还是翻来覆去地使用那些简单词汇。这就说明，这些只是眼词的词还没有完全进入到脑回路中。

依照这个逻辑，如果能在备考的过程中同时积累词汇的四大属性，就是最高效的词汇积累法。因此：

第一，你并不必背专门针对考试的单词书。因为单词书多是离开文本的。也许你会说，每个单词好几个例句，那不就是文本吗？那你为什么不在真题的文本中直接遭遇你要"背"的单词呢？直接遭遇的单词，不仅有上下文、有场景、有文本，你还同时在刷题、做阅读呢？是不是比单独背单词书的单词更高效呢？

第二，如果能将单词有声化，那就同时增加了单词的耳词属性。

第三，如果有声化的单词是出现在口头语言中的，那么这个单词在口语中的用法也被顺便习得了。

读到这里，你能总结出考前习得单词的最高效路径了吗？

对！就是在将文本尽量有声化的前提下，优先研究听力文本；其次研究写作范文文本，最后才是阅读本身的文字文本。

前文讲过，听力的音频内容一般都是对话或演讲，都是口头表达的内容。那么听力中出现的单词一定是最基础的。优先积累的这部分词汇还能直接变成你自己的口语用词（如果考试有口语部分的话）。

第二步再积累写作范文中的词汇。因为哪怕是得分很高的写作范文，其用词用句也大概率是低于阅读文本的难度的。其用到的词和句子也是别人通过长期学习内化之后，再输出的经典句、经典词和经典表达。直接积累范文中的词句和用法，又会帮助你快速增加更多的基础词汇，并对写作大有裨益。如果你还将范文"有声化"，那么这些词句还会为你的听力和口语增添助力，让你一次积累听说读写四大方面的能力。

最后才是对阅读文本中生词的学习和吸收。而做到优先记忆关键词、高频词，并且"有声化"这些关键词高频词，也会大大提高记忆单词的效率。

这样是不是一件事包含多项功能，做起来"很划算"呢？

7.2.7　考前怎么急抓口语？

口语的考前急抓，之所以放在听读写之后来讲，一是因为有些考试根本就没有口语；二则是因为口语的急抓要依靠其他几项的考前急抓来辅助实现。

你的口语所能自由支配使用的词汇，可不会像阅读词汇来得那么轻松——抱着单词书啃一啃，多少也能记住几个。即使你背了所谓的口语单词，但在真正考试的时候，也极可能会忘记使用，或者因为使用不熟练而导致紧张和表达效果不好。

> 口语词汇最好的来源，是从听中来的。

听到、听熟、听会，再尝试着自己说几次，哪怕一两次，这些词也就基本内化了，成为你能支配的口语词汇。

所以，前面的听、读、写的备考，如果你都能实现"有声化"，那么很大一部分口语词汇就能自动积累，不用再刻意背口语词汇。

口语备考的第一个任务，应该是把那些听过的、熟悉的词汇在口语中主动运用起来，实现耳词到口头词汇的落地转化。

而第二个任务则和写作类似：弄懂并厘清出题的题型、话题范畴和答题策略。

你也可以和备考写作一样，就每种话题和题型找到几个经典范例来进行深入模仿和学习。市面上也有很多这类书籍，已经直接将话题和题型整理好了，你可以直接利用。

如果听读和写都可以有声化，那么作为和发声直接相关的口语备考过程，更是必须有声化。

其具体操作步骤如下：

第一步，整理好各个话题下的优秀答题范例，将音频转成文字（很多 APP、AI 都可以轻松实现）。

第二步，研究文本，把不懂的弄懂，圈出经典表达和生词、高亮转折的结构性关键词和短语（很多高分回答都有结构性或者引领段落大意的副词，比如 therefore，as long as I am concerned 等）。

第三步，听熟范例音频。听的时候注意关于结构性的表达和经典句的表达。这一步可以不看文本听，直接裸听。

第四步，将范例朗读至熟练。

第五步，按照范例的结构，模仿回答并录音（模仿回答的时候尽量用上在其他项目比如听读和写中积累的耳词，也尽量用上范例中的经典表达和高级词汇）。

第六步，回听并获得纠正反馈（这里的纠正反馈可以是请老师或者英语好的朋友反馈，也可以语音转文字，让 AI 进行纠错反馈）。

如果你的备考时间实在很紧张，并且在其他的备考项目上进行了"有声化"功课，那么可以酌情省略第三步和第六步。

7.3 考前学习比例与时间规划

考前的时间越是紧张，就越要合理规划，让每一个小时的备考都发挥最大效果。那么学习比例和时间的规划就显得尤为重要了。

但请务必了解：即便是考前规划再给力再合理，也不过只是临时抱佛脚的权宜之计。

7.3.1　不到万不得已，请不要临时抱佛脚

若想要轻松应对英语考试并得高分，还是要在平时下功夫。把学习变成长期自然的积累才是王道。

最好的应试学习路径是：平时注重积累，在重要的考试开始之前，根据自身水平提前半年到一年开始备考相关应试内容即可。

比如中高考、托福、雅思，在自身水平不错，能裸考得分率在 70% 以上的情况下，提前八个月到一年准备应试内容。如果裸考得分率在 80% 以上，可以缩短应试准备时间，提前四五个月到半年即可。刷刷题，熟悉一下历年各地的"挖坑"情况；熟悉题型，确定一下答题策略；再模拟几次完整考试流程。在优秀的硬实力加持下，这些都能很快搞定并表现良好。

但如果平时不重积累，不按科学的方法学习，并且临考前一年，裸考得分率依然在 70% 以下，那么备考的这一年就会非常辛苦——连刷题也会感到吃力。屡屡犯错加上考试时间步步逼近，会让学习者感到压力特别大。

这种距离重要考试只剩下一年或者不到一年但硬实力还不足以应对的时候，就是我所定义的"临时抱佛脚"了。

不到万不得已，千万不要"临时抱佛脚"。因为：

第一，如果你学英语是为了考试而考试，那么即便考试结束，你也无法真正利用英语、使用英语。这在很多出国留学考试的学习者身上非常常见：为了获得一个国外学校要求的分数，临时抱佛脚，拿一整年的时间全部围绕刷题展开，最终勉强通过学校要求的最低分数线。但出国以后还是听不懂上课内容，更无法无障碍沟通或自由表达，对学业造成非常大的影响。

第二，若非你有一定的硬实力做支撑，临时抱的佛脚大概率无法让你得到满意的分数。很多学习者临时抱了佛脚，但考试没有达到理想分数，于是再来第二次、第三次、第四次考试。而每一次考试都距离考试"没多少时间"，每次备考都处于"临时抱佛教"的状态，永远没有时间抓基础、抓真实力。于是每次考试都得不到理想的分数。很多考大学英语四六级的考生就长期过着这样的

备考生活：几乎整个大学期间，都生活在"备考—没过—再备考—还没过"的恶性循环里，苦不堪言。

读到这里，如果离你的目标考试还有好几年的时间，那你一定要谨记这些教训。尽量早一点儿开始抓真正的基础和硬实力。听说读写按顺序进行，前面缺失的基础想办法补上。

7.3.2 考前一年这样做

如果距离重要考试只剩下一年的时间，请参考以下规划和安排（模考、裸考得分率在80%以上的直接参考"考前半年这样做"）。

准备工作：将所有的学习材料换成真题，购买或收集历年（各地）真题，准备专用笔记本。

第一步（耗时 2~3 个月），把历年听力吃透（方法见前面 7.2.3）。

第二步（耗时 2 个月左右），把写作经典范文吃透（方法见前面 7.2.5）。

第三步（耗时 3~4 个月），把历年阅读题（各种题型下的阅读题）吃透（方法见前面 7.2.4）。

第四步（耗时 1~2 个月），把历年口语范例吃透（各种题型下的口语，方法见前面 7.2.7）。

第五步（耗时 1~2 个月），模拟考试全过程，进行多次完整的模考。

那么在这些时间里，每个项目具体要刷多少套真题才能进行下一个项目的学习呢？

总的来说，我并不建议你按真题的数量，而是建议你按时间进度来决定什么时候进行下一个项目。如果按每天投入 1 小时左右的话，那么建议听力不要超过 3 个月，写作不要超过 2 个月等。具体时间可参考上面步骤中的耗时建议。

当然，如果你每日能投入的时间比较充裕，能达到 2 小时学习时间或以上，那么可以安排交叉项目。例如：

听力进行了一个半月左右，因为时间充裕，所以同时开始加入写作学习，这样听力和写作并进一段时间。当听力基本结束之后，又同时加入阅读，让写作和阅读并进一段时间。如此这样交叉并进也是可以的。

另外，要记得针对笔记本上的单词、短语、经典句、经典表达等笔记进行复习。

复习可以按照艾宾浩斯遗忘曲线或者改良后的艾宾浩斯遗忘曲线进行。如果严格按照艾宾浩斯遗忘曲线的话，就需要在第 1 天结束时、第 2 天、第 4 天、第 7 天、第 15 天、第 30 天进行复习。

但这样过于严格的安排会陡增学习的复杂性，很多人光是研究这个复习安排都要花掉很多时间。所以，"改良"遗忘曲线也是很好的选择。你大可以简化复习节奏。因为学习是持续的，在同一种考试中，高频词和重点词是会重复出现的，往下继续学习本身就自带一种复习属性。见过的词还会再出现，而再次出现就是最好的复习。

针对笔记，你可以这样安排复习：

（1）每天晚上睡前，复习一下当天和昨天的笔记（实现"在第 1 天结束、第 2 天结束时复习"）。

（2）一周结束时，复习一下本周所产生的全部笔记（实现"在第 7 天复习"）。

（3）一个月结束的时候，总复习一下本月所有笔记（实现"在第 30 天复习"）。

（4）笔记本随身带着，充分利用坐车、等人等碎片时间随时翻看（以此弥补艾宾浩斯遗忘曲线中略过的"第 4 天和第 15 天"的那两次复习）。

根据这样的复习频次和要求倒推，你也不难发现复习的 3 个注意事项。

（1）在记笔记的时候，要记录日期。最好是能一天一页，方便复习的时候按日期复习。

（2）在记笔记的时候，单词的中英文记录要分开记。复习的时候遮住中文回忆英文，想不起再打开中文进行提示。

（3）每天的笔记不要贪多。不然复习起来就是巨大工程，并且量多嚼不烂，无法消化。所以在记笔记的时候，一定要进行挑选工作，筛选关键词和高频词。

每天记录的生词和短语尽量不要超过 10 个，经典句子不要超过 3 个。不用担心这样词汇量上不去。如果一年 365 天中算 300 天有效时间，每天 10 个单词，一年也就是 3000 个单词了，经典句子也有 900 句了。对于这种考前的应试学习而言，已经是十分可观的积累了。

7.3.3　考前半年这样做

如果距离重要考试只剩下半年的时间，请参考以下规划和安排（模考裸考得分 90% 以上的学习者，请直接参考"考前三个月这样做"）。

准备工作：将所有的学习材料换成真题，购买或收集历年（各地）真题，准备专用笔记本。

第一步（耗时 1 ~ 1.5 个月），把历年听力吃透（方法见前面 7.2.3）。

第二步（耗时 1 个月左右），把写作经典范文吃透（方法见前面 7.2.5）。

第三步（耗时 1.5 ~ 2 个月），把历年阅读题（各种题型下的阅读题）吃透（方法见前面 7.2.4）。

第四步（耗时 0.5 ~ 1 个月），把历年口语范例吃透（各种题型下的口语，方法见前面 7.2.7）。

第五步（耗时 0.5 ~ 1 个月），模拟考试全过程，进行完整的模考。

另外，和考前还剩一年的学习者一样，只剩半年的学习者也依然要注意针对笔记本上的单词、短语、经典句、经典表达等笔记进行复习。

复习也依然可以按照艾宾浩斯遗忘曲线或者改良后的艾宾浩斯遗忘曲线进行。

（1）每天晚上睡前，复习一下当天和昨天的笔记（实现"在第 1 天结束、第 2 天结束时复习"）。

（2）一周复习一下本周所有的笔记（实现"在第 7 天复习"）。

（3）一个月结束的时候，总复习一下本月所有笔记（实现"在第 30 天复习"）。

（4）笔记本随身带着，利用坐车、等人等碎片时间随时翻看（以此弥补艾宾浩斯遗忘曲线中略过的"第 4 天和第 15 天"的那两次复习）。

同样地，也要关注记笔记时的 3 个注意事项。

（1）在记笔记的时候，要记录日期。最好是能一天一页，方便复习的时候按日期复习。

（2）在记笔记的时候，单词的中英文记录要分开记。复习的时候遮住中文回忆英文，想不起再打开中文进行提示。

（3）每天的笔记不要贪多。不然复习起来就是巨大工程，并且量多嚼不烂无法消化。所以在记笔记的时候，一定要进行挑选工作，筛选关键词和高频词。每天记录的生词和短语尽量不要超过 15 个，经典句子不要超过 3 个。不用担心这样词汇量上不去，如果半年中算 150 天的有效时间，每天 15 个单词，半年也就是 2250 个单词了，经典句子也有 450 句了，对于这种只有半年的考前应试学习而言，已经是十分可观的积累了。

7.3.4　考前三个月这样做

当距离重要考试只剩下三个月才开始针对应试准备的学习者只有两种人：

第一种是"学霸"。平时长期积累，硬实力很强，裸考也能得分 90% 左右。这样的学习者只用在剩下的三个月以内刷刷题，熟悉一下题型，避免一下出题人故意挖的坑，就能考出令人惊艳的高分来。

第二种是真的非常着急但又没足够实力的学习者。这种学习者，如果自己的实力水平和考试成绩目标真的距离很远的话，我的建议是，这一次考试就当熟悉题型和考试节奏了。如果可以，请再报名距离时间更远的下一次考试。尽量给自己一年以上的时间准备。但如果实在不能报下一次，面对的是仅此一次的重要考试，又只剩下三个月的话，请这样做：

准备工作：将所有的学习材料换成真题，购买或收集历年（各地）真题，准备专用笔记本。

第一步（耗时 0.5 个月），把历年听力吃透至少 3 ~ 5 套（方法见前面7.2.3）。

第二步（耗时 0.5 个月左右），把写作经典范文吃透，各话题下至少 1 份范文（方法见前面7.2.5）。

第三步（耗时1个月），把历年阅读题（各种题型下的阅读题至少各3～5套）吃透（方法见前面7.2.4）。

第四步（耗时0.5个月左右）：把历年口语范例吃透，各话题下至少1分范例（各种题型下的口语，方法见前面7.2.7）。

第五步（耗时0.5个月左右），模拟考试全过程，进行完整的模考。

另外，对笔记中的生词记录、短语记录和经典句的记录，也需要进行刻意的复习安排。

复习也依然可以按照艾宾浩斯遗忘曲线或者改良后的艾宾浩斯遗忘曲线进行。

（1）每天晚上睡前，复习一下当天和昨天的笔记（实现"在第1天结束、第2天结束时复习"）。

（2）一周复习一下本周所有的笔记（实现"在第7天复习"）。

（3）一个月结束的时候，总复习一下本月所有笔记（实现"在第30天复习"）。

（4）笔记本随身带着，利用坐车、等人等碎片时间随时翻看（以此弥补浩斯遗忘曲线中略过的"第4天和第15天"的那两次复习）。

同样地，也要关注记笔记时的3个注意事项。

（1）在记笔记的时候，要记录日期。最好是能一天一页，方便复习的时候按日期复习。

（2）在记笔记的时候，单词的中英文记录要分开记。复习的时候遮住中文回忆英文，想不起再打开中文进行提示。

（3）每天的笔记不要贪多，一定要进行挑选工作，筛选关键词和高频词。每天记录的生词和短语尽量不要超过15个，经典句子不要超过3个。只要能全部有效内化，也是极大程度地提高了备考效率。

7.3.5　什么？只有一个月了？好吧，请这样做……

真的有人会在只剩下一个月时才开始动手准备重要考试吗？

还真有。我做老师的这些年里经常遇到类似这种提问：老师，我一个月以后要考某某考试，很重要！只有一个月了，题我根本不会做，快救救我啊！

每次被问到这样的问题，我都哭笑不得。如果备考者只剩下一个月的备考时间却并没有相应的硬实力做支持，那么即便是神仙来了也救不了。

我能做的只是帮助备考者尽可能地多积累一点儿考试所需的词汇和技巧。

如果你平时没积累，临时要备考，却又只剩一个月时间的话，请这样做：

准备工作：将所有的学习材料换成真题，不用太多，5~10 套足矣。准备专用笔记本。

第一步（耗时一周左右），直接研究听力文本，通过上下文来"背听力出现的生词"。

第二步（耗时一周到一周半），吃透各话题下的写作和口语模板范文各 1 份。背其中出现的生词，然后背这个范文的结构性模板一份、经典表达句 1~2 句。

第三步（耗时一周左右），把历年阅读题（各种题型下的阅读题至少各 1 套）吃透。背其中的关键词和高频词，每天 10 个左右，并研究阅读题的答题技巧。

第四步（耗时半周到一周），模拟考试全过程，进行完整的模考。主要目的是熟悉题型，确定自己要应用哪种答题策略。

摘抄下来的重点词高频词的复习，也只用在每天结束的时候复习当天和昨天的，并在每周结束的时候复习本周的全部笔记即可。在临考前，可以再利用短时记忆，再快速过一遍本月的笔记。

听上去是不是真的非常匆忙？所以尽量不要落到只剩一个月的复习备考时间的境况中。

即使被迫如此，也要争取每日多投入一点儿时间。如果能脱产一个月应试，那么应试规划倒可以参考三个月备考时间的规划，并在此基础上做一些增减。

如果只剩下一个星期才动手备考，那么也就只能做做模拟题，尽量争取多熟悉一下题型，剩下的就是祈祷自己好运了。

7.4 应试技巧大揭秘

说完应试时间上的规划和安排，最后来说说应试技巧的一些事。

应试技巧包含答题技巧、答题策略和答题时间安排等细节。虽然对于硬实力来说，这些都是细枝末节的东西，但对于大多数基础并不扎实的考生来说，做好做对这些细节却能起到很大的帮助作用。帮助考生在考试中合理安排节奏和时间，靠有限的能力尽量争取更高的分数。

7.4.1 战略性放弃策略

那么这些技巧里，第一个就是"放弃策略"。

没错，有时候抓不住的东西就放手，反而是更节约时间的策略。

如果听说读写的基础都非常薄弱，备考时间又很紧张，并且通过技巧化的模拟答题之后发现依然搞不定某些项目——比如听和写，那么首先可以放弃的是：听力的复习。

你可能感到不解，前面不是说从听力切入才是最高效的备考方式吗？

没错，可以靠听力文本来切入备考，作为增加基础词汇的好材料。但听力本身是很难短期提升的项目。许多国内考生的听口能力缺口很大，大多都是阅读好过听说和写。如果你的备考时间只剩一个月，基础又弱，那么就直接放弃对听力的应试学习。但这并不意味着，不能从听力的文本中吸收最基础的生词。即使你用"放弃策略"放弃了对听力应试的学习，但依然可以先背听力生词（参见"只有一个月的备考方案"）。

而在正式的考试过程中，也有"放弃策略"。

听力是跟着音频的节奏走的，并且大多数考试不允许提前翻看后面的部分，所以听力考试尽力而为。接下来笔试部分一开始，有的考试就允许考生选择答题顺序了。

合理的答题顺序是：按分值最高的排序，并结合自己的长项，来决定先集中精力和时间做什么题。

比如，一个考生虽然听说读写都不太好，但阅读相对而言是强项。并且阅读题有 3 种考法，其中第一种是阅读文章并做选择题，这种阅读题刚好也是全卷子单项分值最高的题，那么他就可以先做这种阅读题。

再比如，一个雅思考生因为大量刷题库，在正式考试中发现其中有一篇阅读题是自己在刷题中做过的，那么他就可以先把这个阅读题搞定。把能够稳拿在手中的分数先拿到。从而节约了许多后面的答题时间，对考生的考试心态也有很好的帮助。

而某些题分值不高，又要花很多时间读很多段落，在时间紧迫的情况下，你就可以先"放弃"——不做这道题或者先随机选择，往下做把握分值更大的题。最后如果还有时间，再回头来搞定它，如果搞不定也就可以放弃了。

当然，这一切都是给平时不用正确的方法去好好积累的学习者而言的。

我希望我的读者都能早早地用对方法，走上英语学习的康庄大道。希望考试中的逃兵战略，咱们谁也用不上。

7.4.2　常见答题技巧

关于答题技巧，市面上已经有很多图书做了各种详细的讲解和教学，这里就不展开太多详细的叙述。只是简单列举一些常见的答题技巧。其实前面的各项备考指南里，也多少包含着一部分答题技巧的讲解。

本小节的主要目的是让你清楚地知道：答题确实是有技巧的，而**在考前的应试中研究技巧，并确定哪些技巧适合自己，比起盲目采用所有技巧要重要得多**。所有的技巧都因人而异，在实践中选准适合自己的技巧，才是技巧中的技巧。

常见的听力答题技巧：

（1）先扫读题目，根据题目关键词去听对话和独白。

（2）听语气和情绪，根据语气语调和情绪来判断对话人物对某事的态度。

（3）不恋战，没听懂的句子不要一直纠结，会影响你听接下来的内容。那些感觉很熟悉的单词一时想不起来就不要想了，直接放弃，及时专注后面的内容。

（4）写下数据。一旦有数据，不管后面会不会考到，都可以记录下来，比如时间信息、数量信息等。因为一旦错过就很难再回想起来。如果题目中直接或者间接考到，这些数据就能用上，并且还能增加逻辑推断的素材（见下条）。

（5）如果你完全错失某些题目的答案，你还可以根据题目之间的关系，以及听的过程中记下的关键词、数据词，用逻辑思维来推断答案。

……

常见的口语答题技巧：

（1）使用结构化回答，注重使用结构性关键词。

（2）使用策略性口语来延长思考时间。

（3）用更"高级"的短语和词汇代替你常用的"简单"的单词和短语，比如 I think、very 等。

（4）养成一套自然流露的犯错后的纠错表达。

……

常见的阅读答题技巧：

（1）先浏览题干，快速判断题型并抓出关键词，再到原文中锚定关键词。

（2）针对观点态度题，学会抓褒义词和贬义词。

（3）推理题千万不要按自己的逻辑推理，而是按原文逻辑。

（4）凡是举例的，都是为了说明观点，看不懂观点你可以看例子来推断观点。

（5）选项中太过简单的因果关系大概率是干扰项。

（6）独句段，在文尾一般都是总结性质，在文中一般都是承上启下。

……

常见的写作答题技巧：

（1）花时间审题、花时间思考全文结构和布局是非常必要的。

（2）擅长利用数据和例子来支撑你的论述。

（3）多用结构性的词和短语来为行文框架加固。

（4）一篇文章中至少用到 3 种以上的句式，比如被动、从句、排比。

（5）选择能引起共鸣的情感。

（6）多用短语，书写美观。

……

7.4.3　考前放松可以做这件事

真到临考前，一定要放松下来。这时候可以听听英语歌曲。因为英语歌曲的歌词押韵，韵律感非常强，对增强英语语感有一定的帮助。并且在旋律的帮助下，英语会变得亲切一些，你也更容易放松下来。

第8章
学霸之路从一张
规划表开始

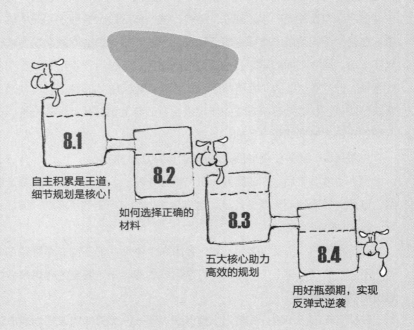

8.1 自主积累是王道，
细节规划是核心！

8.2 如何选择正确的
材料

8.3 五大核心助力
高效的规划

8.4 用好瓶颈期，实现
反弹式逆袭

讲了这么多逻辑、原理和方法，如果只是纸上谈兵不落地执行，那么再好的办法也都是空中楼阁。在理解并认同了本书的理论和方法之后，你还有非常重要的一步需要关注。那就是：将所有理论落实到一份切实可行、考虑周全的规划表中去。

本书的内容，相当于是一份地图 + 避坑指南 + 具体实践秘籍。

我在本书中告诉了你：山有多高，路有多远，捷径该走哪条路，哪些路是绕圈子，哪些山里有妖怪不要去，哪些路段可以用什么秘籍通关等。这些信息源自我的第一手"临床"经验：各个年龄段、各种水平段的学习者，在各个不同阶段的学习中曾遇到过怎样的问题，这些问题又是怎样得到了解决。虽然不同的学习者所遭遇的问题各式各样，卡点和瓶颈也都各式各样，但这些"花式"障碍背后，却隐藏着起因的共同性，以及共通的解决方法。虽然这些解决方法操作起来会有细节上和材料上的不一样，但底层逻辑和大方向却是一致的。

也就是说，通关秘籍地图是准确的，可以放心使用。

但有了地图之后，你还需要一份"行程攻略"。计划好接下来要走的路，甚至详细到每一天要做什么。这样就能做到：不走偏不抓瞎，按部就班，有序地推进学习。

"行程攻略"也就是学习规划，会因为个体情况的不同，而导致细节有所不同。所以在基于个人情况制订学习规划的时候，**周全的考虑**是做好这份规划的重点。

在接下来的章节里，我将为大家详细讲解一份优秀的功课规划表应该考虑哪些方面，具备哪些特质。

8.1 自主积累是王道，细节规划是核心！

读到这里的你一定已经了解：要想学好英语，自主积累是王道。

但是如何自主积累？每天做什么？听什么？怎么听？跟读还是朗读？读什么？怎么读？阅读什么时候开始？选什么样的材料？如何阅读？如何高效吸收生词？如何开启写作？什么时候开启写作？听写什么内容？选择怎样的音频？什么时候复习？如果不喜欢某个材料怎么办？如果语音不正怎么办？如果学习过程中不吸收单词怎么办？……这些林林总总的细节，都是规划所要考虑的核心内容。虽然本书都有讲解，但要综合起来落实到行动上不是一件易事。

8.1.1　了解自己的水平、缺口、喜好和个性

知己知彼，百战不殆。如果说阅读本书是深入了解英语，做到"知彼"的话，那么回头了解自己的水平、缺口、喜好和个性，就是"知己"。

这是重要且必要的。

但是一说起"了解自己的水平"，很多人会第一时间想到考试，尤其是词汇量测试。但读到这里你该知道，词汇量并不能完全说明英语水平。因为词汇量有耳词、眼词、口词和笔词四大属性的分别。

很多人对词汇量的测试结果也是一头雾水。当测试结果告诉你 AR 值是 3.8，你知道这究竟意味着什么吗？是不是还要查阅一下"相当于几年级的水平"？但是那"几年级"的水平具体又在听说读写中如何体现呢？我之所以这样说，是因为曾有过无数人拿着类似的测试结果来问我："请问这是什么水平？相当于几年级？"

前面我也已经说过，拿着测试结果去找同等难度的学习材料也经常出差错，并且只用阅读难度指数选择聆听、口语和写作的材料更是不妥的（参考第 3 章第 2 节）。

有些词汇测试的结果会直接告诉你现在"词汇量有 2800 个"。那么你看到中考要求的词汇量是 2000～3000 个，就能确定你已经有中考水平吗？是阅读有了中考水平吗？写作有没有呢？听力有没有呢？中考水平也分及格和优秀，究竟是及格还是优秀呢？

并不是说这些测试不够权威。不管它们测评词汇量是否精准，是否权威，但是在我看来，了解自己水平的最佳方法并不是单纯靠词汇量测试来衡量，而是要看听说读写综合能力。最直观的办法就是直接尝试听说读写。特别是听和阅读，对这两项输入的理解能力，是比较方便测评自己水平的项目。因为输入的水平直接决定了输出的水平。也就是说，如果听不懂，那么一定也说不出太多；如果阅读水平低，那么写作能力就更加薄弱了。

而对于我们这些把英语作为外国语学习的人来说，检测听的能力是较之检测阅读能力更好的自我水平了解的途径。一个人如果听力很不好，那么就算阅读好过听力，阅读也不会好到哪里去。

如果听不懂太难的材料，就往下调整难度，去听简单的材料，看能听懂多少。如果很简单的材料，比如某些分级读物的故事，连第 1 级都只能听懂个别单词，那么即使 AR 值偏高，或者词汇测评告诉你有 2000 个单词量，都基本不能说明问题，英语基础依然是薄弱的。

测完听的能力，接下来再尝试测试阅读水平。你可以直接阅读故事或者阅读文章，读不太懂就往下调整难度，直到找到能读懂 90% 以上的材料。此时，你就可以看看这个文章难度处于怎样的层级？这个层级基本就是你当下的阅读水平所在了。

关键是，这样做不仅只是自我水平测试，还是自我水平了解的过程。还顺便完成了"为学习寻找合适难度材料"的步骤。知道自己能听懂、读懂什么难度的材料，接下来在按照这个难度选择学习材料的时候，就只用关注对内容是否感兴趣即可。

这也是一种提高效率的方式。

8.1.2 分析过去：总结错误的学习方式

在了解自己当下水平之后，就要分析一下过去的学习方式。曾经是怎么学英语的？单纯靠上课、精读教材、老师喂知识点吗？靠死背单词、默写课文、分析语法逻辑吗？分析一下自己投入了多少时间，再对比一下自己的当下水平，看看这些付出获得了多少回报？回报成正比吗？之前的学习是否很艰难枯燥？是否因为过去的学习方式而没兴趣或者抵触？

总结自己低效的学习方式和错误的学习方式是有难度的。因为很多时候，人都是走在并不自知的误区里。

为了从看不见的误区里走出来，你可以反复阅读本书，并对照自己的实际情况，做到在认知方面清晰明朗，不再存疑。

8.1.3 为什么英语抵触娃更需要详细规划

如果过去的学习方式只是低效其实也还好。最坏的情况就是因为机械枯燥的学习，让学习者（特别是孩子）已经对英语学习产生了抵触情绪。

这时候再尝试任何新材料、新方法，孩子对英语的条件反射都是："我不要学！"或者"英语好难！"好像学英语就是痛苦的代名词。

对于这种情况，学习规划就更需要用心：选择合适的材料、难度、乐趣度，以及进度的把握、执行方法细节的正确落地，一个也不能少。还需要在执行规划时投入更多细节的考量。并且，切忌一开始就把规划定得太死板、量太大或者短期内期望过高。

如果你的孩子已经抵触英语学习，那么首先要调整的不是孩子，而是你的心态。

因为：抵触娃 + 焦虑爸妈 = 悲剧。

很多抵触娃正是因为焦虑的爸妈对其长期施压而养成的。特别是当焦虑的爸妈对英语学习认知还不足，只知道催促孩子背单词、啃教材、做习题的情况下。

8.1.4 已经厌恶英语了，怎么办？

如果孩子的抵触情绪已经非常强烈，对任何材料都是拒绝的情况下，就需要在开始执行正式的规划之前设置 1~3 个月的休整期。

这段时间内，可以用特殊的方法和材料对抵触情绪进行疗愈。期间不需要有任何实质进步的学习目标，所有目标都应该围绕"重拾兴趣"展开。

"疗愈月"的安排不仅可以缓解孩子的抵触情绪，还可以缓解家长的情绪。3 个月不以推进知识点的吸收为目标，才能从焦虑状态中摁下暂停键，从"鸡娃"的紧张中抽离出一段时间；也更能想明白学英语究竟是为了什么，究竟要如何做、用什么方法才能既轻松又有效地学好英语。

以下几种办法可以用在抵触情绪强烈的学习者身上。

1. 听歌学习法

找学习者喜欢的歌曲类型，先什么都不做，就是听。可以多选几首，比如 5~10 首，循环播放，听到对旋律耳熟能详，即便对其中的歌词不明白但也听着挺熟悉的程度。接着可以引导学习者研究歌词，学着唱。如果拒绝研究歌词，那么也可以直接告知歌词大意，或者直接逐句解释歌词大意，让学习者在理解之后再听，效果更好。

2. 英语游戏法

我曾有个高一学员，在跟我学习之前，对英语已经到了严重抵触的状态。不仅不肯学英语，还只想玩游戏。他和家长之间的硬仗可没少打。于是我建议他们相互"妥协"一下。游戏可以玩，但是把游戏界面全部换成英文界面，游戏语言全部设置成英语。学员一听有这种好事——可以正大光明玩游戏，就同意了。当时他选择的英语游戏是《魔兽争霸》，这个游戏不仅界面中有很多英语单词，还有故事情节，就像动画电影那样，在游戏的过程中会时不时地演上一段。在进行自由游戏的时候，每个人物都还有口头禅似的固定台词。于是没过多久，这个高一的孩子就认识了界面中出现的所有英语单词，能听懂还会模仿复述所有人物的固定台词。对动画电影中的情节也是"看听"了许多遍。因为他在游戏的过程中，不懂就查词典，很快就弄懂了所有故事情节，并在重复中做到了充分熟悉。再加上一边玩游戏一边不停重复那些标志性的有声台词，比如"我们的基地正被袭击""如你所愿""不要担心要开心"等，重复次数多且特征分明。他在无意识之中积累了许多耳词，甚至还自然而然地模仿出声。

孩子表示，用英语玩游戏甚至比以前用中文玩的游戏还要有趣得多。

这个孩子后来奇迹般地对英语的感觉起了变化：不仅不抵触了，甚至还有些喜欢。学校的成绩也有所提高。这时候，他才正式开始了我为他规划的英语学习内容。由于我为他做的规划合理、有趣、难度合适，他很快在学习中找到了乐趣和成就感，从而形成了正向循环。英语颓势终于得到了明显扭转，高一的时候还只能考 50 ~ 60 分的他（满分 150 分），高考的时候考到了 129 分，家长表示这个分数对他们而言已经是惊喜。

其实这个孩子的能力丝毫不差，甚至还有一些语言天赋。但由于过去错误、机械、枯燥的学习方法，导致学习效率很低，并且彻底打击了孩子的自信心，让孩子进入恶性循环，最终成为抵触娃。

一旦去除强烈的"学英语感"，建立"用英语找乐趣"或者"用英语探索世界"的实际应用感，很多看似无法改变、没有希望的现状，都能获得巨大改变。

英语是一门语言，而语言的本质功能就是工具。用工具来满足实际需求，比如看懂电影、看懂小说、听懂有声故事、听懂歌曲，甚至玩好游戏，不是再正常不过的吗？

不过玩游戏容易上瘾，若不是孩子抵触情绪特别强烈，又特别向往玩游戏的话，还是尽量避免选择游戏法哦。

3. 听中英故事法

这个方法是用于低龄抵触娃的。

没错，很多孩子才三四岁就已经是抵触娃了。

许多家长一开始就要求孩子用跟读代替学习，或者学拼读，甚至是记单词，做阅读。这些学法非常有悖孩子的天性，特别是幼儿。再加上在幼儿中普遍存在的"中文强势"，幼儿起步就抵触的概率是相当大的。

曾经有家长欲哭无泪地找到我说："不是都说 3 岁开始学英语是黄金时间吗？为什么我家刚 3 岁就不肯学英语了？一看是英语的绘本就连连摆手，一放英语音频就能跑多远跑多远？"

如果你也遇到了这种类似情况，就要参照本书前面说的内容，反省一下自己给孩子用的什么学习方法？什么学习材料？是不是都是"学英语感"十足的学习任务？比如自然拼读、跟读代替学习、精讲阅读、非理解性输入等。这样学习孩子不连连摆手才怪。再加上家长看到现在牛娃盛行，一焦虑一着急一强迫，好，小小抵触娃就这么产生了。

低龄抵触娃和中文强势娃的解决方案就是：利用中文做"拐杖"，听中英故事讲解。

一般来说孩子对听中文故事是不会抵触，大多还是喜欢的。那么听中英双语的故事讲解，就能在其听中文时，被动且自然地也听到对应的英文。如果故事有趣幽默，孩子就会对英语另眼相看："原来英语没那么讨人厌嘛。"

听中英双语故事的前提，是停下之前错误学习方式下的学习内容。

千万不要一边"疗愈"，一边继续"伤害"。否则孩子很可能会发现所谓"疗愈"是为了让他更多地受"伤害"（听中文故事是为了学更多英语）。孩子如果连中英故事都拒绝，那么学英语的大门就彻底关上了，要再打开就会十分艰难。

我曾为低龄抵触娃和中文强势娃（3~7 岁）录制过一套《小猪小象》的中英双语讲故事的音频，已经帮助很多抵触娃改变对英语的反感态度。

但是，有必要强调的一点是，中英故事毕竟只是"拐杖"，是帮助抵触娃和中文强势娃"疗愈"的工具。一旦扭转了抵触的情况，孩子开始对英语有兴趣，还是应该进行正常的系统英语学习，并按听说读写顺序进行。

只是这一次要更加小心，不要用错方法，不要让孩子再次抵触。就规划而言，需要更加用心。就执行而言，需要把握更多的细节。

这样不仅孩子不会抵触，还能真的满足焦虑父母的心愿：高效地学会、学好英语。

4. 视听法

也就是通过看动画片、电影、电视剧的方式来扭转对英语学习的抵触情绪。

这个方法无论是孩子还是成年人都可以使用，但是对于孩子要谨慎使用。

动画片虽好，但是如果不认真研究台词本并进行多次复习和裸听的话，就会导致吸收率很低。另外，大量的动画片不仅可能会对孩子的视力造成不好的影响，最关键的是，如果看动画片的方法不对，容易让孩子的快乐阈值提高。

什么是**快乐阈值**？就是孩子看动画片才开心，让他返回去看绘本就不愿意了。

回想我们小时候，没有太多电视节目看的时候，一本绘本就能让我们开心很久，这就是快乐阈值比较低的好处。快乐阈值低的学习者，更愿意对绘本进行反复学习。这样的学习不仅相对护眼，还会对以后的阅读有利。

但不可否认的是，动画片（孩子/成年人）和电影电视剧（成年人）在帮助缓解抵触情绪还是非常有用的。所以，如果不是出于高效进步的目的，而只是出于扭转抵触情绪，那么动画片也可以泛泛观看。只是，不要选太难的内容。并且可以利用我命名的"三明治观影"的方法进行观看。

三明治观影法：

第一遍，看英语版。

第二遍，看中文版。

第三遍及更多遍，看英语版。

第一遍不直接看中文版，就不至于看完看懂就不想再重复观看。而第二遍的夹心是甜的：轻松能懂的中文。看了中文版以后理解了大意，第三遍及更多遍再看英语版就能知道每个情节下的英语在讲什么内容。

较之正式学习时应该做到的"理解性输入"，这样做虽然不是高效精准，但依然会有一点儿效果。更多的是能降低学习者的"英语学习感"，在相对放松中接受英语，扭转抵触情绪。

以上 4 种办法分别适合不同年龄段的学习者的不同抵触情况。请具体问题具体分析，选择最适合自己的方式进行抵触"疗愈"。

只是要记得，一旦"疗愈"见效，就不能再靠这些方法学习。还是要做好正式的周密的规划，尽早开始正式的系统学习，并按听说读写的顺序进行。

8.1.5　展望未来：从底层逻辑出发做规划

回顾过去之后，再来展望未来。

我习惯把英语学习分为以下三大阶段：

第一阶段：0～1 阶段，也就是从零基础到扎实的中考水平。这是英语的基础部分，也可以称为**筑基阶段**。

第二阶段：1～2 阶段，也就是从扎实的中考优秀的基础出发，到相当于大学英语六级合格、雅思 6 分左右的水平。也可以称为**进阶阶段**。

第三阶段：2～3 阶段，也就是从大学英语六级合格、雅思 6 分左右水平出发，到专业英语八级、雅思 8 分左右水平。也可以称为**熟练阶段**。

第四阶段：3～∞ 阶段，也就是从专业英语八级、雅思 8 分左右水平出发，到无限接近高水准母语使用者相应水平的阶段。这是不停地探索和深入学习英语的阶段，也可以称为**精通阶段**。

如果规划足够给力，以我为学员做规划并带学员完成全程学习的经验来看，成年人达到从 0 到 1 的基础水平——也就是相当于中考的水平，在非脱产的情况下，最快可以一年达到。而孩子（大童）在非脱产的情况下最快两年可以达到。

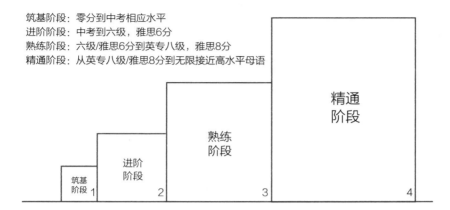

筑基阶段：零分到中考相应水平
进阶阶段：中考到六级，雅思6分
熟练阶段：六级/雅思6分到英专八级，雅思8分
精通阶段：从英专八级/雅思8分到无限接近高水平母语

无论是孩子还是成年人，如果能脱产学习，这个时间可以更快。在正确的底层逻辑支撑下，在高效的方法和正确的执行细节的前提下，时间投入得越多，达成目标的速度也就越快。

但即使方法正确，进步飞快，对于幼童（2~5 岁）来说，从0~1 阶段还是需要 2 年以上的时间。这是正常的。因为孩子年龄过小，认知能力跟不上学习语言的速度。

当你有了扎实的第一阶段基础（也就是相当于中考优秀的基础）之后，往后的路就会走得顺畅。从 1~2 阶段，也就是从中考相应水平到相当于大学英语六级合格、雅思 6 分的水平，会比你没有扎实基础的情况下，耗时少许多。如果规划得当，安排合理，（第二阶段）成年人最快也可以 1~2 年达成，而孩子则是 2~3 年。这就是你可能观察到或者听说"有些'牛娃'高中时，英语已经达到研究生水平"的原因了。

有了进阶水平的基础之后，再往上就是向熟练阶段进发了。

很多人从零基础开始学习英语的时候，其目标就是："我希望能达到英语流利沟通，熟练无障碍应用。"但要真正达到这一点，光有大学英语六级及格或者雅思 6 分左右水平依然是不够的。如果你前面几个阶段做得足够扎实，一路走来，听说基本功好，读写也在进阶阶段没有松懈，那么达到雅思 8 分或者专业英语八级水平也并非难事。**如果你觉得难，那只是你从一开始的筑基阶段就用错了方法，越往上走越觉得困难而已。**

在雅思 8 分或专业英语八级水平之后，才真正进入精通阶段。

我有一个高二时雅思就考到 7.5 分的同学，她后来去英国留学并在那里工作成家。她说雅思分再高也不过只是一个起点，真正开始用英语生活学习工作，才是学习的开始。你要听懂世界各地各种口音下的英语，还要灵活运用到更多更广的应用范畴。

的确，像雅思、托福这类考试也不过只是英语作为外国语水平的考试而已。真正在实际运用之路上，还有更多路要走，而这条路是没有尽头的。所谓学无止境，当你的英语走得足够深、足够远的时候，甚至可以用英语来从事文学创作，那就更是一条没有止境的道路了。

从你想要的结果出发倒推，并结合自己当下的实际水平，想一想：达成你心中的目标要花多少时间？而每天又应该投入多少时间？你要如何保证每一份时间的投入都有效？如何确保自己用的方法是高效的？如何确保自己的规划是不走弯路的？你的规划是按照"听说读写顺序法"进行安排的吗？

除了找专业的有经验的人帮助规划，你还可以认真阅读下面要讲到的内容，即一份优秀的规划要涉及哪些方面，而这些方面又该如何把握？

8.2 如何选择正确的材料

所谓"正确"就是根据自身水平、个性喜好选择出适合自己的材料。这在前面的章节中已经有详细论述。（请参见第 3 章第 2 节，重点阅读"3.2.4 符合心智年龄的材料，还是符合水平的材料？"以及"3.2.5 兴趣！兴趣！兴趣！"）

现在将几个核心要点总结如下：

（1）把握材料难度。好的材料是符合学习者当下水平的。

（2）把握材料内容。对的材料是符合学习者兴趣倾向的。

（3）把握材料长短。好的材料是根据学习者每日每周能投入的时间来选择的。

选择长短适宜的材料，确保学习者不会因为材料过长而学出"遥遥无期"的感觉，从而导致放弃或疲惫情绪；也要确保学习者不会因为材料过短或者过少，而没有学习的成就感。最适宜的长度，应该是让学习者在兴趣不减的前提下，每天还能产生一定的成就感。

（4）把握材料节奏。好的材料是符合学习者动态学习状态的材料。

人不是机器人，情绪和状态都有起伏。如果在材料方面——特别是高阶段的长篇材料——不注意把握节奏的话，那么就可能在状态不佳的某天"遭遇"特别多或者特别难的材料，导致学习效率下降。如果经常这样，就容易出现倦怠和受挫情绪。所以，在给长篇材料做拆分规划的时候，注意不要一次性往后规划太远。可以每月或者每周，根据进度调整规划。另外，还应注意，使用长篇材料时，要进行合理的拆分。比如，在利用《哈利·波特》进行看听法下的阅读或者独立阅读时，由于《哈利·波特》每一本书的篇幅都比较长，所以规划者需要将较长的原文拆分成好几份，分别用好几天的时间将一整本《哈利·波特》全部完成。那么，在拆分的时候，就不仅要注意刚才提到的"按一段时间的状态灵活规划"，还要注意拆分应在每日功课结束的地方"给第二天留悬念"，让学习者对第二天的学习有所渴望。这就好像我们看电视剧一样，看到精彩的地方这一集戛然而止，欲知后来如何，请等下回分解。

所以，这里的拆分是按学习者的情况，以及原材料的情节进行灵活拆分的。而不是按照书本的厚度硬性做机械的平均拆分。

8.2.1　不要迷信任何一种材料

市面上关于英语学习的材料非常丰富，数量多过任何一个小语种的材料。

而对各种英语学习材料进行宣传的商家和个人也是数量繁多。

但在材料的选择上，我对读者有一点小小的忠告，那就是：不要迷信任何一种材料。

没有一种材料是万能的，也没有一种材料是适合所有学习者的。每一种材料都有利弊，每一种材料的效果也都因人而异。

所以，在选择属于自己的学习材料时，如果不能咨询专业人士，就一定不要因为别人都在用，就简单粗暴地判断这是好材料。而真正的好材料，一定是适合自己的材料。

请记得，任何一种材料都是因人而异，甚至因时而异的。

接下来，我就为大家大体介绍一些常见的流行学习材料。当然，这里的材料并不包括传统意义上的教材，因为前文已经讲过，通过学习教材的方式多半是精读或者听精讲的方式，这样的方式并不是本书推崇的学习方式（具体原因请参见第 2 章第 3 节）。

8.2.2　主流学习材料介绍：利与弊

事先声明，这里介绍的主流学习材料的利和弊，是我个人根据这些年带学员的经验来讲的，并不针对某种材料进行专门的捧踩，也没有捧踩的意思。你也完全可以根据我的建议，结合自己的情况再做深入的调查研究。

常见的分级读物：

《牛津阅读树》讲述 Biff、Chip、Kipper 的故事

性质：虚构类，语言由浅到深讲故事

适合人群：任何年龄

级别：1 ~ 9 阶、10 ~ 12 阶（"穿越时空"系列）

普适性：很高

缺点：非虚构类词汇与表达较少，内容比较口语化（也可以是优点），表达偏英式（也可以是优点）

解说：《牛津阅读树》简称牛津树，分许多版本，有家庭版、校园版、自然拼读版、扩展版（DD）以及科普版等。但这里说得最多、用得最多的是校园版＋扩展版。简单级别册数很多，越往后级别越高，每一册书也越厚，每一级

别包含的册数也相应减少。

这是一套有趣的虚构的系列故事，故事围绕一家五口的生活趣事展开，从第五级开始加入了奇幻冒险性质的故事。这套故事书最大的优点之一就是：故事更吸引人，系列情节也比单册之间无关联的故事更有连贯性。并且全套牛津树册数足够多，为每一个阶段的英语学习提供了丰富的语料内容。

你可能很奇怪，为什么我会说《牛津阅读树》（校园版为主）是合适所有年龄段学习者使用的材料呢？这不很明显是适合孩子的材料吗？

牛津树原本是适合孩子的材料没错，并且在英国本土也是小学生（英国孩子 4 岁就可以选择上小学）使用的阅读材料。但其实这套材料用于基础薄弱的成年人也是非常适用的。

我向来主张成年人基础不好，多使用孩子的材料。因为孩子的材料选择丰富，原版绘本琳琅满目，配备的有声资源也是充分到位。诸如牛津树这类的分级别绘本，就是对阶梯向上学习非常有利的好材料。

也会有成年人表示不解：可我是成年人，孩子的材料多幼稚啊。

如果要使用既符合成年人认知水平，又还要有趣的材料，那么对学习者已有的英语水平会要求很高。那基础不好的成年人学习者是不是就只能选择精读教材了呢？比如《新概念英语》《英语口语 900 句》。你真的觉得它们"有趣"吗？且不说靠精读教材的学习方式也大概率低效。所以，成年人善用孩子的材料，其实是更好的选择。

在牛津树第 9 阶之后，还有一个"穿越时空"系列。难度顺着 9 阶继续往上升，我们也可以把它看作是牛津树的第 10 ~ 12 阶。这时的级别难度已经相当于很多桥梁书了。但较之其他桥梁书，"穿越时空"系列更能为众多"牛津树故事迷"们提供丰富的过渡材料。

在我带学员的过程中，经常遇到学习者因为非常喜欢牛津树这套故事书，而在牛津树 1 ~ 9 阶的学习

全部完成以后，不愿意接受别的学习材料。那么"穿越时空"系列就为此类学习者提供了很好的选择。因为"穿越时空"系列 10～12 阶里，主要讲的是 3 个孩子长大以后的故事。无论是长度还是难度都接近桥梁书。主人公们长大了，不再是以前的形象，故事也不限于他们的家、父母、学校和朋友们。但"穿越时空"系列的主角毕竟还是那 3 个孩子，这也就还保留着一点儿牛津树的旧味道，但它又不全是从前的味道。这可以让"牛津树故事迷"们通过学习"穿越时空"系列，而有时间好好地告别基础篇的《牛津阅读树》，转而向更多材料进行探索。

总之，《牛津阅读树》适合的学习者年龄段可以是很广的。而大部分人的天性也都是喜欢故事的。所以说这个材料普适性很高，根据很多学习者的普遍情况，它都可以作为首选材料考虑。

但《牛津阅读树》的最大最明显的缺点，就是会在非虚构类的词汇和表达上有所不足。所以，在使用牛津树的同时，大多数情况下，我们也要考虑适当添加非虚构类的材料作为补充。

RAZ 分级阅读绘本：

RAZ 是 *Reading A – Z* 的简称。

性质：非虚构类为其特色，虽然也有虚构类册别，但还是以科普类和事实类的内容为主，特别是高级别。

适合人群：简单级别（AA 级 – P 级）适合任何年龄，中高级别适合大童（7 岁以上）到成年人（K 级到 Z 级）

级别：AA – Z，共 27 个级别

普适性：一般

缺点：大量非虚构类内容相对枯燥，虚构类的故事情节略显松散

优点：每一个级别中册数非常充足，为每一个阶段的学习者提供丰富的语料；对增加词汇量非常有用；优秀的应试助力

解说：这套数量庞大的分级读物真的是实至名归。牛津树如果包括"穿越

时空"系列阅读一共 12 阶，那么 RAZ 足足有 27 级。RAZ 是按 26 个字母表的顺序排级别顺序的，并在 A 级别前再加了一个预备级，也就是 AA 级，共构成 27 级。

这一套材料虽然对增加词汇量、吸收充足的语言现象有极大的好处。但也并不是人人都适合用它，特别是在使用方法和细节不讲究的情况下。

很多孩子在使用这一套分级阅读材料，抵触情绪会非常明显。虽然有很多"牛娃"会告诉你说，他们就是靠这套分级读物实现火箭发射的。但是你不知道的是，大多数靠 RAZ 崛起的牛娃听的基础扎实，量也可观。这种情况下用 RAZ，比你从一开始启蒙就使用 RAZ、只用 RAZ、或者用 RAZ 进行拼读阅读的学习要轻松得多。

正是因为它更多是非虚构和讲述事实的内容特点，让很多孩子难以轻松接受。因为没有故事性就没那么有趣，一切没有乐趣的学习就会变成攻坚战。我曾遇到过许多家长，说自己在家带孩子刷 RAZ，刷得那叫一个鸡飞狗跳。有的孩子没过 C 级就卡壳了，更坏的结果是出现了抵触情绪。

所以，千万不要听说 RAZ 对增加词汇量很有用，对应试也很有帮助，就决定将它死磕到底。RAZ 虽好，但如果学习者不是科普爱好者，或者有扎实的听的基础的话，那么最好是配合虚构类材料一起使用，让虚构类做主线，让 RAZ 做辅助效果更佳。

并且在使用 RAZ 的时候，一定要注意方式方法。这里篇幅有限，就不展开论述。对于功课执行的细节和方法，可以通过我的其他分享或交流渠道进行深入学习。

对于年龄比较小的儿童学习者（比如学龄前）而言，RAZ 自 P 级别之后的内容，就会因为内容的主题本身而变得不太适合。这个不适合，和孩子语言水平无关，而是就孩子的认知限制来说的。即使这些内容是中文的，学龄前孩子也难以理解。而从 P 级别往后的级别内容就更甚了。

其实 RAZ 倒是相当适合许多为了大学英语四六级挣扎的大学生。他们中的很多人英语基础并不好。用 RAZ 来提升阅读，增加词汇量，倒是非常不错的选择。如果能再添加听的功课，为曾经的应试学习法补上聆听量的话，完全可以利用这些所谓孩子的材料实现华丽逆袭。

红火箭儿童英语分级读物：

性质：非虚构类 + 虚构类。语言由浅到深的分级读物

适合人群：所有年龄。前面的简单级别尤其适合刚开始学习拼读的儿童

级别：15 个，每个级别 31 ~ 48 册不等

普适性：尚可

缺点：虚构类的故事和非虚构类的内容，包括画风，对学习者的吸引力都一般

优点：虚构类和非虚构类都有，基本均衡。关键是非常适合拼读小白用于入手拼读，从而走上自主阅读之路

解说：这是一套特别利于学习拼读的分级阅读材料。每一册的最后都有本册的重点高频词，并且在拼读入门的阶段里，一本小册子会将一个句型重复多次，通过每一次都换一个关键词的方式来编排内容，提供了对拼读起步时所需的"反复辨认相同单词"的辅助。另外，虚构类和非虚构类册数数量接近，平衡了二者的比例。但也正是因为如此，虚构类的故事是一个个单一的故事，不如《牛津阅读树》的系列故事那样吸引人，读者黏性相对较弱。所以，对于增加学习者兴趣的方面也稍弱。

海尼曼分级阅读：

性质：非虚构类 + 虚构类。语言由浅到深的分级读物

适合人群：GK 适合所有年龄，G1、G2 更适合已经有基础的学习者

级别：GK、G1、G2 三个级别共 298 本

普适性：GK 尚可，G1 和 G2 一般

缺点：每一个级别里，从第一册到最后一册难度跨度比较大，导致每个难度阶段的册数数量有限，特别是在 G1 和 G2 中十分明显

优点：虚构类和非虚构类都有。也正是因为一个级别里难度跨度大，G1 和 G2 非常适合用于有基础之后的口语刻意练习和写作刻意练习。比如仿写、关键词替代等练习。而 G1 则可以作为横向扩充的材料用于平时功课的补充

解说："什么叫"横向扩充"？

首先你要理解英语学习是对庞大的语言巨库的一种逐渐积累并内化的过程。因此在某一个难度水平阶段，如果只使用一种材料，那么必然导致对这个难度中的语言现象、词汇和表达的积累不足。即使有时候在使用虚构类材料的同时，也增加了非虚构类材料，却依然会因为材料中语言现象的数量不足而产生吸收不足的现象。

横向扩展不足，最明显的表现就是，当你学完某 1~2 种分级读物的某个特定难度级别之后，想再往下继续时，会发现有些困难。

如果后面内容越来越难，学起来吃力感也越来越明显，那就是上一个阶段积累不足，也就是使用的材料其语言现象的不足。这时候就需要横向扩展。

比如，在学完牛津树 1~3 级，RAZ 的 AA 到 D 级别之后，可以再用别的分级读物，比如海尼曼分级读物 GK 和 G1、G2 中相对应的简单册别进行横向扩充。也可以使用各种难度相当的故事、分阶段童话等材料进行这个特定难度内的横向扩充，用丰富的语言现象将这个难度撑得饱满又扎实。

另外，你可能也听说过"海尼曼是开口神器"。这背后的原理，其实就是在每一册里，某个特定的句型会得到多次重复，每句话之间不一样的地方只是就句中的关键词做出了替换。并且这些句型和场景都比较贴近生活。这也是我说

用海尼曼分级读物进行跟读朗读积累之后的口语刻意练习，以及有阅读之后的写作刻意练习的原因了。因为海尼曼分级读物是口语和写作练习的好材料。

但一定要注意的是，不要一听说某个材料对口语好，就激动得忘记听说读写顺序法，或者忘记考量这个材料是否适合自己或者孩子。海尼曼分级读物虽好，但它的一个级别里，比如 G1，从第一册到最后一册的难度跨度是相当大的。如果你一开始就死磕这一套分级读物，并且要求自己或者孩子从一而终地按顺序匀速往下刷的话，很可能中途就卡难度卡瓶颈，打击自信心了。

而如果学习已经具备一定的基础，再用海尼曼分级读物来做助力进行横向扩充，或者口语和写作的提高的话，倒是相当好的选择。

所以，任何一种材料都有其利弊。

■ Bear got his truck.
He put it
in the closet.

2

■ Bear got his bike.
He put it
in the closet.

4

■ Bear got his train.
He put it
in the closet.

6

■ Bear got his plane.
He put his plane
in the closet.

8

■ Bear got his hat.
He put his hat
in the closet.

10

使用的时候一定要根据实际情况，在不同的阶段为不同的学习目标选择不同的学习材料。

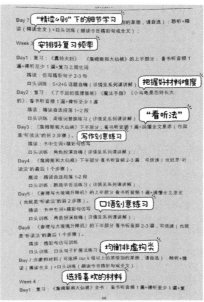

8.3 五大核心助力高效的规划

一份优秀的规划并不是一拍脑门的简单决定，而是要把握好以下五大核心要素：

（1）把握好难度。

（2）把握好乐趣度。

（3）把握好进度。

（4）注意成就感的回馈。

（5）合理安排复习频率。

接下来就详细地讲解这 5 个核心要素。

列宁螺旋式上升规律

8.3.1 难度：好的规划表一定是踮踮脚尖就能够着的

虽然你的学习目标可能很远大，但是学习最忌讳的事就是妄想一口吃成大胖子。

如果在规划学习的时候，不注意安排合理的难度，就容易半途而废。甚至不到半途，才刚开始就会放弃。因为打击太大，无法获得正向循环的成就感和执行过程中的顺利感。

　　而成就感、顺利感和乐趣感加在一起，是使学习得以为继的非常重要的 3 种感受。

最好的难度，应该是学习者踮踮脚尖就刚好能够着的。

如果太简单，则会没有成就感。如果太难，则会没有顺利感和乐趣感。

在规划之前，关于难度有两个层面需要把握：

（1）测好自己的水平。

（2）了解好材料的难度。

关于如何测试自己的水平和如何判断材料难度，前面的章节（第 3 章第 2 节，重点阅读"3.2.2 五指法 VS '50% +' 选择法"）中有具体讲述，可以反复参照阅读；也可以找专业人士帮忙判断。但要再次强调的是，不要以单纯的词汇量（也即阅读的层面）来进行测评和判断。尽管有些测试（比如蓝思值、AR 值）看上去很方便，测评后直接拿着测试结果就可以找到对应难度值的材料（很多原版材料在介绍中都会标注 AR 值、蓝思值）。但是以我的实际经验来看，很多按这个测试结果去选择对应难度值材料的学习者，即便只是从阅读层面来考虑，都未必能得到最适合自己的学习材料。

所以，测评最好还是直接根据自己听说读写某个目标材料的结果来判定为佳。

8.3.2 兴趣度：兴趣是推动第一轮成就感的利器

我常对我的成人学员们说："保持自己对英语学习的兴趣，非常非常非常重要。"

而我对孩子家长则会说得更重一些,我会说:"要像保护孩子生命一样保护孩子的学习兴趣!"

因为成年人学习的时候,如果对学习没有兴趣的话,就会比较容易原谅自己。或者再怎么催促自己去学习,若没兴趣就是会懈怠,就是会难以为继。但是成年人在盯着孩子学习的时候,却总是忘记这种感受,觉得孩子在作怪,不是学习方法问题,而是学习态度问题。

在我过去的经验中,90%以上的家长都夸大了所谓学习的态度问题,夸大了所谓自律的重要性。

其实,自律是一个伪命题。

真正的自律一定是建立在正向反馈的循环中去实现的。也就是说,从学习的成就感 + 兴趣出发,带领学习者得到第一轮正向反馈;再根据反馈,加大投入力度,增加成就感和乐趣,逐渐进入稳定的正循环。

当你嘴上的"努力"是出于焦虑,出于认为自己不够好的时候,往往会忽略很多方式方法和执行上的细节问题。以为努力能治"百病",能解救你于任何困境。是的,努力很重要,但比"努力"更重要的,是选择和认知。选择什么方式方法?何为语言学习的底层逻辑?

正确的认知 + 高效的方法 + 努力 = 战无不胜

若不讲方法,只讲努力的公式则是:

错误的认知 + 低效的方法 + 努力 = 持续努力无果后的反复焦虑

所以,"像保护孩子生命一样保护孩子的学习兴趣"并不夸张。有兴趣才能可持续学习,持续学习才能最终达成目标。

关于如何保证规划中的乐趣度,其实除了在找材料的时候要仔细考究之外(参见第 3 章第 2 节,重点阅读"3.2.5 兴趣!兴趣!兴趣!"),还可以通过执行规划时的细节安排来实现。

比如，增加学习过程中"用英语找乐趣"的感觉，减少紧迫的"学习任务感"。

8.3.3　进度：把握好每日的功课总量和阶段性目标

好的规划对进度的把握应该是灵活的。

任何学习者，哪怕再牛，也都不是机器。学习过程都会有起伏：身心状态的起伏、吸收率的起伏、快慢的起伏，这都是再正常不过的。

顺势而为的好处不仅是可以灵活利用可利用的时间，还可以校准每日的状态。**状态好的时候突飞猛进，旺火爆炒；状态不好的时候细水长流，文火慢炖。**

想想看，如果每天的学习任务都是恒定的，那么状态好的时候，提前完成功课后的余力就白白浪费了；而状态不好的时候，面对"必须完成"的大量功课，你是不是更倾向于低质量草率完成？如果是孩子，是不是大概率会敷衍了事？

用每日学习量恒定的模式进行规划和学习，就好比一个班的学生水平参差不齐，而老师也只能按照中等水平安排教学一样。优等生无法充分利用课堂，而后进生依然跟不上。所以，根据自己的状态，先勾勒出一个大体的目标，再进行动态细微的调整，才是最高效的规划方式。

你也许想问，如果我或我的孩子总是"不在状态"又该怎么办呢？总不能一直将就这个低状态模式？或者你想问：有一个恒定的功课量，也可以养成每日学习的习惯呀？一旦养成习惯，靠习惯持续学习不是很好吗？

以上两种想法也都很对。

不在状态，多半是刚起步学习，或者一直使用错误的或低效的学习方式在学习。

你可以对学习者进行观察，如果其长期都"没有状态"，这就可以是一个标志。可以通过这个标志来反推：是不是方法不对？是不是细节不对？是不是材料有问题？

所以，"长期没有状态"本身就是一种提示。即使学习者的考试成绩"看上去还好"，你都需要警惕了。因为这背后恐怕就有平时忽略的方法和执行细节的问题。

而关于靠固定量的功课来养成学习习惯，这一点也是好的，我也是大力支持的。

但你完全可以把一个死板的、每天必须完成的量改造成一个相对灵活的、在一段时间内达到的学习目标和功课量。什么意思呢？

就是说，你可以安排好一个时间段内的总量，但是不纠结这个总量在这个时间段里的具体什么时候完成。

举个例子。就单日功课来说，如果你安排了听和跟读两种功课，共计 30 分钟的学习量，那么你可以灵活地决定什么时候听、什么时候跟读。早上醒得早，距离上学/上班还有相对充裕的时间，此时状态也好，就可以先完成听的功课，把跟读放在傍晚或者睡前。如果早上起来很困，没有状态，原本计划的跟读也可以挪到傍晚。

那么周计划和月计划也是同理。定好本周和本月学习目标和功课的总量，然后根据具体每一天的状态来有时候慢些，有时候快些。但是保证每天都前进，哪怕只一点进步。保持学习的温度，也是一种建立学习习惯的好方式。

这样就能做到：既在规则之内，又能灵活应对。

但是，如果是长期处于错误低效学习模式中的学习者，才刚刚开启根据规划展开的自主自然积累的功课，那么建议还是安排好每日的功课，然后一板一眼照做执行。哪怕每日的功课量安排得温和一些，确保每日能轻松完成才是最重要的。

在习惯了这样的自主积累之后，学习也"越来越有状态"，此时就可以逐渐开始根据个体化的状态起伏来灵活安排进度了。此时的主要规划目标，就是规划好一段时间内的功课量：做到进度不疾不徐，数量适中。

如果觉得太难把握，可以关注作者公众号进一步咨询或帮助。

8.3.4　成就感：回旋式学习安排

成就感的获得与以下几个因素有关。

（1）与材料的难度有关。不难但也不简单，踮踮脚尖稍微努力（而非很努力）才达到的，就是最好的难度。

（2）与学习反馈有关。以前听不懂的现在能听懂许多了；以前考试总是垫底的现在排名明显上升了；以前没学习兴趣的现在来感觉了……这些都是正向学习反馈，都是成就感的来源。而这些正向学习反馈的获得是由对的认知、对的方法、高效的执行细节以及学习者自身的努力综合达成的。

（3）与"回旋式学习安排"有关。下面将详细介绍此要点。

什么是"回旋式学习安排"？

你可以理解为"三步一回首"。

它不仅是指一边复习一边学习的前进模式，更是指在前进到一个级别之后，又回过头来对简单级别进行横向扩充的学习。

比如，学到牛津树第 9 阶，回头再听相当于牛津树 5 阶的其他学习材料，你会发现："哇，以前听不懂的现在 90% 都听懂了！以前读不懂的现在 90% 都能读懂了！"

你想想自己小时候有没有过以下这样的学习体验：

在读某一个年级的时候（比如小学五年级）会感到，对付当下这个年级的作业或考试，你的实力刚刚够用或者稍显吃力。但是回头再看之前的某一个年级（比如小学四年级）的作业和考试就会觉得好简单。甚至有时候心想："我现在要是去四年级，就能碾压那些小孩儿了。"

其实，这种"回顾曾学过的简单内容"的行为，不仅能增强自信心，还暗藏着很多其他好处。特别是在本书介绍的学习方法下，你很可能半年就实现了从牛津树第 1 阶到第 9 阶的快速跨越。那么在这种高速前进的路上，停下来回顾简单级别，对其进行回旋式学习，就不应该仅仅是一个选项，而是需要你认真安排到规划中去的刚需了。

前面讲过，在学习的过程中，口语的能力低于听的能力是正常的，写作的能力低于阅读的能力也是正常的。这种现象，其实和"回旋式"学习共享同一种原理，那就是：

大脑需要时间将输入的内容进行整合、内化，再转化成自己的东西。

关于输入进来的内容，大脑不仅需要"让子弹飞一会儿"，还需要重复刺激。复习也好，同级别横向扩展学习也好，通过重复刺激来辅助"子弹落地"，也就是将输入的内容内化成为自己的。

那么在规划时，刻意安排"回旋式"学习的材料和学习内容就显得尤为重要了。

而学习进步本身也是一种"回旋式"上升的曲线。

你还记得吗？顺应自然规律，效率就会得到提高。那么，你也就能很好地理解为什么我说"回旋式学习安排"绝不仅仅是为了成就感而生的了，尽管它对增加学习者的成就感起到了巨大的作用。

8.3.5 复习频次：艾宾浩斯遗忘曲线的灵活应用

前文已经好几次简单地讲到艾宾浩斯遗忘曲线和对其的"改良"应用。本小节再适当讲述一下，让你对复习的频次有更深入也更灵活的理解。

复习，是英语学习中的重点。

因为，在"听说读写顺序法"的学习过程中，所有的语言现象——特别是筑基阶段都是通过重复出现和反复刺激来实现自然记忆的。即便是"不自然"的记忆，比如抱着词典背单词，也都是需要复习的。

不复习，学习效果就大打折扣。

那么复习，除了前面提到的"回旋式学习安排"本身就是一种很好的复习方式外，还可以根据遗忘的特点来安排复习，用最高效的方式来进行语言现象的"重复刺激"。

艾宾浩斯研究发现：遗忘在学习之后立即开始，而且遗忘的进程并不是均匀的。最初遗忘速度很快，以后逐渐缓慢。

那么，按照这个理论，复习就应该安排在那些遗忘的关键周期点上。如果严格按照曲线进行复习，就应该在以下这些点上进行复习。

第一个记忆周期：5 分钟

第二个记忆周期：30 分钟

第三个记忆周期：12 小时

第四个记忆周期：第 1 天

第五个记忆周期：第 2 天

第六个记忆周期：第 4 天

第七个记忆周期：第 7 天

第八个记忆周期：第 15 天

第九个记忆周期：第 30 天

但如果你真的严格按照这样的频次复习，那么你对学习的态度多半就早从厌倦变成厌恶了。所以，一定要使用"改良"后的频次进行复习，特别是孩子。你可以参考并酌情采取下面 3 种"改良"方案中的一种。

（1）分别在第 2 天、第 4 天、第 7 天、第 20 天左右复习。

（2）分别在第 2 天、一周内、半个月左右、一个月左右复习。

（3）分别在第 4 天、第 10 天左右、一个月左右复习（或者在某一级别结束之后进行大复习）。

大致按这种复习总量安排 3~4 次的复习即可。也可以根据学习者的实际情况做调整。

比如，一个儿童学习者，记忆力比较好，第 2 天、第 4 天复习之后，第 7 天复习的时候有明显的抵触情绪，觉得都看过好多遍了怎么还要看，这种时候就不必强求。可以把复习间隔再拉长一点儿，尝试用第二种复习频次，甚至间隔更长的复习频次。

复习要把握一个原则，那就是"估摸着"快忘的时候来一次。

这个"估摸着"实际上就是**因人而异**。摸准自己的记忆点来安排更佳合理的复习频次。毕竟人与人之间是有差别的，即使是著名的艾宾浩斯遗忘曲线，也是按照大量数据的**大体趋势**做出的**大致结论**而已。

如果觉得麻烦，就参考我刚才列出的 3 种方案，逐一进行测试，选出最适合自己的那一种即可。以我的经验，这 3 种方案基本上能覆盖各种情况的学习者。

切忌不要因为担心复习次数不够、记忆不深，或者单词记不住就进行短频次的超多轮复习。

因为艾宾浩斯不仅提出了在学习过程中要进行及时的复习，还提出，当学习的熟练程度超过 150%，学习者会因学习疲劳而发生"**报酬递减**"现象。学习的效果就会逐渐下降，出现注意力分散、厌倦、疲劳等消极反应。

一个材料并不需要重复 10 次以上的复习，就基本已经达到了吸收的目的。即便是重复出现，也最好出现在不同的场合和场景之中。

另外，你也需要灵活理解艾宾浩斯讲的"超过 150%"。

这里的过度学习是指对学习材料已经无比熟悉的情况下，还出于"学习目的"而进行反复"碾压"。但当因为时隔很久，学习者不再那么熟悉材料的情况下，复习依然是可以进行的。比如，对于很多小童来说，今年学习过 3 ~ 4 遍，甚至 5 ~ 6 遍的学习材料，第二年再翻出来还能学得津津有味。这样的复习是没有问题的，甚至是有益的。

8.4 用好瓶颈期，实现反弹式逆袭

任何学习都不会是匀速直线运动。英语也是如此。

学习进度有快慢，学习状态有起伏，这都是再正常不过的。但除此之外，还有一个常被人诟病的情况，那就是——遭遇瓶颈期。有人觉得瓶颈期就像噩梦一样存在：好像怎么努力都无法提升，就像是被卡在某个阶段定终身的感觉。这时候学习者的成就感、乐趣感和进步感都可能大幅下降。很多人对这种感觉是排斥的且感到非常焦虑的。

但我想说的是，任何一个人，哪怕是英语再厉害的人，都遭遇过瓶颈期。瓶颈期有长有短，但总归都是会过去的。

如果你遭遇瓶颈期，请改变你的焦虑认知。因为，如果处理正确，瓶颈期反倒可以是一件大好事。

8.4.1　瓶颈期? 恭喜你!

如果你遇到了瓶颈期，我倒想要恭喜你!

如果你玩过赛车类的电子游戏，就会有这种体验：在获取下一个爆发式的涡轮加速机会之前，你需要积攒能量和经验值，使涡轮加速键的进度条再次满格。一旦涡轮加速键被点亮，你就可以在需要超车的关键时机，摁下加速键，让赛车的涡轮发动机发出轰隆隆的、令人兴奋的轰鸣声，然后一骑绝尘，抛下其他参赛车辆冲到前面去。

那么，瓶颈期就是在为点亮那个加速键积攒能量，是为拉满进度条而努力的时期。

瓶颈期做对了，紧接着就会有一次爆发式进步。请谨记：瓶颈期并不是失败了，而是爆发之前宝贵的蓄力期。所以，一定要珍惜每一个瓶颈期。

为什么这样说? 我们先来看看瓶颈期的形成原理，你就会明白了。

8.4.2　瓶颈期的形成原理

瓶颈期的形成原因大致有以下 3 种。

（1）因为学习方法不对，没有按听、说、读、写顺序的底层逻辑进行学习，所以瓶颈期会发生得相当频繁一些。

比如，一个学习者从开始学英语就完全没有积累听的基础，直接就开始识字、拼读、指读、阅读、精读。那么在 TA 阅读的过程中就会遭遇"瓶颈频发"的状态。且不说听的基础对带动阅读的节奏、自然断句等有不可忽视的帮助，只是单单因为根本没有耳词积累这一件事，就会使阅读难度的推进变得艰难。因为在这种情况下，学习者在阅读中所遇到的每一个生词都是极为生分的单词，即使会了自然拼读的那些规则，能拼出来，也不知道意思，更不明白用法，这必然大大降低阅读进度和效率，也降低了学习者的乐趣度、成就感和顺利感。而一个耳词积累充足、语感到位的学习者，阅读对 TA 而言，就是把耳词快速转化成眼词的过程。一旦会拼读，马上就能自主阅读。因为拼出来的词立刻就知道意思，对整个句子的理解也几乎没有障碍。

（2）学习进度太快，学习内容太单一。

比如一个学习者，在规划学习时并没有安排合理的"回旋式学习"或者横向扩展的学习内容，就会出现"往前猛冲，突然卡壳"的现象。因为这个学习者在一个级别难度里只使用了有限的材料，积累到了有限的语言现象，而进入下一个难度级别时，因遇到太多生分的语料而导致瓶颈期的产生。

（3）大脑还没充分吸收已学内容，需要"让子弹飞一会儿"。

请重视这个原因产生的瓶颈。很多人觉得这一条说了像没说一样，那是因为他们没有理解这件事的真实性。

我见过一些学员，用我给的规划进行学习，但是由于心急焦虑，一天要赶 3~4 天的学习进度。虽然也照常复习，回旋式学习也没落下。但一段时间后，某两个阶段之间产生了瓶颈和断层。

举个例子。我曾有一个成人学员，拿着一份两年规划（第一阶段）一路猛冲，只花了半年时间就完成了第一阶段的全部学习内容。正春风得意的他，却在准备立刻挺进第二阶段的时候卡壳了。由于他自我要求极高且极度焦虑（从他的猛冲就可见一斑），于是开始了自责和自暴自弃的内耗状态。并因此学习彻底停摆了将近 3 个月。在这 3 个月里，他没有进行任何复习和新内容的学习，完全处于停滞状态。但奇怪的是，3 个月之后，当他再次拿起第二阶段的新内容时，却惊喜地发现"这次可以了"，3 个月前觉得超难的内容，现在看来也顺理成章地处于合理的难度范围内了。

后来，这类似的事也时不时地发生在了其他学员身上，于是我总结出了这些学员之间的共性。那就是：**执行力超强、能超前很多完成既定时间内的功课的学员，更容易遭遇"大脑跟不上吸收"的瓶颈。**

这种瓶颈有的不经任何处理，只是等待，就能实现自动突破。有的经过听说训练，或者横向扩充学习，能更快地度过。

因为这些类似原因（学太快，大脑跟不上）产生的瓶颈，突破期基本不会超过 4 个月。若超过 4 个月就要警惕是其他原因。

所以，我要再次向你强调这种瓶颈期的真实性。请你在遇到瓶颈时，务必将这个原因也考量在内。那就是：**大脑对新学过的内容，需要一段时间消化。无论是孩子还是成年人，都需要这样的"让子弹飞一会儿"的时间。**给大脑时间，去把输入的内容进行消化和整合。

那么瓶颈期为什么是好事呢？根据先前提出的产生瓶颈期的 3 种原因，也就有了以下三大理由。

（1）（由于第一种原因）你"瓶颈"了，这是对过去学习方式、方法和操作细节的重大提醒。提醒你是时候停下来想想：自己对语言学习的理解对吗？现有的学习方式符合底层逻辑吗？学习方法哪里出了问题？材料有没有问题？执行有没有问题？等等。我的学员们一旦遇到瓶颈，都会第一时间向我咨询。

（2）（由于第二种原因）你"瓶颈"了，说明现在正是横向扩展和回旋式学习的最佳时期。意味着这一段时间的学习会相对轻松：去找新的同难度级别的材料，你会发现学起来更佳顺畅。你也可以通过增加数量来获得成就感。比如：哇，我一天读了这么多本书！让已有水平持续发酵，让你的英语基础在这个瓶颈期得到更好的夯实——基础越好，后面的阶段学起来越轻松。

（3）（由于第三种原因）你"瓶颈"了，说明你执行能力超强，连你自己的大脑都跟不上你的执行速度了。这时候可以稍微放松放松，进行一点儿舒缓的补充学习和娱乐性强的学习内容，等待下一个阶段加速期的到来。

8.4.3　瓶颈期可以做的事

关于瓶颈期可以做的事，其实刚才已经提及了一些。

（1）放平心态。心态放松很重要，越放松反而越容易度过瓶颈期。

（2）反观自己的学习方式和操作方式是不是有问题。特别是对于那些频繁进入瓶颈期的学习者，一定要反思学习方式和方法；

（3）最重要的一点，那就是做好横向扩充。

既然没办法顺利进入下一个级别的学习，那就在这一级别再好好练练技能——用同等难度进行横向扩充的学习。也就是卡瓶颈之前的最高难度以及往下几个难度级别，比如牛津树学过了 7 阶，要上 8 阶时瓶颈了，那么就寻找相当于牛津树 5、6、7 阶难度的材料进行横向扩展的学习，并注意非虚构类和虚构类的平衡。你可以试试增加有声材料的学习量，用听拉动学习，这也是度过瓶颈期屡试不爽的好方法。

（4）瓶颈期可以是增强口头练习和笔头练习的大好时机。

如果处于筑基阶段，就多跟读。语音没有问题又已经识字的学习者，就多朗读。甚至可以进行平时没那么重视的关键词的口头替换练习、复述等口语练习。刚开始学写的学习者，可以利用这个时间加强拼写过关等练习。

（5）回过头复习那些已经学过的内容，特别是增加反复裸听和查漏补缺的功课。

比如，过去总是裸听的某些材料里还有一些没听明白的内容，可以找出文本，再次理解意思后裸听等。

8.4.4　好的规划应该主动规避瓶颈期

如果规划者有足够的经验，那么就应该在瓶颈期发生之前，就预判到瓶颈发生的可能性。并在瓶颈期真实发生前，用规划技巧规避瓶颈期。

比如，在大多数人都会出现瓶颈期的某个阶段之前，安排足够且合理的横向扩展。如果是针对孩子的规划，那么还可以把这种扩展做得不动声色。用不同的材料和不同的故事，吸引孩子获得更多乐趣，让孩子完全没有"原地踏步"感。

至此，本书已经接近尾声。也许你觉得一份优秀的规划太复杂、太烧脑、太考验技术，需要考虑的方面太多，那么你可以善用助力。比如向有经验的规划老师，或者走过这条路的学习者请教。并结合本书所讲到的要点，对规划者做出的规划进行辨别，并增加更多个性化的调整。

当然，也欢迎你加入我的读者团体和学员团体，或者直接向我咨询。我会在自媒体上持续分享高效英语学习方法、规划细节和执行方法落地实操相关的内容，以作为本书的后续补充。欢迎你关注。

希望本书的每一位读者都能拨云见日，在英语学习的道路上一路披荆斩棘。用最短的时间和最少的努力，获得最好的结果。也祝福本书的每一位读者，都能在英语这一门语言学科上成为真"学霸"！

后　记

对于"听说读写顺序法"高效学习系统，我不是"发明者"，而是"发现者"。

这套方法系统就存在于不同学习现象背后，暗藏在不同学习者的学习困境和顺境中。

我做的，不过是剥茧抽丝，露出真相。

不过是顺着丰富的案例和现象去观察，去总结，然后再根据学员的学习反馈进行调整、迭代和升级。

正是因为如此，我才诚惶诚恐，想要在系统课指导学员之外，再将这些内容书写成书，让它找到需要它的人。

本书中虽然有许多看似"新颖""反叛"甚至"颠覆"的观点和看法，但我却无意攻击或捧踩任何人、任何机构以及任何其他学习方法。我也相信，任何一种学习方法的存在都有其存在的道理，以及其对应的学习者的需求。

只是，在教学相长的这些年里，我所观察到的，恰恰就是——无数的英语学习者因为不恰当的学习方法和理念导致学起英语来痛苦又低效。也恰恰是——如果英语学习能顺应语言学习的底层逻辑（也就是听说读写按顺序），那学习者确实就能走上高效且轻松的英语学习之路。

还记得前言里，我在讲述我的故事时，那件让我误打误撞突然做对，从此就从英语"学渣"摇身变成英语"学霸"的事？

如果你已经通读本书，那么现在我可以告诉你了。

那时候我的家教十分严格，非必要是不被允许看电视的，而靠 DVD 才能播放的电影和动画片更是妄想。我的娱乐只能通过书籍和录音机实现。于是你可能猜到了，无法欣赏图像的我，只能靠"听"来"看电影""看动画片"。这就恰好对应了"听说读写顺序法"中的第一项，也是最重要的一项积累——听。

但为什么我不在前言里直接告诉你呢？

因为彼时我的听，还恰好撞对了"理解性输入""正确选择难度和内容"以及"看听法""重复刺激裸听"等多个细节。甚至还恰好做对了大量听的输入之后应该有的"鹦鹉学舌跟读模仿""对部分细节进行精读""配套的口语和写作训练"等那时候靠自己的认知根本想不出道理的训练。

如果前言里我只是告诉你，我是靠"听影视作品"崛起的，你就会错失很多重点。

彼时的我，根本不知道自己就是找到彩虹尽头下那桶金币的幸运儿。

直到后来我才发现，我的英语"突然开挂"的秘密其实是一个**自成系统的高效学习法**的雏形。

在摇身一变成为英语"学霸"之后的很多年里，我都不知道自己做对了什么，也并没有研究自己英语变好的原因，更没有对这套系统上心。以至于后来上了 985 大学的英语专业，我都认为这下不能再靠自己"瞎学"了，要好好跟着专业老师的要求来。于是我在大学期间曾放弃了自己的"那一套"，转而像大多数英语学习者一样：上精读课、研究进阶语法、背单词、背课文。但很快我发现我的英语不进反退，几乎都只是在吃老本。后来又在第二外语法语的学习上屡栽跟头，我才惊觉小时候"吃力不讨好"的感觉又回来了。

于是，我这才详细地回忆并总结了自己的学习方法，又在后来的许多年中，在无数学生身上得到了印证。并在各式各样的个性化问题和"临床"实践反馈中，获得了对这套系统方法宝贵的迭代，让它越来越完善，越来越成体系，越来越能兼容各种学习者的个性化需求。

这也意味着，我从找到金币的幸运儿，变成了挖掘出整桶金币的人。

而现在，我已经将这桶金币交给了你。

常见问答索引

1. 为什么总是记不住单词？或者记住了很快就忘，或者记住了还是不会用，考试中出现的时候还是半天想不起意思？

   请阅读：2.1 无痛快过单词关

2. 语法学了不少，感觉都懂了，为什么做题时还是会错？自己输出（也就是口语和写作）的时候有很多语法错误？

   请阅读：2.2 有声习得法：语法学习的最快之路

   补充阅读：3.1 什么？听力不仅影响口语，还影响阅读和写作？

3. 为什么学了音标，英语还是没见好？

   请阅读：2.4 为什么初学者要慎学音标？

4. 为什么学了自然拼读，阅读还是读不懂？拼写还是会出错？

   请阅读：2.4 为什么初学者要慎学音标？重点阅读 2.4.3 自然拼读能代替音标吗？和 2.4.4 自然拼读不自然？

   补充阅读：1.1.3 英语学习的底层逻辑：听说读写按顺序

5. 英语学了好长一段时间了，为什么口语不见提升？

   请阅读：第 4 章拿什么拯救你的哑巴英语？

   补充阅读：1.1.3 英语学习的底层逻辑：听说读写按顺序

   第 3 章的 3.1 节内容，重点阅读 3.1.2 听力是如何影响口语的

6. 学校作业做得很好，上课很认真，教材也吃透了，为什么还是追不上班里的学霸？或者一到考试就不行？

   请阅读：第 1 章的 1.2 节内容，重点阅读 1.2.3 靠课堂"喂"知识点永远是杯水车薪和 1.2.4 学霸不愿说的秘密：大量自主积累

   第 2 章的 2.3 节内容。

7. 为什么孩子在小学低年级时英语不错,考试都是 95～100 分,到了高年级或者初中,成绩就下滑得厉害呢?

    请阅读:第 1 章的 1.1 节内容,重点阅读 1.1.4 人类有声语言存在的历史是文字的 30 倍

    第 3 章的 3.2.2 五指法 VS "50%＋"选择法,3.4.1 聆听的复利效应

8. 为什么孩子以前英语一直"还可以",后面就越来越"后劲不足"呢?

    同上一问。

9. 听力还可以,口语怎么就是不行呢?

    请阅读:第 4 章的 4.1 节内容,重点阅读 4.1.2 犯错是开口的必经之路,4.1.3 你以为的"口语学习"和真正的口语学习差之千里

    4.3 告别哑巴英语只需这样做!

10. 英语零基础上课好几年,为什么还是近乎零基础呢?

    请阅读:第 2 章的 2.3 节,重点阅读 2.3.1 为什么说教材根本不是英语逆袭的出路?

    补充阅读:第 1 章的 4.1 节、第 2 章的 2.4 节、第 3 章的 3.1 节内容

11. 为什么英语学习总是难以坚持下去?

    请阅读:第 1 章的 1.1 节、1.2 节内容,第 3 章的 3.2 节内容,重点阅读 3.2.5 兴趣!兴趣!兴趣!

    第 8 章的 8.3 节内容,重点阅读 8.3.4 成就感:回旋式学习安排

12. 为什么上了纠音课,发音还是不纯正呢?

    请阅读:第 4 章的 4.1 节内容,重点阅读 4.1.2 语音地道,语调纯正究竟是怎么办到的?

    第 4 章的 4.4 节内容

13. 尝试了市面上各种流行的方法、教材,人也肯努力,但英语为什么不见提升?

    请阅读:第 1 章的 1.1 节、1.2 节内容,第 2 章的 2.3 节内容,第 3 章的 3.1 节内容

如果你够细心的话应该已经发现：大部分非细节性问题，基本都可以在前三章里找到答案。所以，无论你有以上任何一种问题，我都建议你认真阅读前三章并通读全书，获得对整个系统的全面理解。

而从第 3 章开始到最后，又涉及了对学习中的许多细节困惑的解答。

还有很多关于学习细节的问题：

1. 为什么总是拼写错误呢？

   请阅读：第 6 章的 6.2 节内容

2. 没有环境怎么练口语？

   请阅读：第 4 章的 4.3 节内容

3. 听说音标是鸡肋，为什么呢？那到底还学不学啊？

   请阅读：第 2 章的 2.4 节内容

4. 单词要怎么背？到底有没有秘籍？

   请阅读：第 2 章的 2.1 节内容

   第 7 章的 7.2 节内容，重点阅读 7.2.6 放大招：短时提高词汇量的秘密方法

5. 单词在阅读中认识，在听力中就听不出来怎么办？

   请阅读：第 2 章的 2.1 节内容，重点阅读 2.1.1 单词的四大属性：耳词、口词、眼词、笔词

6. 语法学不懂怎么办？

   请阅读：第 2 章的 2.2 节内容

7. 阅读遇到长句子，单词都认识，串起来就读不懂，该怎么办？

   请阅读：第 5 章的 5.1 节、5.2 节内容

8. 要不要学连读和连诵？

   请阅读：第 4 章的 4.1 节内容，重点阅读 4.1.2 语音地道、语调纯正究竟是怎么办到的？

9. 外教课到底有没有必要？外教口语 APP 好不好？

   请阅读：第 4 章的 4.2 节内容，重点阅读 4.2.3 外教课/外教陪练的正确使用方式

10. 到底是原版教材（比如 *Wonders*）好，还是经典教材（比如《新概念英语》）好呢？

    请阅读：第 2 章的 2.3 节内容

11. 都说三岁是孩子英语启蒙的黄金期，为什么我家孩子刚三岁就不肯学英语了呢？

    请阅读：第 8 章的 8.1 节内容，重点阅读 8.1.3 为什么英语抵触娃更需要详细规划，8.1.4 已经厌恶英语了，怎么破？

12. 到底要不要和孩子进行亲子口语呢？多长时间合适呢？

    请阅读：第 4 章的 4.2 节内容，重点阅读 4.2.4 "亲子英语"并不是孩子口语的终极解决方案

13. 英语抵触娃怎么救？中文强势娃怎么学英语？

    请阅读：第 3 章的 3.2 节内容，重点阅读 3.2.3 做好理解性输入

    第 8 章的 8.1 节内容，重点阅读 8.1.3 为什么英语抵触娃更需要详细规划，8.1.4 已经厌恶英语了，怎么破？

    补充阅读：第 1 章、第 2 章

14. 为什么孩子宁可看中文书，听中文故事，说起学英语就苦大仇深呢？

    请阅读：第 8 章的 8.1 节内容，重点阅读 8.1.3 为什么英语抵触娃更需要详细规划，8.1.4 已经厌恶英语了，怎么破？

    第 1 章的 1.1 节内容，重点阅读 1.1.5 从个人成长史来看语言学习的底层逻辑

15. 考试分数低，基础差，跟不上上课进度，怎么办？

    请阅读：第 1 章的 1.2 节内容

    第 3 章的 3.4 节内容，重点阅读 3.4.2 已经错过顺序，也可以弥补缺失

    3.4.3 万事开头难：第一步积累尤其重要

16. 现在都流行"刷分级读物"，为什么我们刷了不但没效果，还抵触了呢？

    请阅读：第 2 章的 2.3 节内容，重点阅读 2.3.4 教材精读课的平替：自主精读 4 则

第 3 章的 3.3 节内容，重点阅读 3.3.2 母语习得的本质核心：场景 + 重复刺激

17. 为什么同样的学校、同样的老师、同样的进度、同样的教材，甚至课外班都报的一样，牛娃那么牛，我家孩子就是不行呢？

请阅读：第 1 章的 1.2 节内容，重点阅读 1.2.2 比努力更重要的是认知

18. 听说读写都挺好，一到考试就不行，怎么回事？

请阅读：第 7 章

19. 考试还可以，一到实际应用就都不会了，怎么办？

请阅读：第 1 章、第 3 章、第 4 章、第 5 章、第 6 章

20. 请问有没有必要给孩子考 KET、PET？

请阅读：第 7 章的 7.1 节内容，重点阅读 7.1.4 裸考得分率低于 70%，别搞应试，除非……

还有一些经典并常见的答学员问，被我收录在了下面的目录里。

但我只整理出了一部分，这类似的问答还有许多，你都能在每个章节之后的"常见问答"中找到。

我邀请你通读全书，并在通读的同时去找到更多问题的答案哦！

1. 如果临近考试，亟须背脱离场景的单词，怎么做才高效？

请阅读：第 2 章的 2.2 节内容

2. 如果不用教材，我们应该用什么学英语呢？

请阅读：第 2 章的 2.3 节内容，第 8 章的 8.2 节内容

3. 在基础阶段，有一些很好的非虚构类材料，学起来确实很枯燥无趣，是不是就要避开不选呢？

请阅读：第 3 章的 3.2 节内容，重点阅读 3.2.5 兴趣！兴趣！兴趣！

4. 请问老师，学困生年级已高，没有时间补前面的基础了怎么办？现在要再听肯定是来不及了。

请阅读：第 3 章的 3.4 节内容，重点阅读 3.4.3 万事开头难：第一步积累尤其重要；第 7 章内容

5. 我想学习英语口语是因为我在工作上亟须用到英语口语……但是我时间不多……请问到底有没有办法能让我快一点儿搞定工作所需的口语能力呢？

请阅读：第 4 章结尾处，并阅读整个第 4 章

6. ……请问……如果我们一直跟着外教上课，学的是原版教材，每周上 3 ~ 4 次课甚至更多，能达到输入的效果吗？上外教课，直接让外教来进行输入好不好？

请阅读：第 4 章结尾处并阅读第 4 章的 4.2 节内容

7. 为什么读中文材料好好的，一读英语材料就无法集中注意力，是不是阅读障碍？

请阅读：第 5 章结尾处并阅读第 5 章的 5.1 节、5.2 节、5.4 节内容

第 3 章的 3.1 节内容，重点阅读 3.1.3 听力是如何影响阅读的

8. 为什么阅读材料稍微变难就读不下去了？

请阅读：第 5 章结尾处并阅读第 1 章

9. 我在家给孩子刷 RAZ，为什么刷得鸡飞狗跳？生词很多，孩子也越来越抵触。

请阅读：第 5 章结尾处并阅读第 3 章的 3.2 节、第 5 章的 5.2 节内容

补充阅读：第 1 章

10. 我孩子马上要上小学一年级，现在学前班既要学拼音，又要学自然拼读。孩子会不会混淆啊？

请阅读：第 5 章结尾处

特别鸣谢

感谢机械工业出版社的编辑和本书相关的所有工作人员：若不是你们，本书无法顺利面市。

感谢为本系统提供所有学习反馈、范本案例，以及为本书提出意见和建议的所有学员：若不是你们，这个方法系统无法得以精致与完善。

感谢我的父亲母亲，若不是你们的鼓励，就没有今天的"颜小鹅英语"。